小林泰彦

にっぽん建築散歩

はじめに

生家が商店街の一角にある商家だったので、道をはさんで店がびっしり並ぶ街の中で幼少期を過ごした。

家業は和菓子屋だが隣は東京でも有名な煙管《キセル》屋、向かいは京都に本店のある呉服屋、その先にはいつもおいしい香りを漂わせる洋食屋、刀剣鑑定師、足袋《たび》屋など、かつての東京下町の繁華街ならどこにもありそうな店舗が並んでいた。

そんな中で育つ子供は自分の町にあるそういった店々を風景として見て覚える。煙管屋の看板は長さ2メートルもあろうかという巨大な金の煙管だった。刀剣鑑定師のショーケースには大そうな価値があるにちがいない刀剣がひとふりだけ飾ってあった。商店の多くは土蔵造りかまたは表面を銅板で覆った造りで、それは関東大震災で焼野原になったあと頑張って復興したこの町の特徴だと後になって教えられた。

商店街の端に有名な石鹸メーカーの本社ビルがあって装飾の多いハイカラな建物は他を圧しており、街で唯一西洋の香りを放つ存在だった。その向こうはわれらの通う小学校で、鉄筋コンクリート3階建てのモダンな校舎は震災復興校舎というのだと後で知った。校庭の端に学校の付録のような小公園があり、水が流れ落ちる池やベンチなどが石造りで整っていて、子供にとってうれしい遊び場だった。

すっかりなじんだこの街が、学童疎開というわけで小学4年生の時に戦禍を避けて地方に移っている間に、空襲で消滅した。自宅はもちろん煙管の看板も洋食屋の香りも消え、火災に耐えるはずの鉄筋コンクリートの校舎まで外側だけ残してすっかり灰になった。

完全に消滅したので、かつての街はむしろ鮮やかに自分の中に残った。黒々として重そうな土蔵造りの建物は目を閉じれば黒々と重そうにそこにあり、他にない独特の緑色をした銅板張りの商店はいつまでも独特の緑色だ。石造りの小公園は変らずに水が少しだけ流れていて、いつでもかけ回って遊ぶことができた。

子供時代のそうした体験と記憶が、長じてから建物を見て街を知る習慣になったのだろう。環境は建物からできているので、建物に親しむことでその土地に近づくことができる。建物がおもしろい町は、その町もきっとおもしろい。そのココロで旅をすると建物がみんな生きていて話しかけてくるので、どこまで旅しても厭きることがない。

そういうことで、その土地の建築がわかってくればその土地に入りこんで行けるし、その土地と親しくなればそこの建築を知ろうとつとめる。そんなのが建築散歩である。

歩くに当っては、同じところはなるべく通らず、限られた間にできるだけ多くの物件にふれようとした。

散歩コースは、地図の中で朱色で示した。地図はもちろん北が上、下が南。そうでない場合はとくに方位を書き添えた。

物件の名称は『』に入れ、続けて（）内に別称、国の指定、築年、設計者名の順で入れた。とくに築年は建築に親しむのには大切なので分かる限り記した。設計者名も建築とつき合うのに重要なので分かる限り記した。

この本に収容した記事は雑誌に連載されたものをもとに30篇を選んだ。出版には諸条件があって収容量が限られるので、選ばれなかった分を思うと惜しかったの気持ちになるが、いまはこの30篇を楽しんでいただきたいと思う。

著者

目次

はじめに……2
1 札幌……6
2 小樽……11
3 旭川……16
4 函館……21
5 弘前……26
6 盛岡……31
7 山形……36
8 仙台 東北大学・東北学院大学エリア……41
9 桐生……46
10 川越……51
11 浅草……56
12 上野の杜……61
13 神田……66
14 永田町・丸の内……71

15 六本木・麻布……76
16 横浜 山手・関内……81
17 軽井沢……86
18 松本……91
19 金沢……96
20 近江八幡……101
21 京大〜蹴上……106
22 京都御所周辺……111
23 京都七条通……116
24 奈良……121
25 大阪城・船場……126
26 神戸海岸通……131
27 神戸 北野・山本通……136
28 門司……141
29 長崎山手……146
30 鹿児島……151
あとがき……156

1

札幌農学校と開拓史が残した北の大地のシンボル

札幌

北海道

札幌農学校がのこした模範家畜房《モデルバーン》を北海道大学構内で初めて見たときの驚きは、どう表したらよいだろう。巨大な木造の納屋は簡素な造りなのに不思議に力強く、これはいったい何なのだと思い、息をのんだ。

地下鉄南北線北18条駅をスタートして西へ向かうとすぐに「北海道大学」構内で、右手に「札幌農学校第2農場」（冬季・第4月曜休）が見つかる。事務所で来訪者登録をしてパンフレットをもらい奥へ進むと、突き当たり右手に冒頭で記した第2農場最古の木造建築、『模範家畜房』（1877、W・ホイーラー・開拓使工業局営繕課・安達喜幸）すなわち「産室・追込み所および耕馬舎」がある。

遠くで大きさと形を見たあと、公開されている内部、特に2階の大空間を確かめる。当時の洋式農機具が置かれているが本来2階は干し草収納場で、移築前は

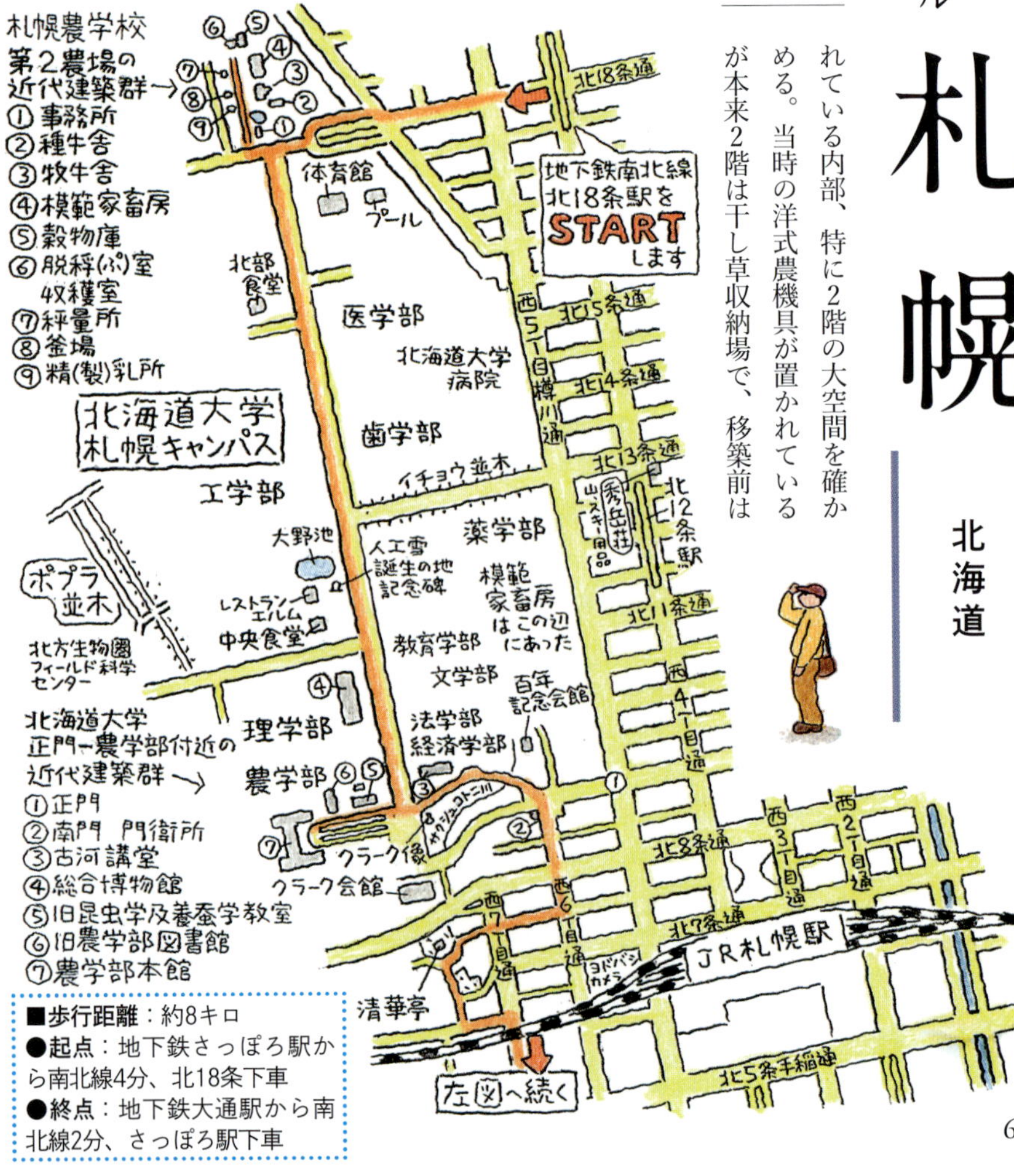

■歩行距離：約8キロ
●起点：地下鉄さっぽろ駅から南北線4分、北18条下車
●終点：地下鉄大通駅から南北線2分、さっぽろ駅下車

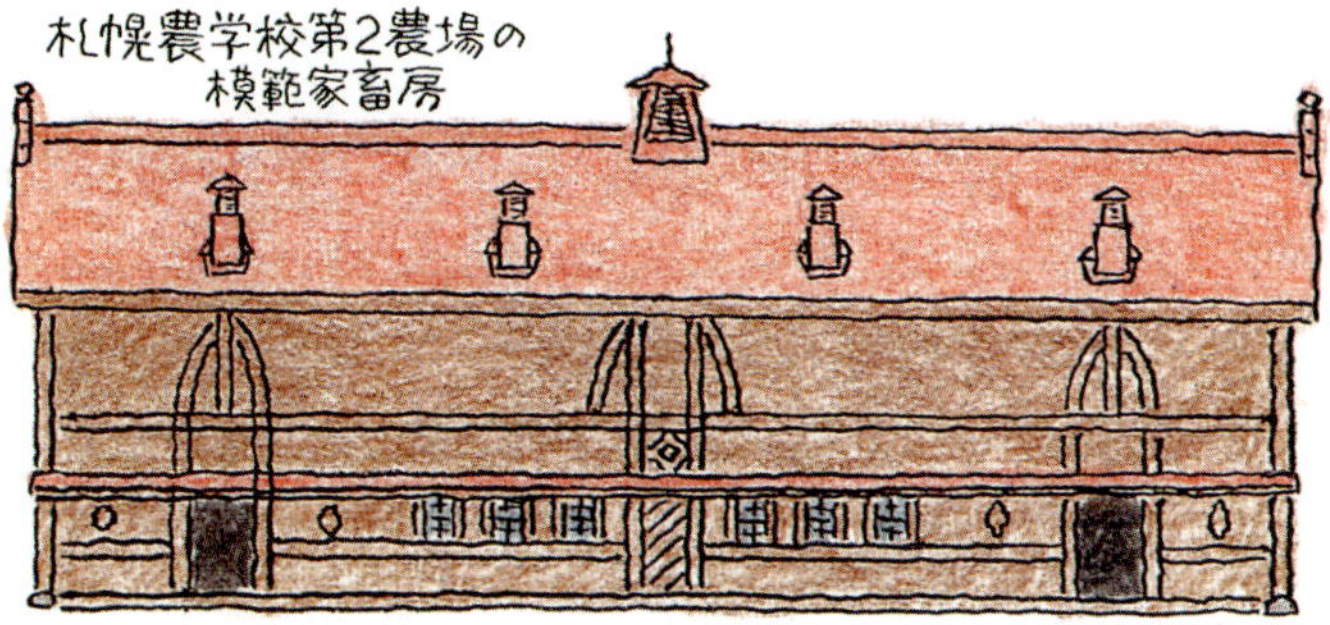

両妻側にスロープが架かり一方通行で馬車が干し草を搬入したとある。収納した干し草は冬場、階下に落とし飼料とした。長い冬を牛が健全に過ごすシステムが導入されたともある。また2階に大空間を得るために建物はバルーンフレーム構造（木造建築の構造で、板壁が建物を支えるもの）を採用している。

　模範家畜房の両妻外側に木彫りの牛の顔があり、ぼくはこれが好きで写真を仕事場に飾っている。現在地に移築したときに設けたものだそうで、南側のは傷みがひどく戦後解体修理の際にあらためて製作したときいた。

『牧牛舎』は裏へ回るとサイロ（札幌軟石造）とムロ（れんが造）が付属し、北海道のイメージにぴったりの景色だ。1909年（明治42）にモデル搾乳牛舎として設計されたとある。

『種牛舎』（1879、北大営繕課）は模範家畜房の増築棟として明治12年に完成。名の通り繁殖用のどう猛な種牛を入れる房があって、そのために造りは厳重を極め、外部との視界が遮断され

ていたとある。

『穀物庫』（1879、W・ブルックス・開拓使工業局営繕課）は、これもバルーンフレーム構造を採用。めずらしいねずみ返し付きの高床式でトウモロコシと穀物と種子の貯蔵庫だ。となりは『脱ぷ室、収穫室』（1911）。

『釜場』（1910）は豚などの餌を大釜で煮たり潰したり混ぜたりの飼料加工場。札幌軟石のしっかりした造りはそれにふさわしいが、小さな教会堂のような瀟洒《しょうしゃ》な感じがおもしろい。煙突、出入口や窓の飾り、逆さゴシックアーチの小窓が奇抜だ。『製乳所』（1910）も細部まで丁寧にできているレンガ建築だ。


第2農場をあとにキャンパスの中心を南へ。『総合博物館』（旧北海道帝国大学理学部本館／1929、北大営繕課／月曜休館）はロマネスク風の大建築だが、玄関車寄せは尖頭アーチだ。『旧札幌農学校昆虫学及養蚕学教室』（1901、中條《ちゅうじょう》精一郎）と『旧農学部図書館』（1902、中條精一郎）は当時、文部大臣官房建築課札幌出張所出仕だった30代前半の中條精一郎の設計なのでしっかり見よう。その先の『農学部本館』（1935、北大営繕課）は並木の正面に堂々と立ち上がってシンボル性が強く、時計塔、玄関の3連アーチ、左右にウイングがのびる大建築は、北大農学部の存在を天下に示すように見える。午後の日に輝く白いケーキのような『古河講堂』（旧東北帝国大学農科大学林学教室／1909、新山平四郎）をしばらく眺めたのち、南門を退出する。

向かった先はすぐ近くの『清華亭』（1880、開拓使工業局営繕課／年末年始休）。1871年（明治4）に開拓使が札幌初の公園として開いた「偕楽園」への明治天皇北海道行幸に際して開拓使貴賓接待所として建てたものだ。外観は黒く暗いが内部は洋間、日本間ともに贅沢で、特にベイウィンドウが立派だ。

JR線を過ぎて、「北海道大学植物園」（月曜休園）に入る。まず初めに『門衛所』（1911、文部大臣官房建築課札幌出張所）の西面が、なかなか楽しい。右に行くと『宮部金吾記念館』（旧札幌農学校動植物学教室東翼／1901、中條精一郎）で、これも札幌出張所出仕の中條の仕事。玄関まわりにそれらしさが見えると思う。

『農学部附属博物館旧本館』（旧開拓使札幌博物場／1882、開拓使工業局営繕課）はベートマンの原案から営繕課

が設計とあるが、正面から見ていかにも頭が重そうだ。開拓使の星がいくつあるか数えてみよう。隣の『バチェラー記念館』（1898）は英国聖公会の司祭で北海道先住民関係の著書のあるJ・バチェラーの自邸の移築だ。さっぱりと何もない家だと思ったら、玄関の飾りや棟飾り、2本の煙突や窓枠と外壁のツートーンカラーなどを移築時にすべて廃したそうで、それだけ廃せば大抵の建物はつまらなくなる。その対面にあるのは『北海道大学植物園旧事務所』（1902、中條精一郎）で、これまた中條の30代前半の仕事だが、よく見るとシンプルの中にも端正で品格があって、好ましい仕事だと思った。裏側もすっきりと感じよく、また床下通気孔グリルがよろしい。さらにその対面のトイレまで中條とあるのでエーッと思ったが、北大キャンパスにあったものの移築とか。

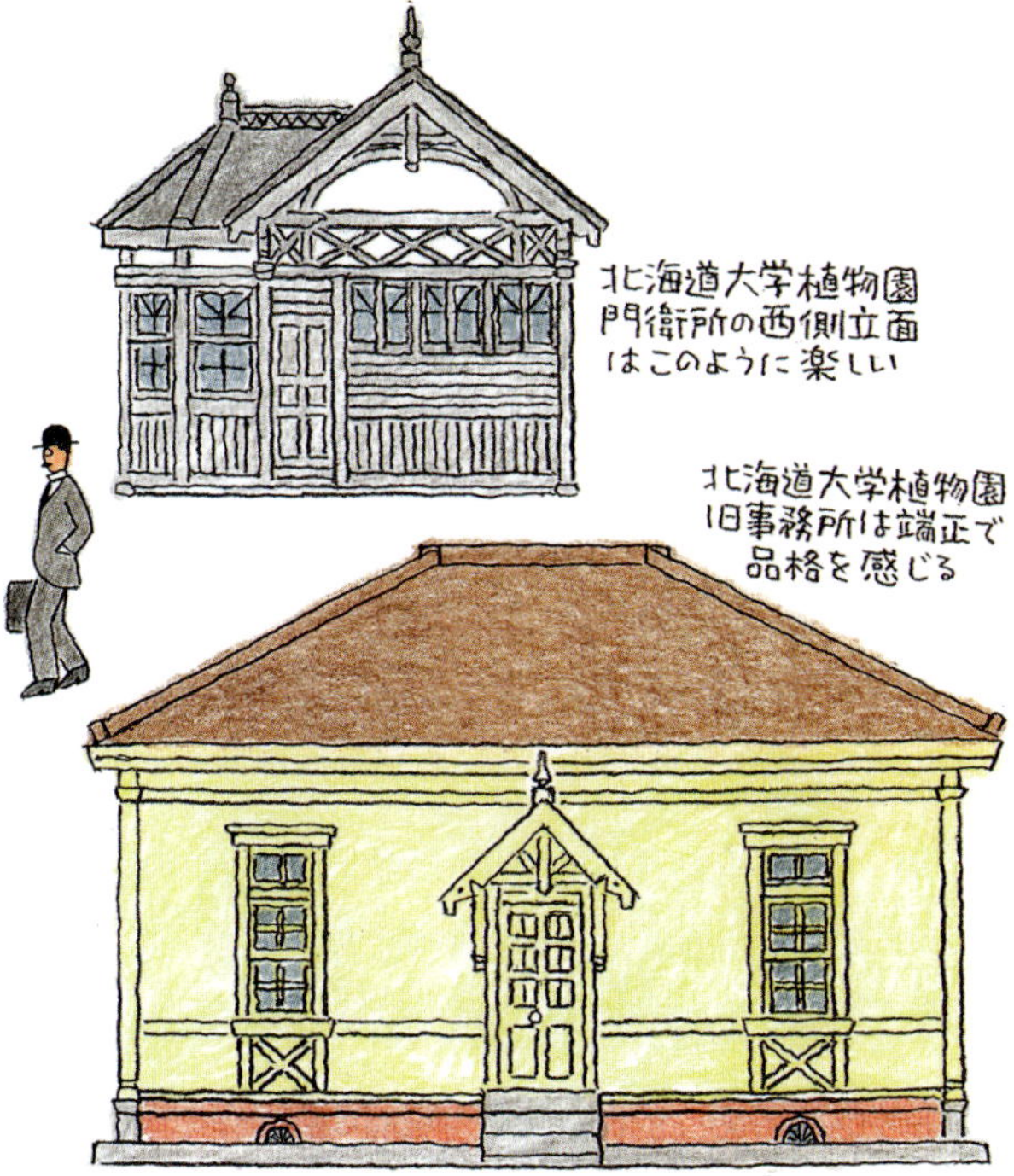

北海道大学植物園
門衛所の西側立面
はこのように楽しい
北海道大学植物園
旧事務所は端正で
品格を感じる

『北海道大学植物園』からいよいよ〝赤れんが道庁〟である。明治21年に完成した『北海道庁旧本庁舎』（1888、北海道庁土木課・平井晴二郎）は塔屋に費用がかかり過ぎて防火扉を省き、そのために1909年（明治42）正月、レンガ壁を除いて全焼した。1911年に復旧の際、今度は防火扉を備えたら塔屋の予算がなく、だから当時の写真には塔屋がない。塔屋のない道庁なんて、ということで戦後の1968年（昭和43）、開道百年にようやく塔屋が復元した。開拓使札幌本庁舎（1873竣工、1879焼失）の大ドームのイメージを受継ぐ道庁のドームこそ北海道のシンボルで、ずっと大切にしたいものだ。

散策の終わりはもちろん『札幌市時計台』（1878、W・ホイーラー・開拓使工業局営繕課）だ。古びた看板にあるようにこれは「旧札幌農学校演武場」で、明治11年に完成した。この建物も2階で兵式訓練や体育の授業をするためにバルーンフレーム構造を採用している。そして建設当時は今より北の方にあり、初期農学校のキャンパスの中心で正面に道路がのび、「演武場」はその目止まりに立つ農学校のシンボルだった。

　建物も当時としては堂々と大きく、正面に鐘塔があった。遠くからも目立つ鐘塔だったが、「演武場」の開場式に出席した開拓使長官・黒田清隆の発案でここに時計を設置することになり、米国ハワード社に発注した。ところが送られてきた時計は予定よりも大きくて鐘塔に入らず、そこでせっかくの時計を何とか設置しようと、3年後にようやく大きな塔屋を建設して時計を収めた。

1873年(明治6)に完成した開拓使札幌本庁舎

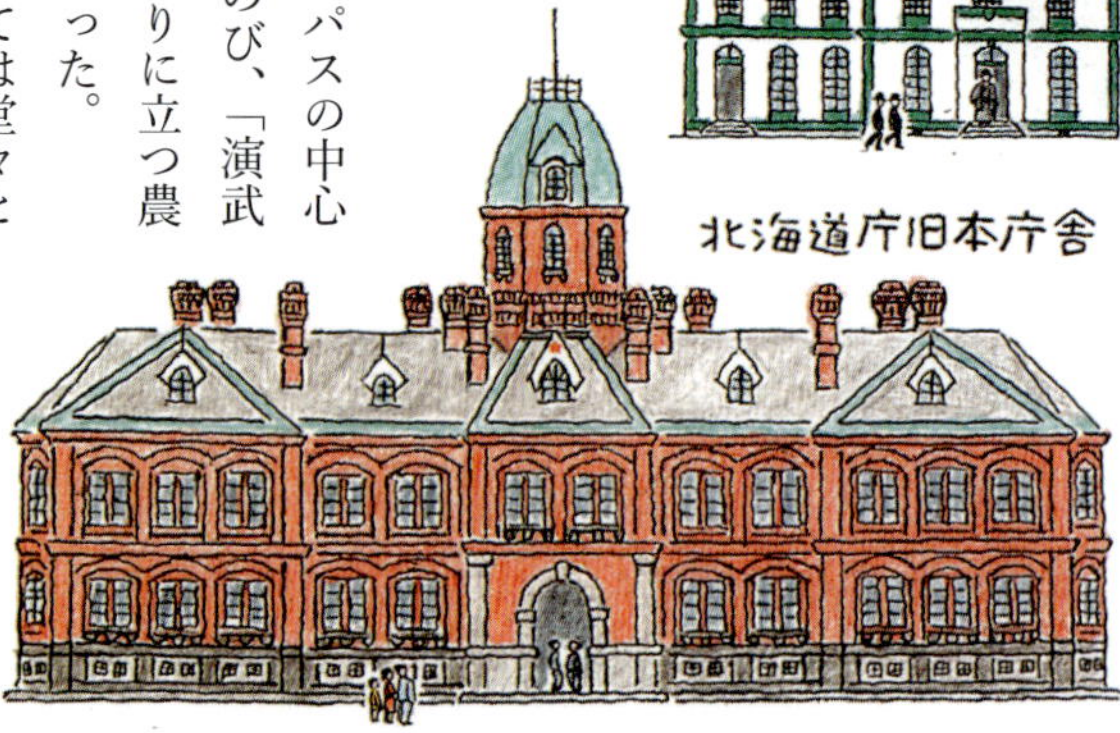
北海道庁旧本庁舎

　新しい時計塔を見上げてみんな大きいのに驚いた。バランスとしてどうしても頭でっかちである。建物に合わせたものより格段に大きい塔屋に替えたのだからそれは当然だった。これはもう「演武場」の時計塔じゃなくて札幌の時計台だなと思った人がきっといただろう。そのうちに、よく目立つしシンボル性も充分で、大き過ぎてよかったとみんな思うようになった。のちに「札幌農学校」の大時計が札幌の標準時計に定められたが、それも時計が大きければこそだった。
　1903年(明治36)、「札幌農学校」は今の北大の場所に移り、3年後に「演武場」も今の所に曳家《ひきや》された。けれどもそこは道の目止まり位置でもなく正面性が発揮できる所でもない。前の道はせまくて時計台全体を見るほどの引きもない。つまり時計台はあるべき場所にないので、札幌に初めて来た旅行者の印象は、意外に小さいではなく、へんな場所にあるな、だと思う。時計台からは地下鉄大通駅に至り、ゴールである。

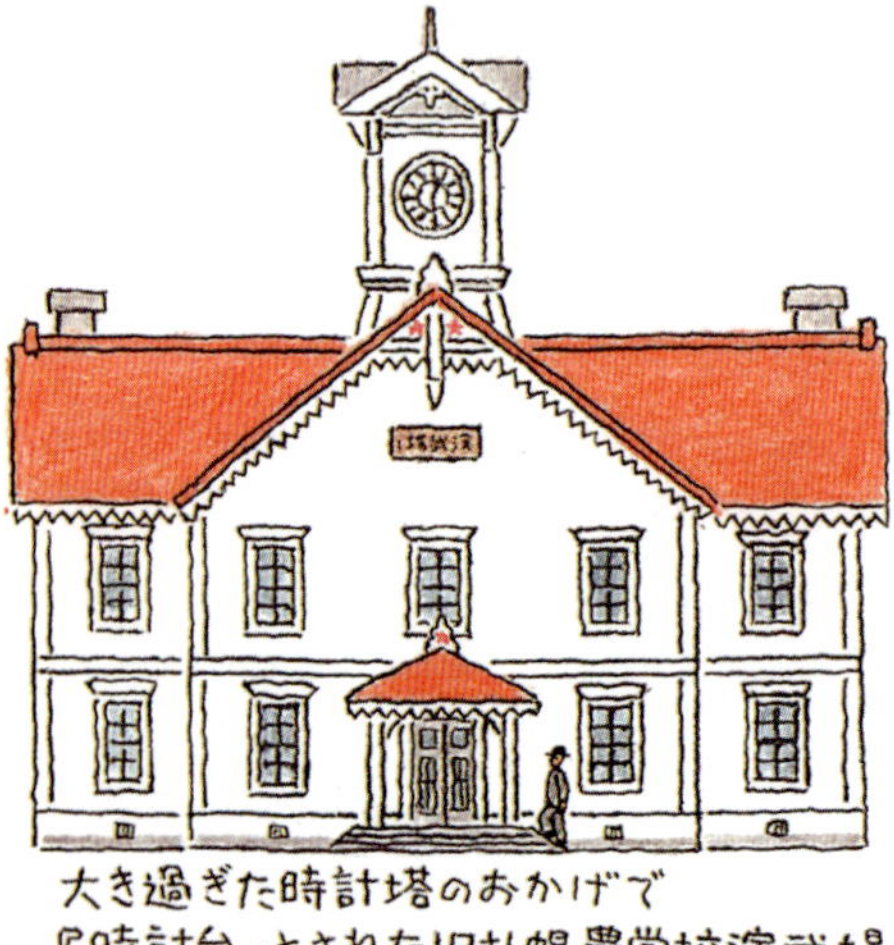
大き過ぎた時計塔のおかげで『時計台』とされた旧札幌農学校演武場

2

商港ならではの銀行建築と独特の商店・倉庫群

小樽

北海道

①北海一の小樽港　日増に開け月増に／年々繁華に赴きて／進歩は驚くばかり也
⑯銀行、倉庫、保険業　廻漕業の各会社／本店、支店、代理店／其他商店列《つら》なれり
㉝高く聳ゆる天狗山　海と陸とを睥睨し／世界に告ぐる小樽港／天下に鳴らす小樽港――

（『小樽唱歌』明治41年。『小樽』朝日新聞小樽通信局編より引用）

堺町本通の旧第百十三国立銀行小樽支店
（オルゴール堂海鳴楼）
小さい建物だが明治26年築の和洋折衷の銀行
大棟の飾り、軒下の分銅模様（当行の紋章）に注目

商港都市・小樽の繁栄が目に見えるようなこの歌は1908年（明治44）に発表された。昔の小樽ではだれでも口ずさんだ歌だという。北前船やニシンに始まって幌内鉄道、手宮桟橋で石炭積出が行われ、北海道全域の流通拠点、商品倉庫ともなった小樽の活況は昭和初期まで続いたが、1931年（昭和6）の満州事変から日本は戦争の時代に入り、活況は終焉を迎えた。

小樽の建築散歩は、日銀通の『日本銀行旧小樽支店金融資料館』（1912、辰野金吾・長野宇平治・岡田信一郎）から始める。そして色内《いろない》の旧銀行街から旧問屋街へと進むが、この銀行、商店の建物はすべて昭和初期までの好況時に建設されている。商店は1905〜11年頃、日本銀行小樽支店は1912年、ほかの銀行は1922〜30年と、当然ながら当時の情勢と合う。ちなみに日露戦争が日本の勝利で終わり南樺太領有が決定したのは1905年だ。

『日本銀行小樽支店』は辰野金吾、長野宇平治、岡田信一郎という師弟関係の設計で、本店を手がけた師・辰野の下、日銀技師長の長野が中心と伝わる。辰野の『日本銀行本店』（東京）を筆者は城塞のようだと感じているが、小樽支店も初めて見た時から城塞のようだと感じた。いくつもある塔屋も、城の監視塔を思わせるものだ。

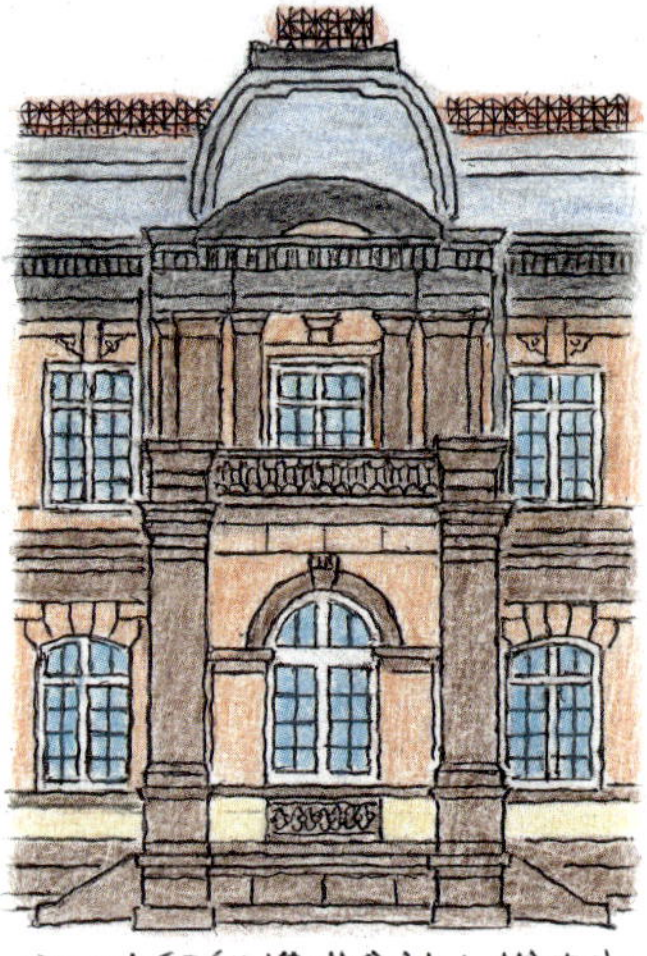

旧日本郵船株式会社小樽支店

その対面の『旧小樽地方貯金局』（市立小樽文学館・美術館／1952、小坂秀雄）は、建築ウォッチャーにとって重要な建物だ。戦前の好況時生まれの銀行群に対して、この1棟だけが戦後生まれで、大なり小なり様式主義を採用している銀行群に対して、四角い箱に四角の窓が並ぶシンプルで合理的な現代建築はまことに対照的、設計者・小坂秀雄の意図がよく表現された秀作に違いなく、またこの歴史的な場所にあるのも幸いだったと思う。

その隣の『旧三井物産小樽支店』（松

田ビル／1937、松井貴太郎）は白タイルと黒御影石で大胆にモダニズムを図った建物で、設計が横河工務所の松井貴太郎とあれば『日本工業倶楽部』（1920）や『東京銀行協会』（1914）を連想するが、こちらは1937年の仕事だ。さらに隣は長野宇平治が日銀支店と同時進行した『旧北海道銀行本店』（小樽バイン／1912、長野宇平治）で、様式主義ベースの銀行建築としては軽快で好ましい。それに正面とコーナーの飾りが気に入って、筆者は通るたびに見上げている。

■歩行距離：約6.2キロ
●起・終点：日本銀行旧小樽支店金融資料館はJR小樽駅から徒歩10分

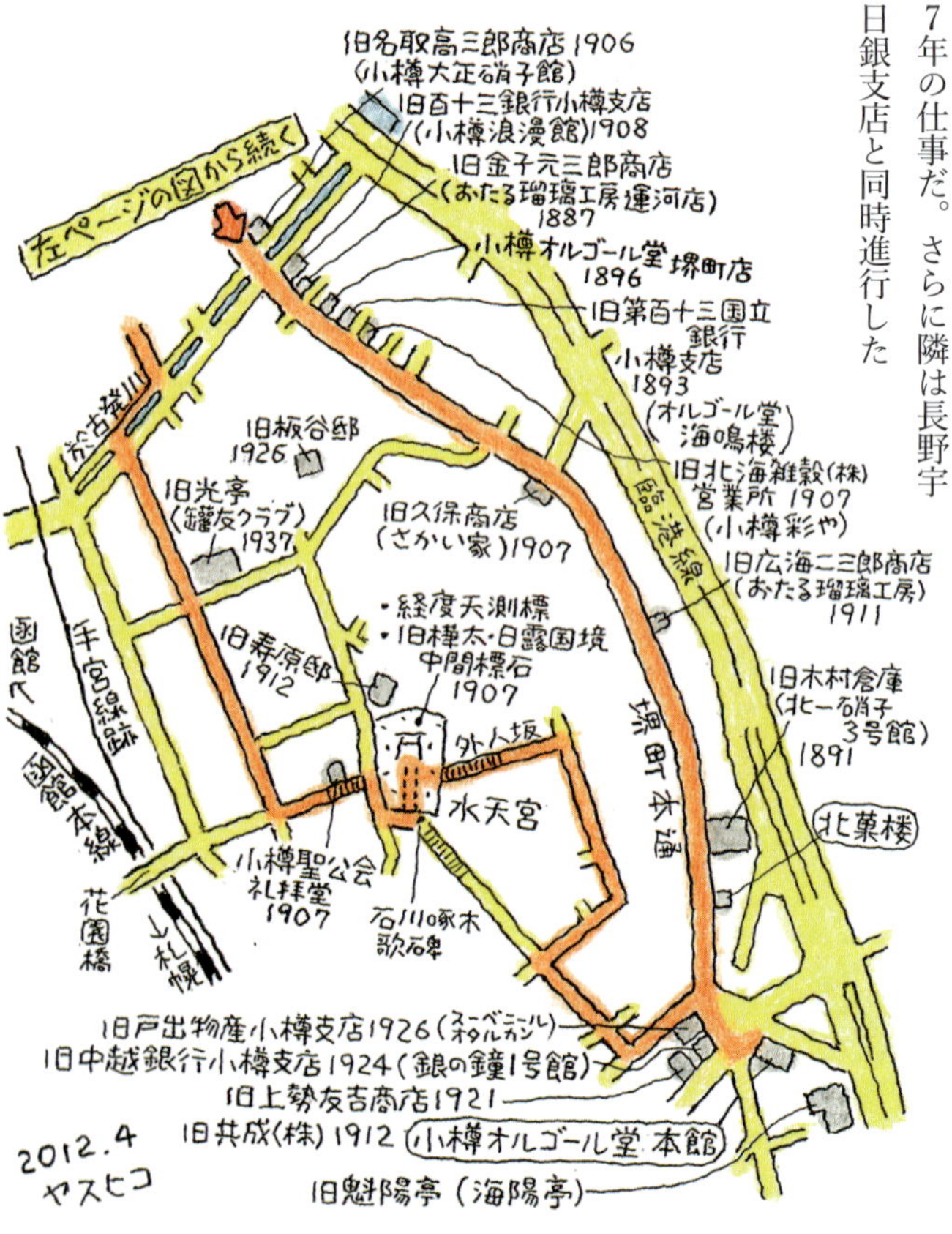

有名な色内《いろない》交差点の旧3銀行。南西角の『旧第一銀行小樽支店』（トップジェント・ファッション・コア／1924、中村田辺建築事務所）は、角の曲面がモダンだがどうも何か足りないと思っていたら、古い写真ではオーダーつきの入口があるので、大胆な改築をしたものだと思う。南東角の『旧三菱銀行小樽支店』（小樽運河ターミナル／1922、清水組）は逆に、後から1階正面を改装して6本のオーダーを加えたと聞いた。

北東角の『旧北海道拓殖銀行小樽支店』（似鳥美術館／1923、矢橋賢吉、小林正紹、山本万太郎）は、この建物が竣工した時、この通りは一挙に近代的風景になったのではないかと思ってしまう。

色内大通を行く。『旧三井銀行小樽支店』（1927、曾禰《そね》達蔵）、『旧第四十七銀行小樽支店』（昭和初期）、『旧安田銀行小樽支店』（花ごころ／1930、安田銀行営繕課）と銀行が続くが、この通りでは旧問屋や大商店が町

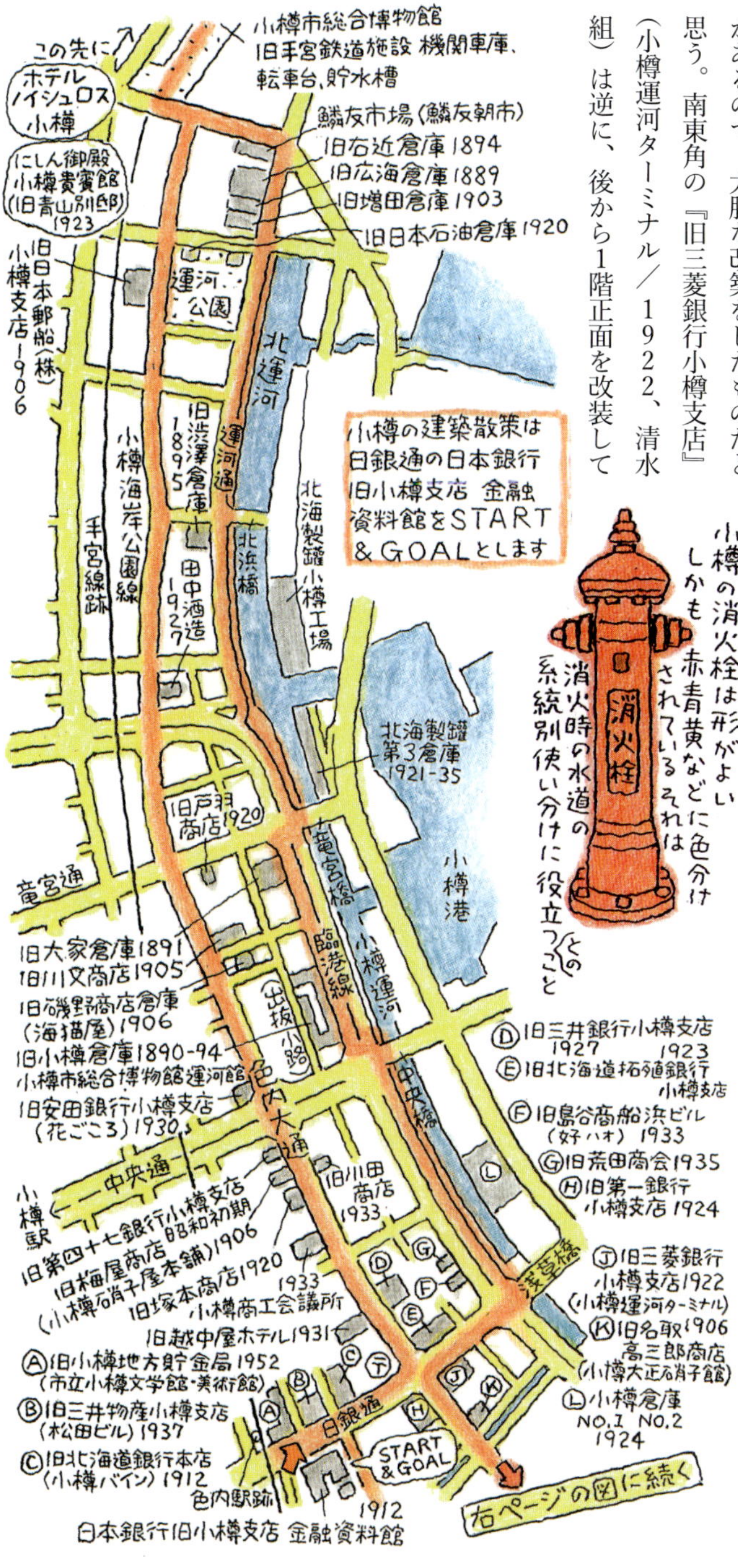

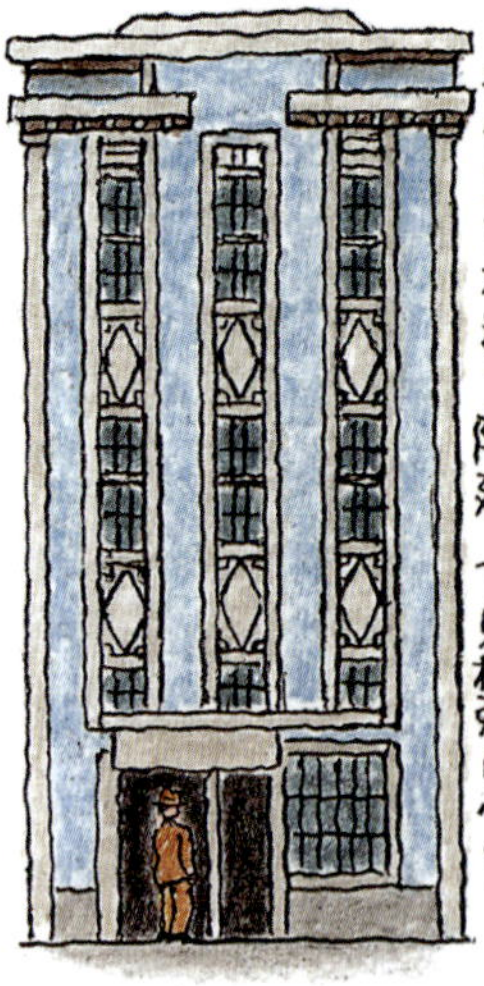
竜宮通の旧戸羽商店（海産物商）の
モダンな木造3階建　下見板張に心安らぐ

の顔になっている。『旧越中屋ホテル』（1931、倉沢国治事務所）は昭和初期モダンの内部も見せて欲しいのに閉じていて残念だ（2019年、「アンワインド　ホテル&バー小樽」として再開）。『小樽商工会議所』（1933、土肥秀二）から『旧塚本商店』（1920）、『旧梅屋商店』（小樽硝子屋本舗）、『旧第四十七銀行小樽支店』（1906）にかけて目を望遠レンズにして見通すと、この通りの格別な雰囲気が伝わってくる。『旧川又商店』（1905）は小樽の木骨石造和洋折衷商店の代表として、しっかり見よう。イラストでは堺町本通の『旧北海雑穀株式会社』の営業所（小樽彩や／1911）を描いたが、和式瓦屋根平入り、木骨に軟石張、上げ下げ窓に鉄または漆喰扉、たまに洋式の出入口、そして1階から2階まで立ち上る卯建《うだつ》（＝防火壁）という仕様が、小樽の大商店の定番と覚えておきたい。これは小樽独自の様式なので、函館の1階和式2階洋式民家のようなものだ。どちらも和式と洋式がひとつの建物に同居しているのだが、これでよいのだ。ただし時代が限定されていて、小樽の場合は1880年代から1920年頃までに建てられたのが本物。ちょうど服装で、紋付はかまに山高帽子、懐中時計、アルバートブーツ、洋杖（ステッキ）という紳士のコーディネーションが、ある時代に限って本物であったのと同じだ。『旧川又商店』の場合は卯建に朝日、鶴亀、松竹梅、鳴滝といった彫刻が施されて見事だ。

そして小樽建築散歩の目玉である『旧日本郵船株式会社小樽支店』（1906、佐立七次郎／補修工事のため2022年3月まで休館）だ。この建物は1906年という時期に、優しく、洗練され、しかも格調ある洋式建築が日本人の手で建設された記念碑的建築である。設計者は工部大学校（現東京大学工学部）造家学科、J・コンドルの下で西

旧北海雑穀（株）の和洋折衷建築は一つの完成を示す
営業所（小樽彩や）
上げ下げ窓に鉄扉
↗卯建

北運河の先に大型の木骨石造倉庫が並ぶのは壮観だ
明治以来の小樽独特の風景と聞いた
旧増田倉庫
旧広海倉庫
旧右近倉庫

洋建築を学んだ第一期卒業生4人のうちの佐立七次郎（ほかの3人は辰野金吾、曾禰達蔵、片山東熊）。佐立は理由あって、現存作品がこの建物のほかに東京の『日本水準原点標庫』のみという人だ。この建物は運河の方から、また裏の手宮線跡の線路辺りから眺め、公開されているので中に入って隅から隅までしっかり確かめたい。正面玄関に風除室が付くのは厳冬期のための仕様だ。完成直後のこの建物で日露戦争後のポーツマス条約にもとづく樺太国境画定会議が開かれている。

『小樽市総合博物館』で旧手宮鉄道施設機関車庫、転車台、貯水槽などを調べた後は、運河と石造倉庫へと向かう。小樽建築散歩では、まず旧銀行群、次に木骨石造商店群、そして木骨石造倉庫群というのがコンテンツだ。運河通に入ると『旧右近倉庫』（1894）、『旧広海倉庫』（1889）、『旧増田倉庫』（1903）の三連棟に驚く。『旧右近倉庫』は小屋組（屋根を支える構造）に洋式の架構を採用している。本来は倉庫群の前まで運河があったので、それを想像してみよう。北運河は建設当初の河幅なので、これが本物の小樽運河だと思って見てほしい。『旧渋澤倉庫』（1895）も運河と2ショットで見ておくとよい。臨港線（車道）脇の運河は車道建設で河幅が半分に埋立てられたのだ。『旧大家倉庫』（1891）、『旧小樽倉庫』（1890―94）では裏に回って出抜《でぬき》小路《こうじ》（裏道）から見るのもおもしろい。

於古発川《おこばち》を渡って堺町本通へ。ここは観光客向きの町だが木骨石造の商店や倉庫があるので見逃さずに歩く。住宅地にある外人坂を上って『水天宮』に参拝。『小樽聖公会礼拝堂』（1907）、『旧光亭』（健友クラブ／1937）などを見た後『日本銀行旧小樽支店金融資料館』に帰着する。

小樽市総合博物館構内の
存在感あふれる貯水槽
水タンクは鉄製 塔身表面は
煉瓦（イギリス積）
である

3

道北の要衝の地に残る
北海道らしい重厚な建築群

旭川

北海道

旭川は道北地方の物流の中心、交通の要衝の地で、古くは旧日本陸軍第七師団が置かれた軍都だったが、今は『北彩都《きたさいと》あさひかわ』として新しいまちづくり事業が着々と進む北の都だ。そこで建築散歩の対象となる物件も広い市域に散在するので、その覚悟で散策に出かけることにしよう。

目を見張る新しさの『JR旭川駅』（２０１０、内藤廣建築設計事務所）をスタートしてすぐに出合うレンガ造の倉庫群は、旧国鉄貨物ホームに沿って建てられた上川倉庫株式会社（１９０３―１９１３、設計者不詳）を転用した商業施設『蔵囲夢《くらいむ》』で、中央にひと際目立つのが『上川倉庫株式会社事務所棟』（１９１３、設計者不詳）だ。破風飾りや半円アーチ窓が印象強く、小さいけれど旭川の〝顔〟のような建物だが、建設当初は1階入口の下屋《げや》部分はなくて代わりに玄関ポーチがあり、それが2階のベランダにもなっていて現在の半円アーチ窓はそのベランダ出入口の跡、と聞いて納得である。『ビヤホールライオン旭川店』（１９１３、設計者不詳／２０１７年閉店）は表に「この建物は館脇倉庫として旧貨物駅に近いこの地に建てられ、使用レンガは１８９８年頃創業の館脇煉瓦《れんが》工場製」とあるのであらためてイギリス積みのレンガ壁を眺めた。『丸京橋本クリーニング』（築年など不詳）は2条通側にも永隆橋通側にも大正、昭和初期と思われる洋館やレンガ倉庫が連なっており、ノスタルジーを感じてしばらく足が止まった。次の『旧越後屋旅館洋風別館』（１９２９、設計者

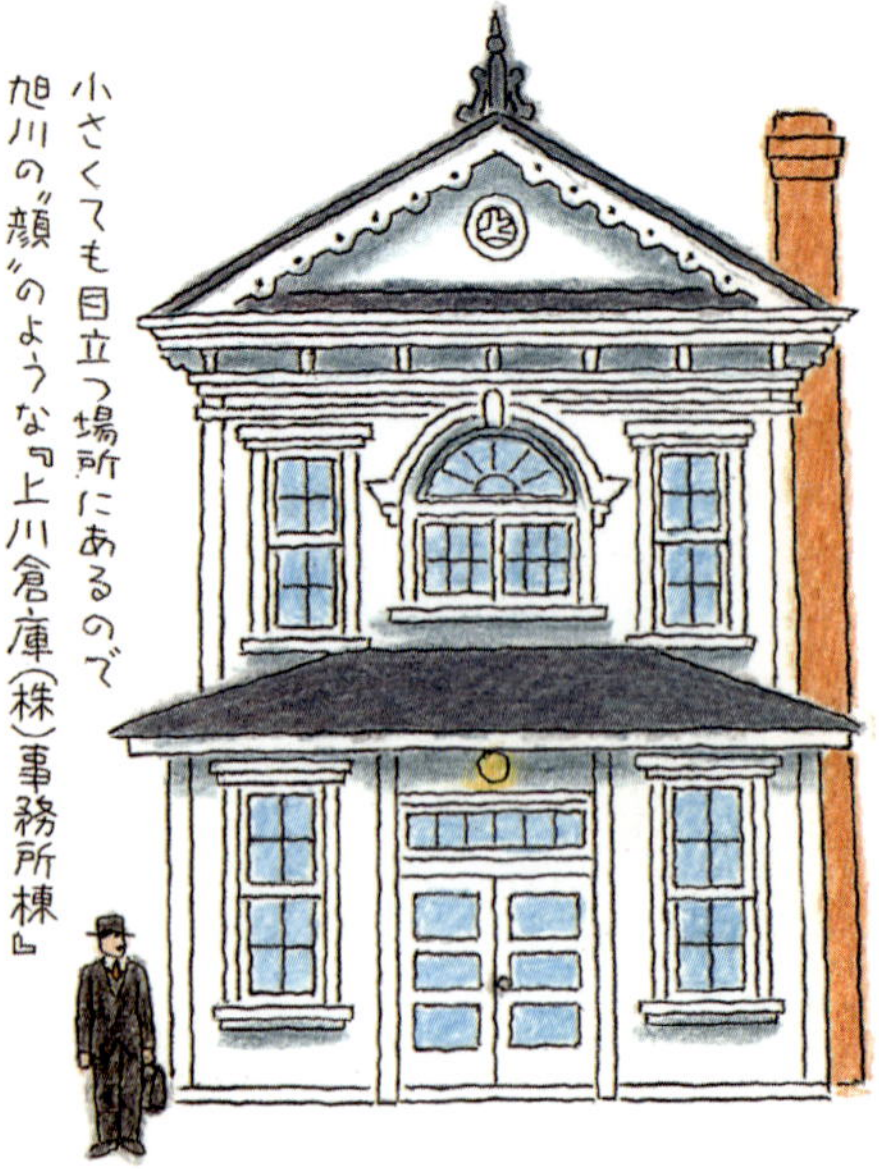

小さくても目立つ場所にあるので
旭川の〝顔〟のような『上川倉庫(株)事務所棟』

不詳）は、以前あった和式の本館がなくなっていたが、上下式と引き違い式の出窓を1、2階に並べた立派な洋風別館はしっかり保存されていると見た。

1条通を西へ向かい『明治屋社屋』（1951、設計者不詳）にいたる。札幌軟石と美瑛軟石を使用とある木骨石造3階建てのビルは、通りに面して太い窓枠の上下窓が整然と並ぶ姿が美しい。それから3丁目の角を右折すると、レンガ倉庫を転用したライブ演奏も楽しめるミュージック・カフェバー『アー

『合同酒精(株)旭川工場蒸留棟』は北海道のレンガ建築の中でも特別な存在だ

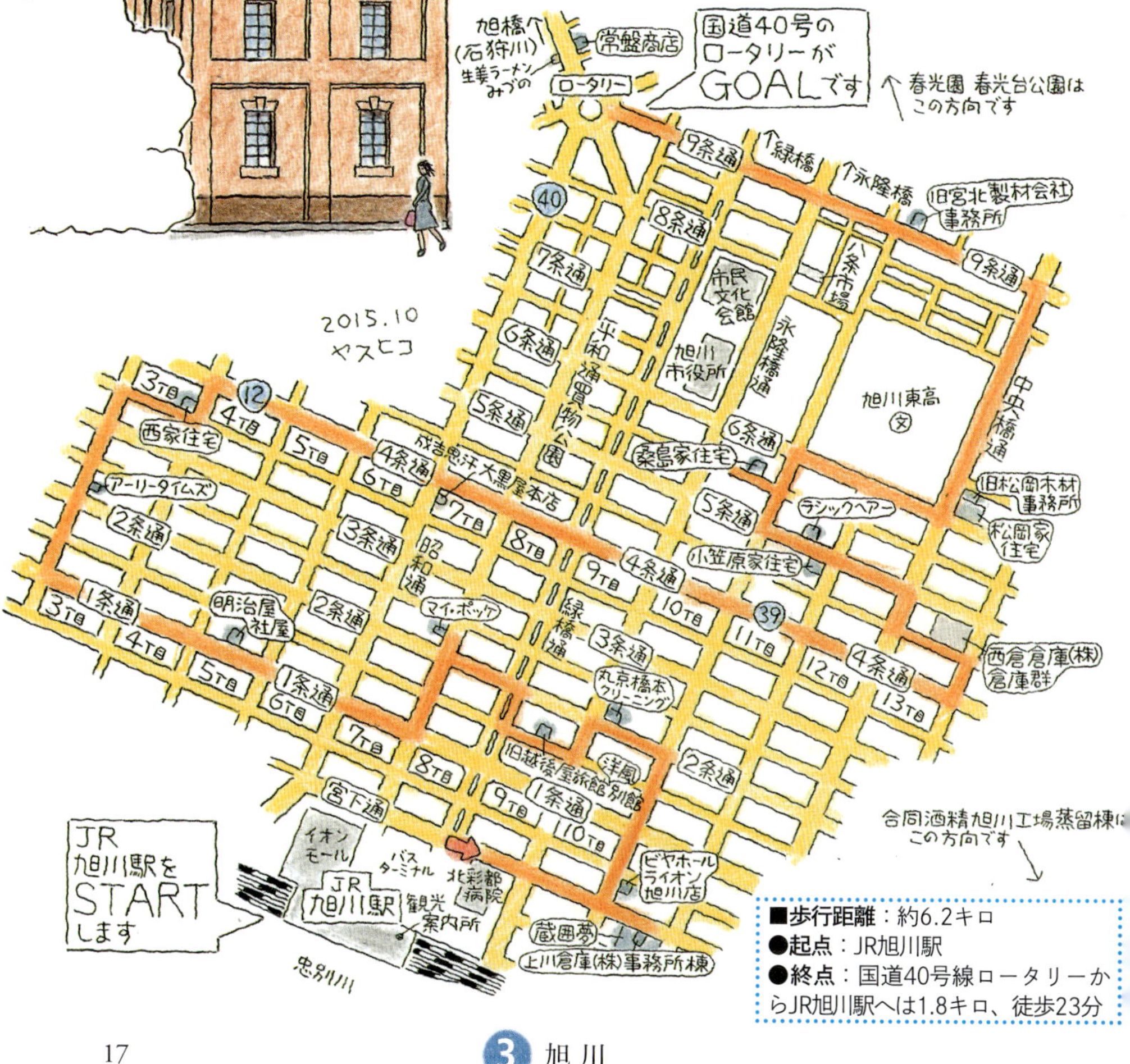

■**歩行距離**：約6.2キロ
●**起点**：JR旭川駅
●**終点**：国道40号線ロータリーからJR旭川駅へは1.8キロ、徒歩23分

リータイムズ』（築年など不詳）が見つかる。看板にフォーク&ロックとあるので年代もののレンガ倉庫はそれにふさわしく、ぜひ客として訪れたいと思ったが、短い旭川滞在中にそれはかなわなかった。『西家住宅』（1924、設計者不詳）は、これこそ旭川の和式建築というべき立派な建物だ。北海道らしい重厚で格調のある木造平屋（石蔵付き）の建物は、北の大地に根を下ろしているようである。

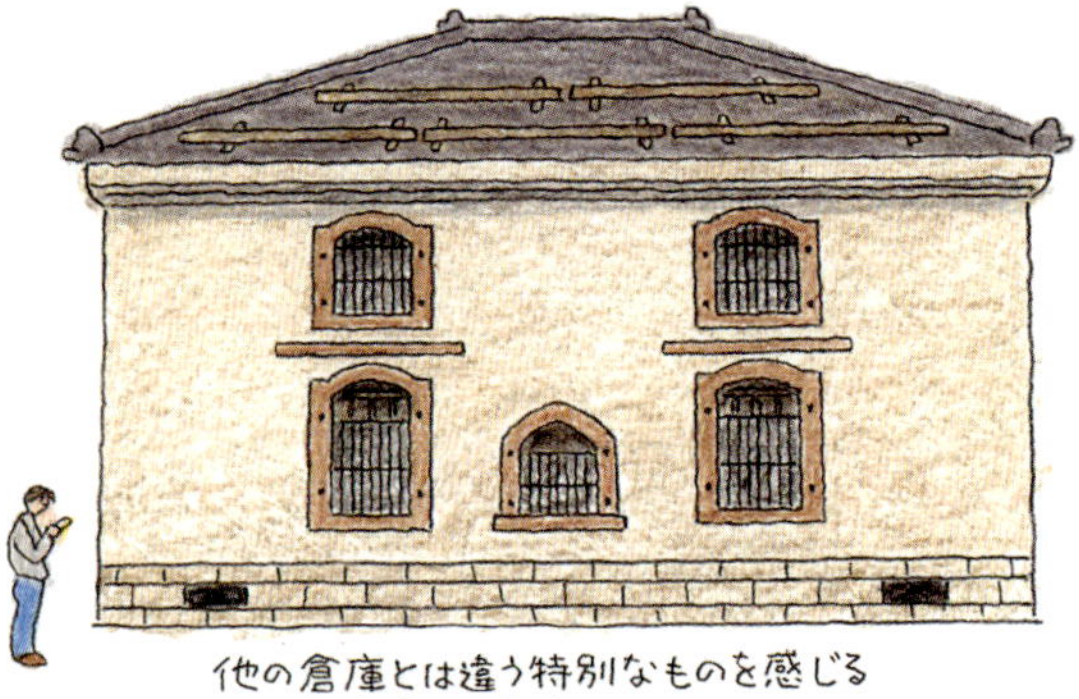

他の倉庫とは違う特別なものを感じる『西倉倉庫(株)倉庫群』中の1棟

4条通をひたすら東へ向かい、14丁目で左折して『西倉倉庫株式会社倉庫群』（1928、設計者不詳）へ。これまでに倉庫を何棟も見てきたが、この石造倉庫群にはまた別格のものを感じる。特に上のイラストの寄棟屋根の1棟は独自の風格を持って悠然としており、しばらくの間立止まって見た。

5条通を西へ行き『小笠原家住宅』（改築棟1954、田上義《たのうえよし》也《や》）にいたる。このお宅は正面から見ると左右2棟に分かれ、左が大正期の築、右が田上の設計で昭和29年に改築された棟とある。片流れ屋根、強調された縦横の線、深い軒などに設計者の意図が見てとれる。田上義也（1899〜1991）はF・L・ライトが『旧帝国ホテル』を手掛けた際にその建設事務所に入り、後にフリーランスの建築家として北海道で多くの仕事をした人だ。

次の『桑島家住宅』（1927、設計者不詳）は、当初吉池病院として建てられ、後に桑島病院となったもので、大正、昭和初期のモダンを懐かしく感じて足が止まる建物だ。

6条通と中央橋通の角で『松岡家住宅』（1925、施工者・谷口玉吉）と隣接する『旧松岡木材事務所』

昭和初期モダンが懐かしく優しい『旧松岡木材事務所』である

（1937、施工者・谷口玉吉）に出合う。住宅の方は剛気な和式の構えに小ぶりな洋式の建物が付く和洋折衷。旧事務所は大正末期、昭和初期モダンで当時流行のスクラッチタイルを採用しており、屋根の妻飾りが楽しく、両方合わせて旭川市都市景観賞を得ている。そして中央橋通を9条通で左折すると、右手に石造建築が見えてくる。

堂々たる存在感で9条通を引きしめる
『旧宮北製材会社事務所』の木骨石造建築

それが『旧宮北製材会社事務所』（1915頃、設計者不詳）の美瑛軟石を用いた木骨石造2階建ての洋館だ。意外にも正面が9条通でなく東を向いており、玄関側には三角ペディメントと付け柱ながらジャイアントオーダー、9条通側には半円ペディメント、1、2階で別の飾りを付けた上下窓、1、2階で別の仕上げの石壁と、実に見どころの多い建築を感心しながら眺め、これも旭川のシンボルたるべき建物ではないだろうかと思った。

9条通と国道40号線が出合うロータリーで散策はゴールとなるが、さらに観賞したい地図の範囲外の物件の中から特別付録として4つを選んでみた。

『中原悌二郎記念旭川市彫刻美術館』（旧旭川偕行社《かいこうしゃ》／1902、陸軍臨時建築部）。偕行社は旧陸軍の将校クラブといえる組織で、そのための建築である。1、2階の柱廊や玄関ポーチが軍人イメージに反して華やかな洋館だが、半円アーチ（懸魚《げぎょ》!? 付き）や半円形のポーチは札幌の『豊平館』（1880、安達喜幸・開拓使工業局営繕課／中島公園内に移築）を手本にしたのかと思う。美術館は取材当時は改装中でシートがかけられて建物全体を見ることができなかった（2017年10月オープン）。このページのイラストは2009年に描いたものだ。

『中原悌二郎記念旭川市彫刻美術館』は
旧旭川偕行社の建物を転用した

『旧竹村病院六角堂』（1901、設計者不詳）は旭川市4条12丁目にあった竹村病院の玄関部分を移築復元したとある。西洋館を構成する各部分や装飾を小塔の中にあれもこれもと賑やかに取込んでおり、町中のランドマークだった頃が偲《しの》ばれる。

『旧竹村病院六角堂』は旭川市4条12丁目から現在地に移築復元されたものだ

『合同酒精株式会社旭川工場蒸留棟』（1914、設計者不詳）。これこそ旭川のシンボルでありランドマークとも思われる、レンガ造5層の愉快な建造物だ。始めに4層の蒸留棟が建ち、1933年（昭和8）に5層目が増築されて現在の姿になったとある。それからでも80年余りが過ぎた孤高の塔なのだ。

『旭川春光台配水バルブ棟』（1914、陸軍技師・井上二郎）。春光台公園内にある水道局の「覆蓋付緩速《ふくがいつきかんそく》ろ過池《かち》」は水の凍結を防ぐ覆いがさらに芝生で覆われ、そこにこの愛すべきレンガの小円塔がバルブ室としてある。レンガがフランス積みなのはこの水道施設が旧日本陸軍第七師団の軍用水道の遺構であるためだろう（当時日本軍はフランス式軍制を採用）。ちなみにこの配水池は今も旭川市民に大切な水を供給している。

『中原悌二郎記念旭川市彫刻美術館』『旧竹村病院六角堂』は同じ春光園にあり、駅前バスターミナル20番乗り場から22、80番、5番乗り場から5、22番のバス利用で春光園前下車。『合同酒精株式会社旭川工場蒸留棟』は同バスターミナル17番乗り場から33番のバス利用で南6条19丁目下車。『旭川春光台配水バルブ棟』は同バスターミナル4番乗り場から28、29、30番のバス利用で春光台1条3丁目下車となる。

『旭川春光台配水バルブ棟』は配水場のフェンスの外から見ることができる

4

夢と不思議の建築散歩が楽しめる北の港町

函館

北海道

函館ほど〝建築散歩〟に相応しい町はないと以前から思っていた。そして今回、その函館にやって来た。

石畳の坂道を上りふと振り返ると、向こうに函館湾が輝き、出船入船、ドックの大型クレーン、遠くに横津岳や駒ヶ岳、近くに教会の尖塔《せんとう》と、美しく懐かしい景色が広がる。ということで夢と不思議のこの町で、建築散歩を始めよう。

スタートは市電『函館どつく前』停留所だ。魚見坂《うおみざか》を上っていくと左手に『高龍寺』の華麗な山門が見えてくる。同寺は本堂はじめ諸堂を飾る彫刻が見事だ。その先の二股を右に行くと外国人たちの墓地がある『ハリストス正教会墓地』の先に『旧函館検疫所台町措置場』（1885）の明治の役所らしい建物があるが、手入れが新しいのでそう古く見えない。魚見坂を下って右折、幸坂《さいわいざか》を上ると『旧ロシア領事館』（1908）がある。レンガ造りに唐破風《からはふ》など和風が加わって八方破れの建物だ。常盤坂《ときわざか》まで行くと、角に『Y家住宅』（1922）がある。1階が和式で2階が洋式とはっきり分かれる和洋折衷住宅は函館独特の民家で、仮に〝函館式和洋折衷住宅〟としておくが、この後続々と現れるので覚悟しよう。このお宅の場合は和風が窓の出格子だけだが、23ページのイラストの住宅が典型的だ。地方独自の民家のなかでも、半分が洋式というのは函館だけだろう。〝夢と不思議の町〟函館らしく、ぼくはこの民家様式が大変おもしろいと思う。聞けば1907年（明治40）の大火後の復興期にこの様式が流行、町並みを形成したという。軒蛇腹《のきじゃばら》、持ち送り、胴蛇《どうじゃ》

煙突と屋根窓の位置が気になる旧函館区公会堂 附属棟

腹《ばら》、上げ下げ窓、窓飾り、下見板張などが洋式で、函館の棟梁《とうりょう》が洋式を身につけたからできたことだろう。

『旧函館区公会堂』（1910／2021年春まで保存修理工事閉館中）は1907年の大火で失った町会所の代わりに建設されたという。

■**歩行距離**：約10キロ
●**起点**：函館駅前電停から市電12分函館どっく前電停下車
●**終点**：函館明治館から徒歩4分の十字街電停から市電5分、函館駅前電停下車

明治末期の洋風建築にしては様式が少々古い感じだが、この建物が当時函館の中心だったこの地に出現した時の晴れやかさは容易に想像できる。現在の配色は建設当初同様に復元とある。けれどもぼくは『公会堂附属棟』の方が好きなのでイラストを描いた(21ページ)。『旧北海道庁函館支庁庁舎』(1909、家田《いえだ》於菟《おと》之助《のすけ》)は木造ながら大オーダーを持つ古典主義様式で立派なものだ。その脇のレンガ造りの『旧開拓使函館支庁書籍庫』(1880)は、1872年(明治5)創業の開拓使による官営『茂辺地《もへじ》煉化石製造所』のレンガを用いているとのこと。近寄って最初期の国産レンガを確かめてみよう。

日和《ひより》坂から脇道に入ったところの『旧佐田邸』(1928、田上《たのうえ》義也/日和茶房は2015年閉店)は一見して〝ライト式〟と感じる建物だ。以前は名称も『プレイリー・ハウス』(ライトが創った住宅様式名)だったそうで、F・L・ライトの『旧帝国ホテル建設事務所』に参加した後に北海道で建築家として多数の作品を残した田上義也の設計らしいものだ。

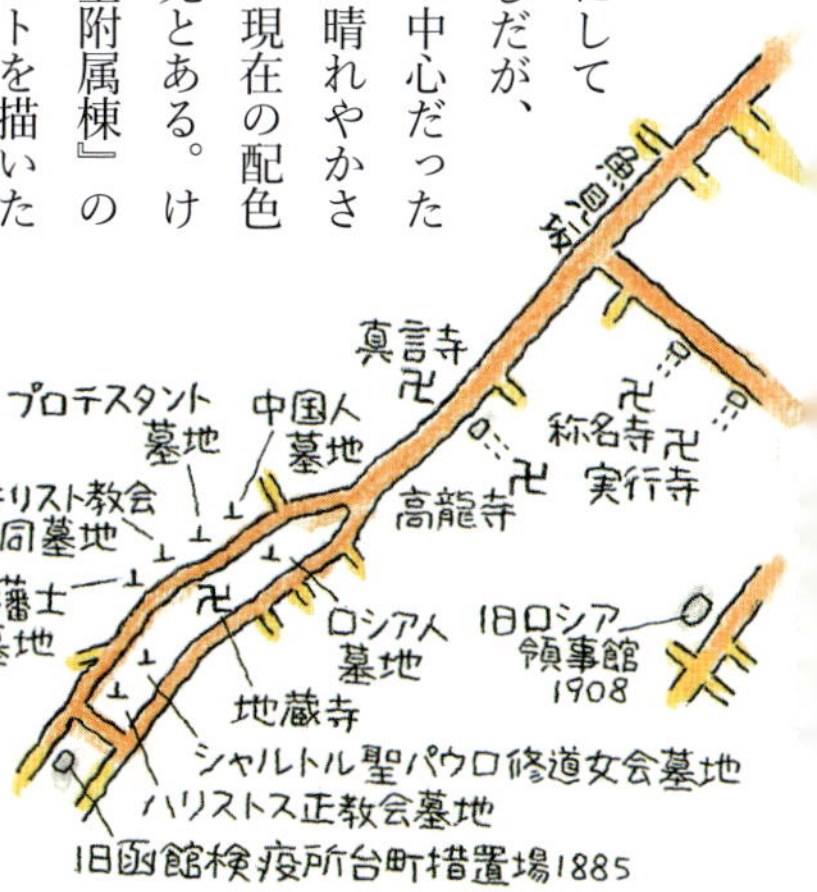

函館で一番有名な建物、『函館ハリストス正教会復活聖堂』(1916、河村伊蔵)にやって来た。北の港町・函館を見下ろす高台に、ロシア正教建築の特色を表す建物があることが有名の因に違いない。鐘塔の下の啓蒙所、広い聖所《せいじょ》、イコノスタス(聖障《せいしょう》)で仕切られた至聖所《しせいじょ》が直線上に並ぶのがロシア正教会の特徴とある。以前に訪れた京都や豊橋の『ハリストス正教会聖堂』も同じだったのを思い出した。

『函館市水道局元町配水場管理事務所』(1889)のレンガ造りの小さな建物は、アーチ式の上げ下げ窓の白い窓枠とヨロイ扉、そして破風にモザイクされた〝水〟の字のおかげで好ましい建物と感じてしまう。破風をつけ柱が支えており、よく見ると柱頭飾りらしいものもあり、

函館和洋折衷住宅の例(Sugi's Cafe Bar)

函館で必ず訪ねるのがこの旧函館博物館2号

しっかり設計された建物とわかる。事務所のほかに地下貯水槽の出入口がおもしろいのだが、いまはツタに隠されて欄間の飾りしか見えない。

『函館公園』まで来ると市街の喧騒《けんそう》を忘れる静けさで、そんな中に『旧函館博物館1号』（1879、開拓使函館支庁）と『旧函館博物館2号』（1884、函館県土木課）がある。1号の正面は左右対称、2号は玄関を向かって右に寄せた非対称で玄関扉と各窓の上がアーチ式欄間であり全体に優しく明るい。どちらもこの時代らしくいわゆる擬洋風なのだが、ぼくはこの2棟に不思議な魅力を感じ、特に2号が気に入っている。その先の『市立函館図書館』（1927、函館市建築課・小南武一）は見どころの多い建物でおもしろく、付属の『書庫』（1916、辰野葛西建築事務所）は設計者を知ってさっそく裏へ回ってみたが、改装のせいかそれらしい特徴は見られなかった。

銀座通は、1921年（大正10）の大火の教訓で両側の建物を鉄筋コンクリート造りとし、歩車道を分離、モダンな街灯や並木を備えて東京の銀座通りを見習い、カフェ、映画館、商店が立ち並んで繁栄し、大正から昭和初期には東京以北で最大の繁華街だったとある。

いまは当時のビルが一部残っているが、繁華街は駅前から『五稜郭』方面に移り、建物では旅館であった『旧ホテル中央荘』（1921）や『衛生湯』というモダンな銭湯だった『美容室あみん』（1921／閉店）のレンガ造りが現存するだけだ。

市電が通る海峡通では、急勾配の大三《だいさん》坂《ざか》の角に立つ『旧リューリ商会』の『川越電化センター』（1907）がぼくの好みだ。3連アーチと列柱をバルコ

美容室あみんに函館・銀座通の昔を偲ぶ

何故か昔から懐かしく感じているコーヒーハウスJoe

ニーに備え、上げ下げ窓に丹念な細工の飾りをのせた（急坂沿いなので近くで見ることができる）この建物はすばらしい。時代を経たペンキの重層も価値がある。『旧金森洋物店』（市立函館博物館郷土資料館／1880）や『相馬株式会社』（1913）の見事さ、歴史的価値は言うまでもないので省くが、『旧小林写真館』（1907、村木甚三郎）は写真館という当時のモダンでハイカラな職業が見てとれるので必見だ。弁天町には例の函館和洋折衷住宅店舗が多数あるので、しっかり見たい。国の重要文化財の『太刀川家住宅店舗』（1901、山本佐之吉）はあまりにも有名で何も言うことはない。

　そして大町の『コーヒーハウスJoe』（1885／閉店）である。初めて函館を訪れた40余年前にこの建物を知り、それ以来密かにぼくが見続けてきた建物だ。ある時は解体の危機を感じたが、いまは安堵しており、上のイラストは何度目かのスケッチだ。この建物こそ夢と不思議の函館のシンボルだと思う。『CALIFORNIA BABY』（1917）は当初、郵便局として建てられたとある。それがカフェバーになってからも長く、夢の函館に欠かせない存在だと思う。末広町もまた函館和洋折衷住宅店舗が豊庫なので丹念にウォッチし、また有名な『金森倉庫群』（1909、22ページイラストマップ内の⑪～⑬／ショッピングセンター『金森赤レンガ倉庫』）も観賞しよう。『旧函館郵便局』（1911、逓信省営繕）の、見応えある建物なのにツタに被い隠されて残念な『はこだて明治館』は裏へ回って面影を偲《しの》び、これで函館建築散歩はゴールだ。

波止場通の目止まりに当たる
CALIFORNIA BABY

5

藩政時代の建物や明治の洋風建築が楽しい

弘前

青森県

藩政時代、明治、大正、昭和と、各時代の建造物がよく残る津軽の中心都市・弘前。この町が今回の建築散策地なので、散策を始める前から早くも気分は高揚する。

スタートは『弘前公園』（弘前城）追手門で、まずは天守のある本丸へ。藩政時代に建設された本物の天守を見たあとは城内を北へ抜け、『弘前城』で唯一実戦を経験して矢疵《やきず》のある北門（戦《いくさ》のあった城の門を移築）から城外の『仲町伝統的建造物群保存地区』へ向かう。

『石場家』は藁《わら》加工品の商人、『川崎染工場』は津軽天然藍染の工房で、ともに昔のままの建物だ。交差点の対角の『津軽藩ねぷた村』は、弘前の夏の夜の大イベント〝弘前ねぷたまつり〟の興奮をいつでも体験できる施設。津軽三味線のライブもある。『旧岩田家』から『旧伊東家』、『旧梅田家』へ行く途中は侍町の風情がよく残っている。

新町《あらまち》の『誓願寺』の山門は妻入り（妻側が正面）が珍しいこけら葺きの重層四脚門だ。そして懸魚《げぎょ》（破風の上部に付く飾り）の鶴亀は妙にリアルで、壁面に描かれた絵は現代アートを思わせ、ともかく一般のお寺の山門にはないものが多いので、しっかり拝観しよう。

西濠に戻り、表通りに出て新坂を上ると『藤田記念庭園』に着く（弘前城と共通券あり）。傾斜地に拡がる大規模な池泉廻遊式庭園は結構なものだが、ぼくらは付属の『藤田家別邸』（洋館／1919、不詳）を見る。サンルームのガラス窓が特によろしいと思うので、ここの喫茶室で休憩しよう。

妻入りとは珍しい
誓願寺の山門

通りに戻ると、城の樹林の向こうにモダンな建物が見えるがこれは『市民会館』で、その向こうの『市立博物館』も、これから向かう市役所も、すべて20世紀

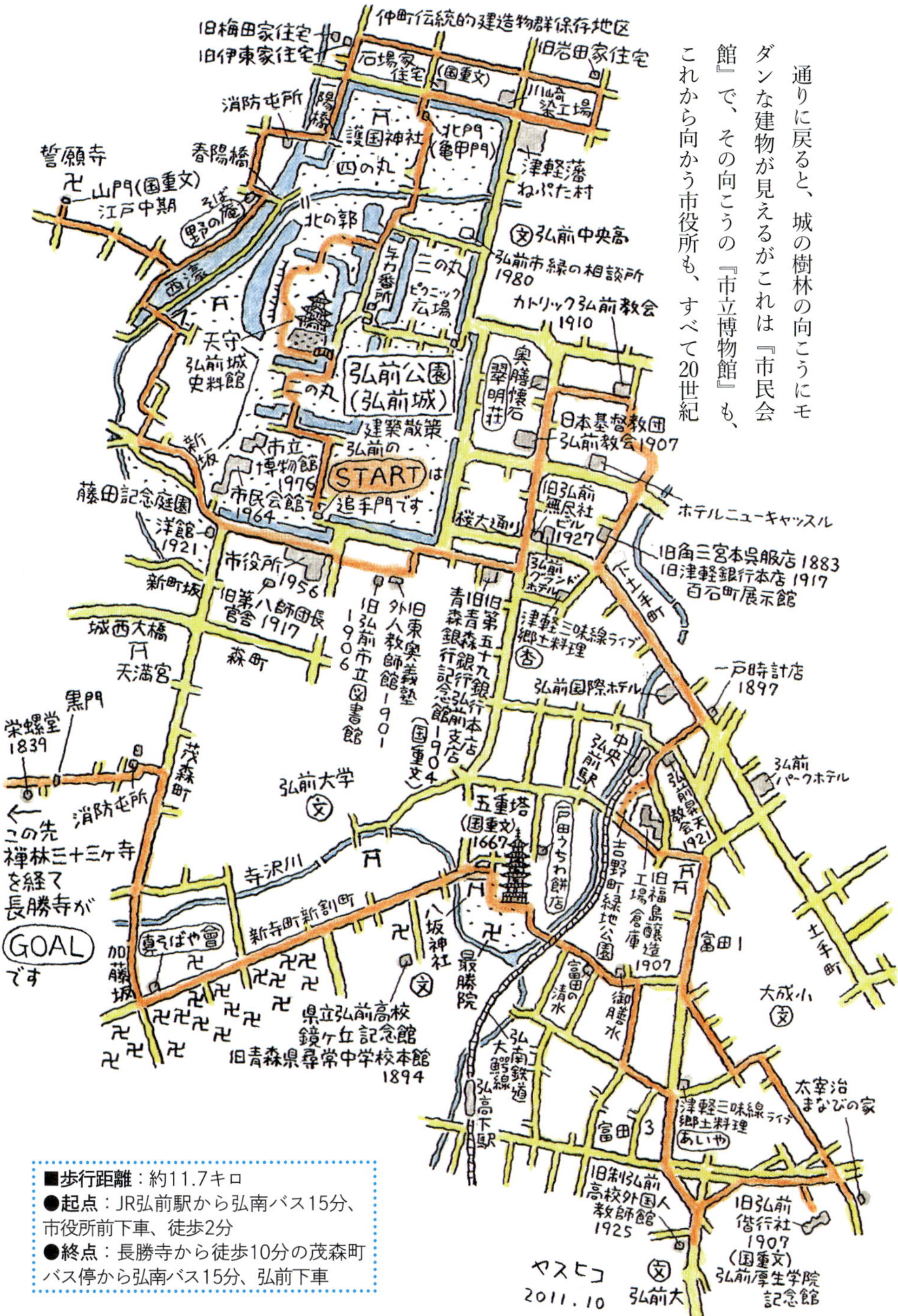

■**歩行距離**：約11.7キロ
●**起点**：JR弘前駅から弘南バス15分、市役所前下車、徒歩2分
●**終点**：長勝寺から徒歩10分の茂森町バス停から弘南バス15分、弘前下車

日本建築界のリーダー的存在であった前川國男の設計による。前川の母の生家が弘前藩士という縁で、弘前には前川の手による建物が多い。その前川の1956年の仕事である『弘前市役所』の前を通る際に駐車場の奥を見ると、いかにも場違いな感じで『旧第八師団長官舎』（スターバックスコーヒー弘前公園前店／1917）がある。大正6年の洋風建築らしいしゃれた建物だ。

市役所の先に『市立観光館』、『郷土文学館』、『山車展示館』と文化施設が並んでいるが、その一隅に弘前の棟梁・堀江佐吉が設計した『旧弘前市立図書館』（1906）の姿がある。

明治の東北にあって独学で洋風建築を建てた堀江佐吉の代表作は、移築されてここにある『旧市立図書館』と御幸町の『旧弘前偕行社《かいこうしゃ》』だろう。

堀江佐吉は1845年（弘化2）、藩御用大工の堀江家四代伊兵衛の長男として生まれた。成人して一人前の大工となった佐吉は1879年（明治12）、開発ブームの北海道に新天地を求めて渡り、函館で西洋建築が建ち並んでいるのに瞠目《どうもく》し、開拓使の諸工事に従事しながら洋風建築を実地で学んだ。洋風建築を建てる棟梁としての基礎は、この時期に作られたという。

旧第八師団長官舎1917
市役所の裏にあるので目立たないが
大正時代らしい洋風がみどころ

弘前の『東奥義塾校舎』が失火で全焼し、その再建の仕事を依頼されたのが佐吉の洋風建築第一号とされるが、その後、大倉喜八郎の大倉組に頼まれて屯田兵舎建設のために多数の職人を連れて再び北海道・札幌に向かった佐吉は赤レンガの『開拓使本庁舎』や白塗り下見板張の『農学校演武場』（時計台）、そして西洋の市街かと思うような壮大な都市計画に度肝を抜かれ、城下町・弘前とはまったくちがう自由で進取の世界があることに心を動かされたという。1890年（明治23）に大倉組の仕事を中断して弘前へ帰った佐吉は、再度焼失した『東奥義塾校舎』の再建に従事し、札幌で学んだ成果を示すような仕事をしているが、この建物もまたのちに火災に遭った。

『旧弘前市立図書館』と隣の『旧東奥義塾外人教師館』（これは佐吉の仕事ではない）を過ぎて、一般に堀江佐吉の代表作となっている『青森銀行記念館』（1904／国重文）に至る。この建物は外見だけでなく中にも入ってよく調べ、

日本基督教団弘前教会

自分なりの評価をしてほしいと思う。

北に向かうと『日本基督教団弘前教会』（1907、桜庭駒五郎）に着く。本来は石やレンガ造りであるべき双塔の礼拝堂を木造とし、さらに装飾をひかえて質素に仕上げたこの建物は、キリスト教徒で洋風建築を建てたもう一人の弘前の棟梁・桜庭駒五郎の設計施工とのこと。桜庭は稔町に移築保存されている『弘前学院外人宣教師館』（国重文。設計は伝道本部ともいわれる）も手掛けた人だ。それから、その先で佐吉の実弟の棟梁・横山常吉設計施工の『カトリック弘前教会』（1910）の礼拝堂を見る。

百石町角の『百石町展示館』（1883）は洋風建築として弘前最古とあるが、1917年に『旧津軽銀行本店』に改装されたとき、屋内屋外とも相当に手が入っているらしい。いま見るこの建物は明治前期の土蔵造りの洋館なのに、不自然さはなく、町によく納って好ましい。

土手町商店街を行くと一戸時計店（1897／閉店）の『時計台』が健在で、よかったと思う。そして、前の横丁を入ると『弘前昇天教会』（1921、J・M・ガーディナー）に出合う。

『吉野町緑地公園』にはご当地出身の現代美術家・奈良美智さんの『A to Z メモリアルドッグ』がある。その隣の、以前からここで出合うのが楽しみだった赤レンガの建物は、手入れがよくされているので保存がきまったのだろう（2020年春まで改修工事中。A to Z メモリアル

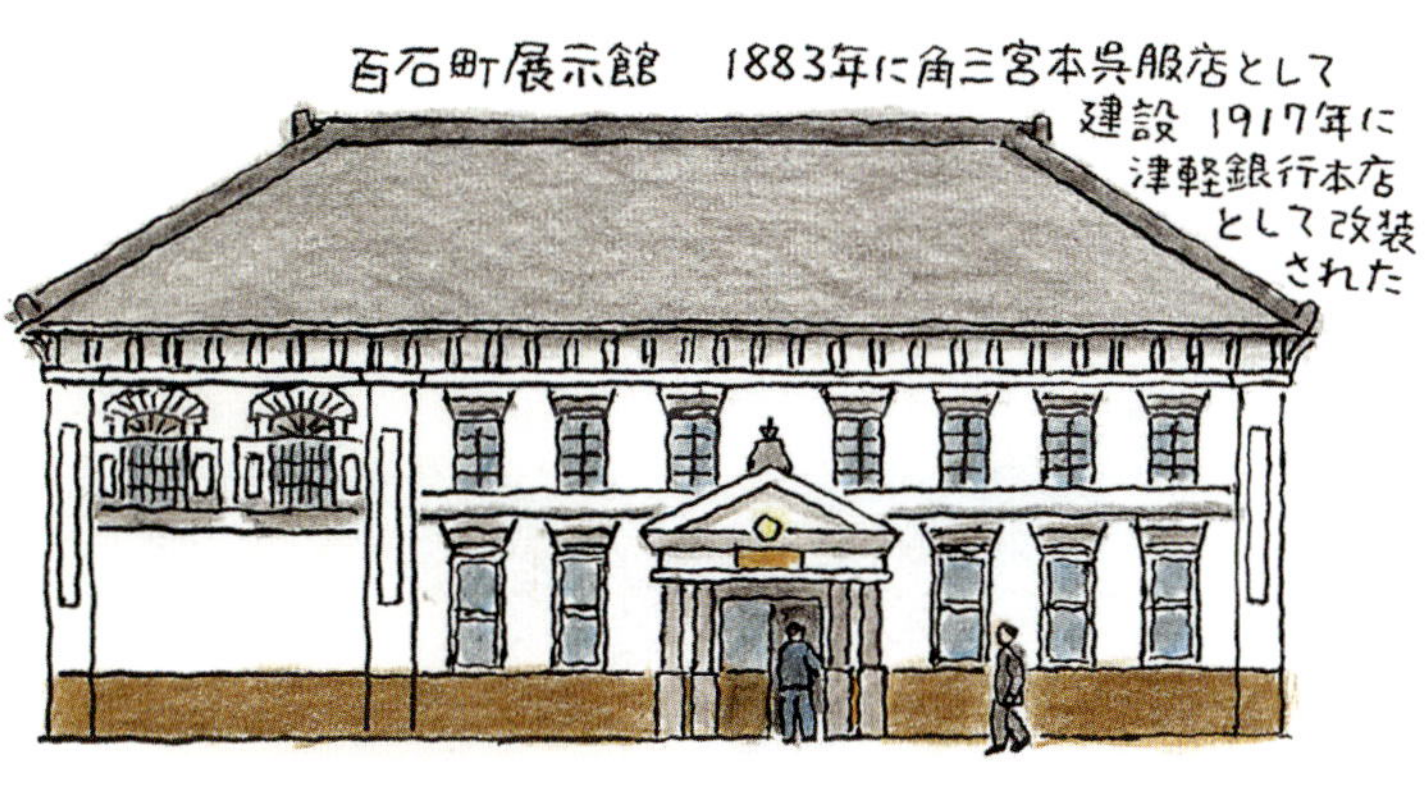
百石町展示館　1883年に角三宮本呉服店として
建設 1917年に
津軽銀行本店
として改装
された

ドッグも公開休止中）。

富田から御幸町へ。『太宰治まなびの家』を見てから、『旧弘前偕行社』（弘前厚生学院記念館／1907、堀江佐吉／2020年春まで保存修理工事で閉館中）へ向かう。これは1907年（明治40）当時、第八師団関連の設計施工を一手に引受けていた堀江佐吉の仕事だが、佐吉は同年8月に他界しているので棟梁・堀江彦三郎（佐吉の長男）の施工と考えられている。広い日本庭園に擬洋風なりに完成した洋風建築がうまく納まっている。陸軍の将校クラブとしての建物も佐吉の晩年らしく装飾もひかえ目である。車寄せ軒下の「第八師団」にかけた小さい蜂がおもしろい。旧制弘前高校跡の『弘前大学』へ向かうと、正門右手に『旧制弘前高校外国人教師館』（弘大カフェ 成田専蔵珈琲店／1925）が移築されている。1925年（大正14）というと、戦前のよい時代も終わりに近いが、この建物も明快な洋館に仕上がっている。

旧弘前偕行社
（弘前厚生学院記念館）
弘前第八師団の将校らのために1907年に
建てられたのが この弘前偕行社で
敷地は津軽藩九代藩主寧親の
別邸があり「九十九森」と呼ばれる
景勝の地だった

弘前の棟梁
堀江佐吉 1845-1907

『御膳水』、『富田の清水』と湧き水を検分したあと、1667年（寛文7）建立の『最勝院』の五重塔を観賞、新寺町の通りに出て『県立弘前高校・鏡ヶ丘記念館』（1894）すなわち『旧青森県尋常中学校本館』の明治27年建設とは思えない端正な洋風の校舎に感心する。そして新寺町の寺院群を抜けて加藤坂へ右折、長勝寺参道へと左折すると『旧正進会館』（解体）の味わいのある建物があり、さらに黒門、栄螺堂《さざえ》、禅林三十三ヶ寺を経て津軽家の菩提寺『長勝寺』へ詣でて散策もゴールとなる。『長勝寺』は国重文が6件もある名刹だが、筆者は蒼龍窟（羅漢堂）の彩色の羅漢さんと堂外右側の千体地蔵に驚き、感心した。

6

伸びやかな自然に囲まれた啄木、賢治ゆかりの街

盛岡

岩手県

1975年（昭和50）に、初めて盛岡を訪ねた。そして帰ってから「いつか住みたい町」と印象記に書いた。その後何度も盛岡を訪ねているけれど、その想いは変わらない。それでまた「建築散歩」でやって来て、駅前の新しい高層集合住宅に驚いたけれど、北上川の流れ、橋から望む岩手山、そして静かな町並みに変わりはなく、安堵して散策を始めた。

スタートは『開運橋』の西詰。川沿いの『啄木であい道』を行くと啄木の歌碑がある。盛岡の散策では、石川啄木と宮澤賢治という旧制盛岡中学校の先輩後輩に当たる二人の国民的詩人の碑やモニュメントに度々出合う。

旭橋を渡って『いーはとーぶアベニュー材木町』と名付けられた通りへ。その名でわかるようにこの通りは宮澤賢治をテーマにしており、石に腰掛けた賢治像をはじめいくつものモニュメントが並んでいる。通りの中心は1924年（大正13）に賢治の『注文の多い料理店』を出版した『光原社』だ。

『夕顔瀬橋』の通りを右折して山田線の踏切を過ぎた先で左折、正面の門が賢治が学んでいた頃の『盛岡高等農林学校』の正門で現在の『岩手大学農学部』の通用門だ。門を入って行くと『旧盛岡高等農林学校本館』（国重文／1912）に至る。この建物は明治後期の学校建築らしく権威的でないのがよく、現在は『農業教育資料館』だ。左へ行くと八角平面

宮澤賢治は一九〇九年
旧制盛岡中学校
に入学 盛岡
で寄宿舎生活
を始めた

賢治さんも見た
にちがいない
六角望楼が建った
年は中学
5年生
第五
分団

紺屋町番屋は一九一三年（大正二年）に消防番屋として建てられた洋風建築

の印象的な建物があり、これは先程の通用門が正門の頃の門番所（1903／国重文）を移築したもの。棟梁が八角寄棟という凝った造りの洋館を試したのだと思う。ちなみに近くの門柱（国重文）も旧正門から移したとある。

中央通へ戻り東へ向かうと案内板があり、それに従って『啄木新婚の家』へ。この建物は江戸末期の同心屋敷とあり、茅葺屋根はトタンで覆われている。啄木はこの家で堀合節子と結婚式を挙げるのだが式の当日に上京したまま帰らず、花婿なしで式が行われ、5日後に現れてそれから別の借家に引っ越すまでの3週間だけここで暮らした。けれども盛岡には他に啄木の痕跡がないそうで、またそのために江戸末期の下級武士の家が保存されているわけで、両方の興味で見学すべき家だと思う。

中央通りから大通商店街へ。御田屋清水で左折、裁判所前交差点を直進する。桜咲く頃なら裁判所前庭の有名な石割桜を見よう。巨大花崗岩を真二つに割って育った樹齢350年の桜は国の天然記念物。また曲り角の『岩手銀行本店』のある区画は啄木、賢治が学んだ『旧制盛岡中学校』跡である。交差点を

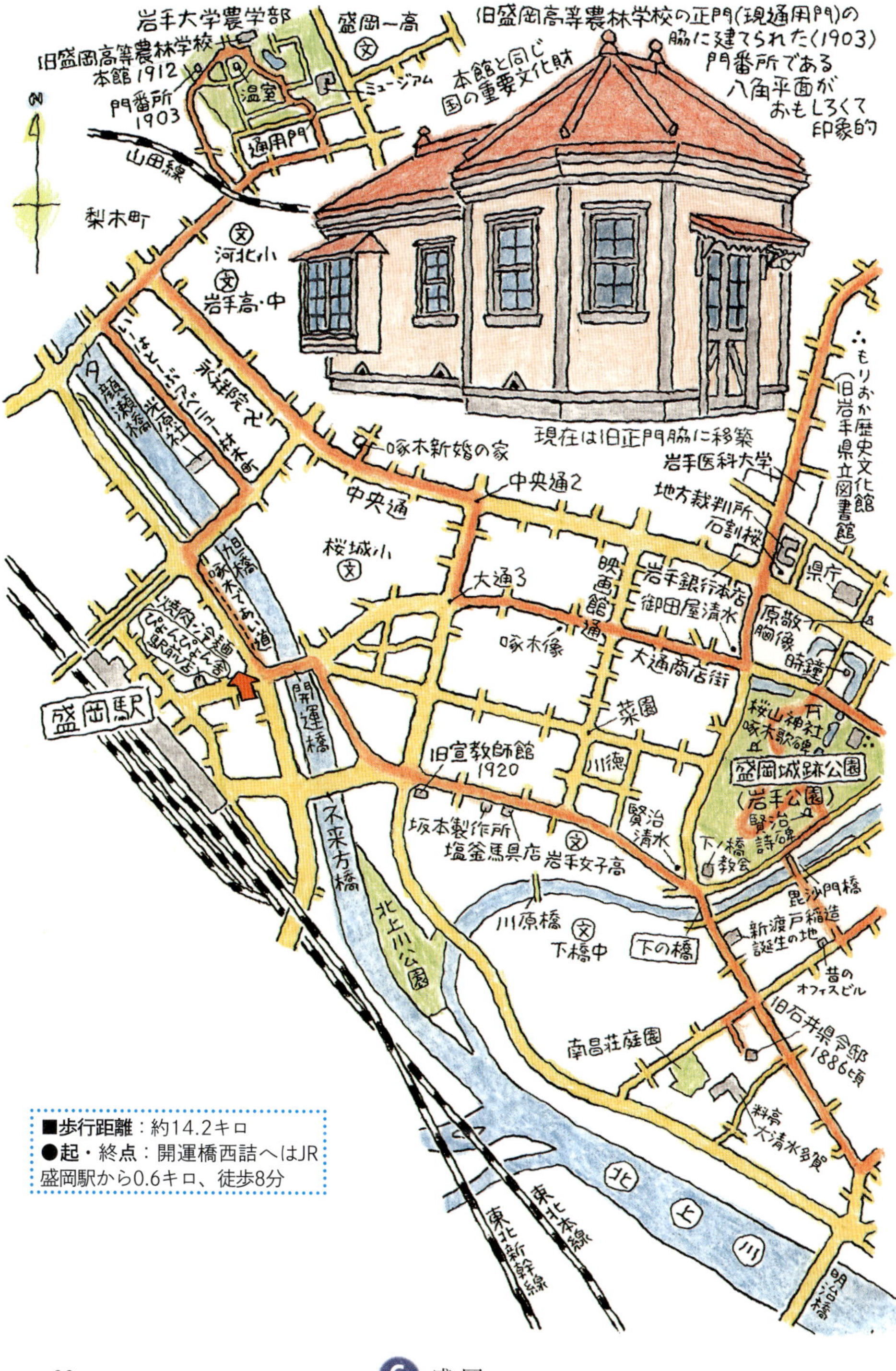

■**歩行距離**：約14.2キロ
●**起・終点**：開運橋西詰へはJR盛岡駅から0.6キロ、徒歩8分

『もりおか啄木賢治青春館』は
旧第九十銀行盛岡支店

北に向かうと裁判所の隣の『岩手医科大学』（昭和前期と思われる建物は味わいがある）の入口近くに、賢治の初恋に関わる詩碑と解説がある。中学卒業直後に賢治は『岩手病院』（現岩手医科大学附属病院）に入院し、そこで看護婦さんの一人に恋した。「しかもあれ春のをとめら　なべて且つ耐へてほほゑみて　水銀の目盛を数へ　玲瓏の氷を割きぬ」（「岩手病院」末尾の2行）。賢治は全快して花巻の自宅へ戻ったが彼女への想い断ち難く、結婚したいとまで思い詰めた。

『岩手医科大学』を過ぎて北へ、『報恩寺』までは1キロ足らずの道のりだ。『報恩寺』は盛岡五山に数えられる名刹で、立派な三門から本堂に向かうと左手の『羅漢堂』に驚く。禅宗の様式は寺院一般と別のように思うが、この建物はその特徴が特別目立つのだ。また内部の五百羅漢の中にはマルコ・ポーロやフビライらしい羅漢さんもあり、異国文化を感じる。『報恩寺』から『三ツ石神社』へ回ると、これがまた別世界で、社殿に接する異形の巨岩がこの神社のご神体だ。その昔、里人を苦しめていた鬼を三ツ石様が退治して「二度と来ない」と誓わせ岩に手形を押させたという伝説は〝不来《こず》方《かた》〟や〝岩手〟の地名の由来とある。不来方は盛岡の別名としてよく使われるものだ。

国道4号線バイパスを渡ると『盛岡市中央公民館』があり、屋外に『旧中村家住宅』（国重文）が移築されている。住宅とあるが詳しくは店舗付住宅で、この後の散策で通る南大通の木津屋の地にあった『糸治』（江戸時代から続いた呉服、古着商）の建物だ。

中津川沿いの遊歩道で『上の橋』に至る。この橋と下流の『下の橋』は盛岡の風景の中で一番大切な部分だ。陸奥盛岡藩初代藩主・南部利直は盛岡城築城の際、中津川に『上の橋』、『中の橋』、『下の橋』の三橋を架設。上の橋の『擬《ぎ》宝《ぼ》珠《し》』は1609年（慶長14）と1611年（慶長16）の2度にわたって新鋳した。『中の橋』にも『擬宝珠』を取り付けたが、1910年（明治43）に『中の橋』が洋式橋になったときに『下の橋』へ移した。現在は『上の橋』、『下の橋』ともに近代的架橋だが、欄干は木造で慶長年間に製作の銘入りの『青銅擬宝珠』（国重要美術品）がずらりと並ぶさまは実にすばらしい。

そんな『上の橋』を渡って中津川東岸の町へ入る。六角望楼の『紺屋町番屋』（1913）は筆者が大好きな東岸のランドマークだ。いつまでもこのままでいて欲しい商店の『ござ九』、一見して辰野金吾の設計とわかる（盛岡出身の葛西萬司と共同設計）『岩手銀行中ノ橋支店』（1911／旧盛岡銀行本店）と続いて『中の橋』を渡り、ようやく『盛岡城跡公園』（岩手公園）へ着いた。

『桜山神社』へ参拝の後、奇岩烏帽子岩を見て二ノ丸へ。啄木の歌碑と新渡戸稲造の記念碑は有名だが、本丸からの景色を楽しんだ後、中津川沿いの広場に下ると、賢治の文語詩「岩手公園」の詩碑があるのは余り知られていない。宣教師タッピング一家が想像できないとわかりにくい詩だが、「川と銀行木のみどり、まちはしづかにたそがるゝ。」がここにつながるのか、と気づく人が多いだろう。

再び中津川左岸の町へ入り『もりおか啄木・賢治青春館』（旧第九十銀行本店本館／1910、横濱勉）の、盛岡で最も注目すべき建築を見る。モダン化したロマネスクに軽快な屋根が載るこの建物が明治末のこの地に生まれたのだ。『盛岡八幡宮』に参拝の後『らかん児童公園』から『大慈寺』へ。自身の遺言に従って「原敬墓」とだけ刻された原敬の墓へ参り、『大慈清水』、『青龍水』に感心した後、『木津屋本店』（池野家住宅）は伝統的な商店建築が現役のオフィスとして生かされているのにこれまた感心。先刻の『糸治』もこの辺りにあったのかと納得する。『明治橋』以前、近くに『船橋』があった頃、この辺りは交通の要衝だったとか。

『旧石井県令私邸』（1886頃）は市内最古の洋風建築とあるが、見るほどに味のある造りなので、しっかり保存して欲しいと思う。新渡戸稲造誕生の地から『下の橋』をゆっくり観賞しつつ渡り、盛岡に来ると必ず存在を確かめてたまに買物もする『塩釜馬具店』、そして『坂本製作所』の前を通り、『旧宣教師館』（1920）は補修工事中だった（補修済み・桜城河北地区市民センター）。これで今回の散策は終わり、北上川の橋の中でもユニークで好ましい『開運橋』を渡ってゴールである。

旧（県令）
石井省一郎
私邸
1886年頃に
建てられた
市内最古の
洋風建築で
いま見ても
ハイカラな
建物だ

7

城下町、県都の面影と明治、大正の名建築巡り

山形

山形県

『山形縣新築之圖』という絵図がある。山形県といっても描かれているのは1881年（明治14）の山形市の中心、七日町から県庁までの俯瞰《ふかん》図で、県庁を目止りとするまっすぐな道に面して東側に警察本署、師範学校、南山学校（現在の第一小学校）。西側には警察署、活版所、郡役所、博物館、製糸場の順で整然と並び、正面に堂々たる三層の県庁舎がある。両面下端には県立病院済生館の塔屋だけが描かれている。

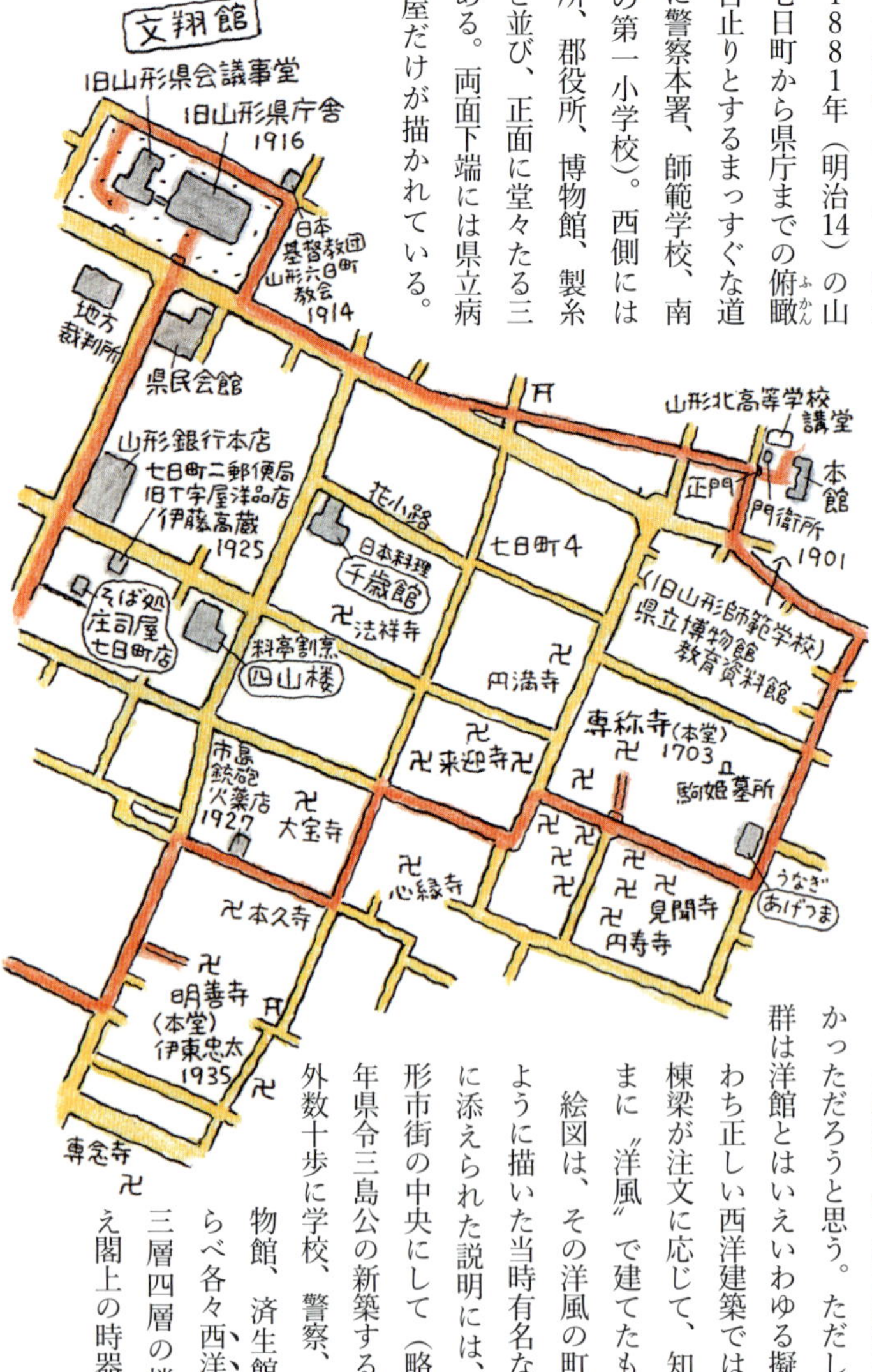

1881年に、すべて洋館の役所がこのように整然と並ぶ地方都市は多くはなかっただろうと思う。ただし、この建物群は洋館とはいえいわゆる擬洋風、すなわち正しい西洋建築ではなく日本人棟梁が注文に応じて、知識がないままに〝洋風〟で建てたものだ。

絵図は、その洋風の町並みを誇るように描いた当時有名な錦絵で、絵に添えられた説明には、「県庁は山形市街の中央にして（略）明治十一年県令三島公の新築する処なり。門外数十歩に学校、警察、製糸場、博物館、済生館等甍《いらか》をならべ各々西洋模造にして三層四層の楼碧雲に聳《そび》え閣上の時器蒸気の吹笛

雲中に辰を報じて学事工事を勧奨し――」（傍点筆者）とある。すなわち、地方の政情安定、富国強兵のための殖産興業、そして文明開化という明治政府の要請を一身に担って1876年（明治9）に統一山形県の県令として赴任した薩摩人・三島通庸《みちつね》が、県都・山形の県庁からメインストリートを、模造であろうと

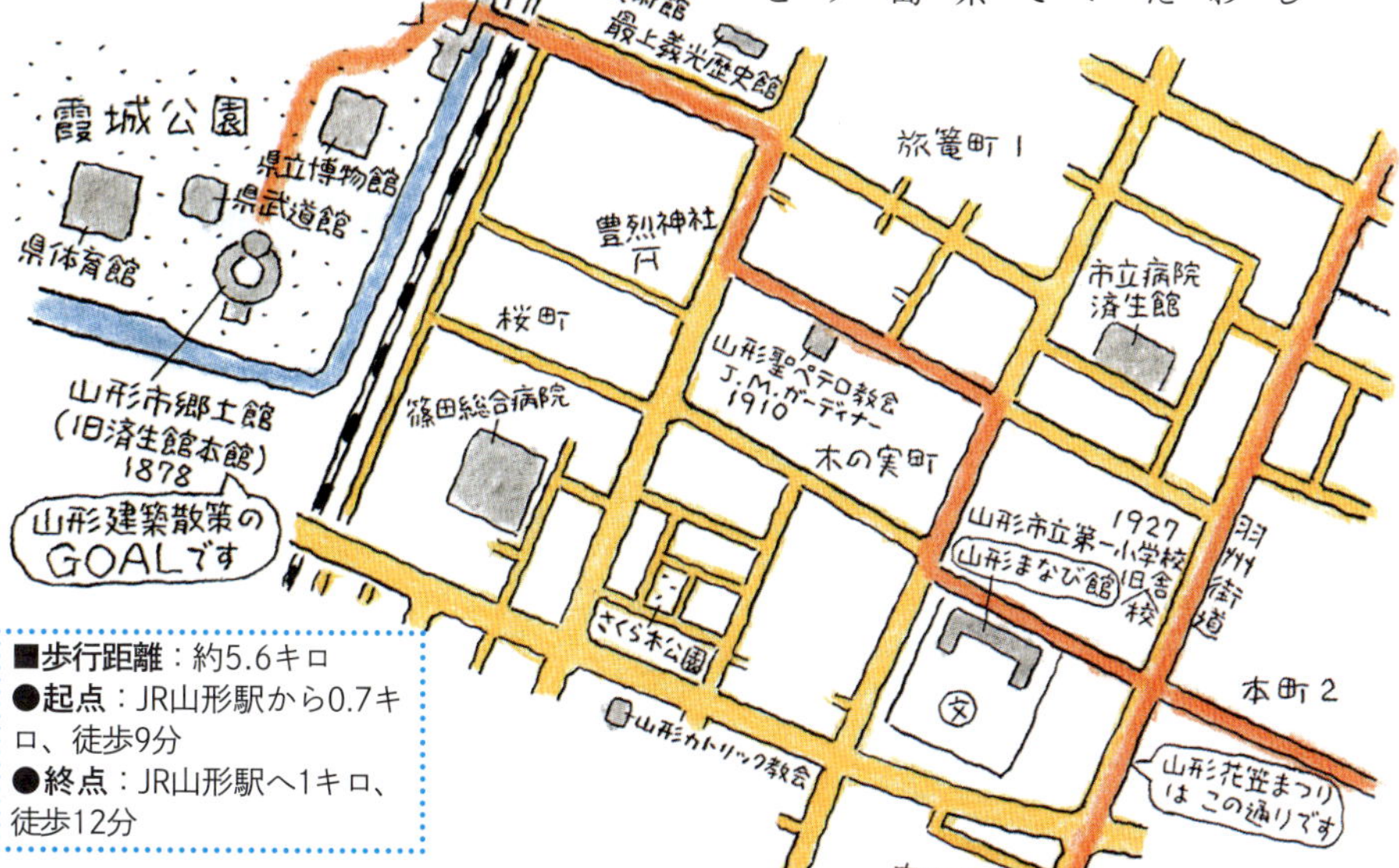

■**歩行距離**：約5.6キロ
●**起点**：JR山形駅から0.7キロ、徒歩9分
●**終点**：JR山形駅へ1キロ、徒歩12分

西洋館で飾った結果がこの錦絵なのだ。ちなみに錦絵には『水力織場』（水車利用の紡績工場）、『千歳園』（西洋農法導入の模範農園で、後に知られるサクランボもここに由来する）といった三島の事業の成果もしっかり描かれている。三島は他にも道路やトンネルなどの公共事業に強権をふるい、当時「鬼県令」といわれた。また三島は山形以前に統一前の酒田県令として一揆（ワッパ騒動）を鎮圧

し、「盛大ナル学校」を建設すべしと鶴岡の『朝陽学校』（当時日本最大）をはじめ大規模学校を次々とつくってきた。そして山形でさらにその成果を広報するように描かせたのがこの錦絵だが、御用写真師の菊池新学にも撮影させ、同じ構図を洋画創生期を代表する画家・高橋由一に洋画の透視画法で描かせた。おかげで、この散策で見ていく建物の一世代前のものが絵や写真でわかるのでぜひ見てほしい（県立博物館教育資料館＝旧山形師範学校本館にある）。ただし散策のゴールとなる『旧済生館本館』以外はすべて火災などで失われた。しかしいまでは、そのために擬洋風を脱し、真摯に追求した近代建築の次世代の建物を見ることができるので、山形の建築散歩はそこがおもしろいのだ。

七日町から旧県庁舎に向かう通りはいまも三島の計画と変らず、歩く者を『旧山形県庁舎』へと引き寄せる。山形県郷土館『文翔館』と書かれた正門を入ると広い前庭の向こうに大正5年完成の『旧山形県庁舎』（1916、田原新之助）がある。端正な様式建築だが大正時代を反映して権威的でないので好感が持てる。この設計に全身全霊をこめたという設計・監督者の田原新之助は、コンドルの内弟子とある。設計顧問となっている中條精一郎は、建築ファンには曾禰《そね》中條建築事務所で知られる名前だ。なので、この『旧山形県庁舎』と『旧県会議事堂』の派手ではないが品よくレベルも高い感じは、やはりと思う。バシリカ形式の『旧県会議事堂』は貸ホールなので、この日はちょうど結婚式が行われていて、円筒ヴォールト天井の明かり窓が開いて明るく、普段とは一転して華やかで楽しい気分なのだ。明かり窓をいつも開けておいたらいいのにと思いながら、『文翔館』をあとにした。

県立博物館『教育資料館』（旧山形師範学校／1901）へ向かう緩い坂道を行くと、正面に『旧師範学校』の塔屋が美しい。近寄ると正門と門衛所も国重文とあるのに気づいた。錦絵にある時計塔付擬洋風の本館はここにはもちろんな

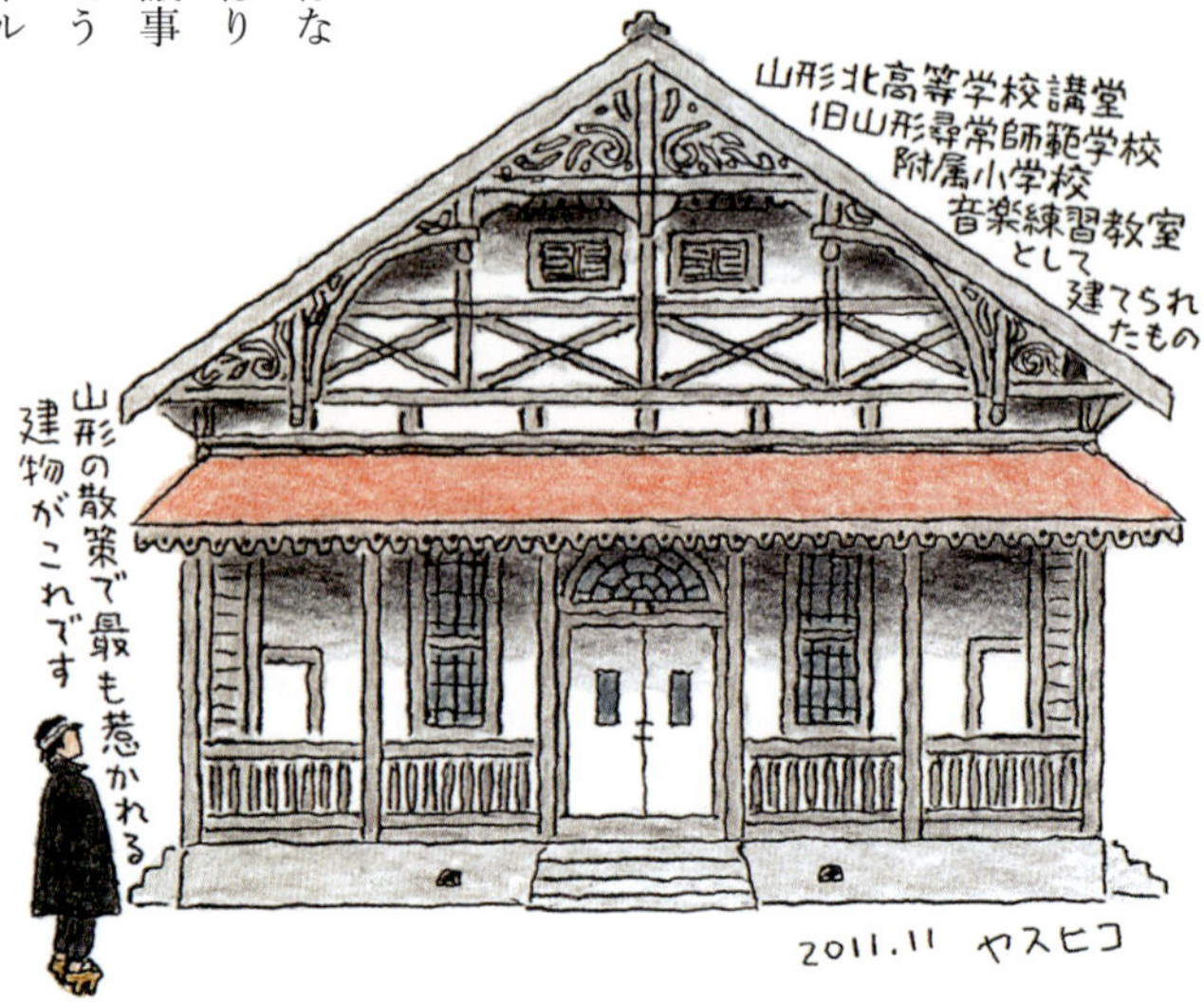
山形北高等学校講堂
旧山形尋常師範学校
附属小学校
音楽練習教室
として
建てられ
たもの
山形の散策で最も惹かれる建物がこれです
2011.11 ヤスヒコ

く、代って明治34年にこの地に建てられたのがいまの本館だ。明治後半の学校らしい装飾が目立ち、様式に混乱があるものの、見どころが多い建物である。
　そして隣の建物。これは山形北高等学校の講堂と聞いたけれど、老朽化のため

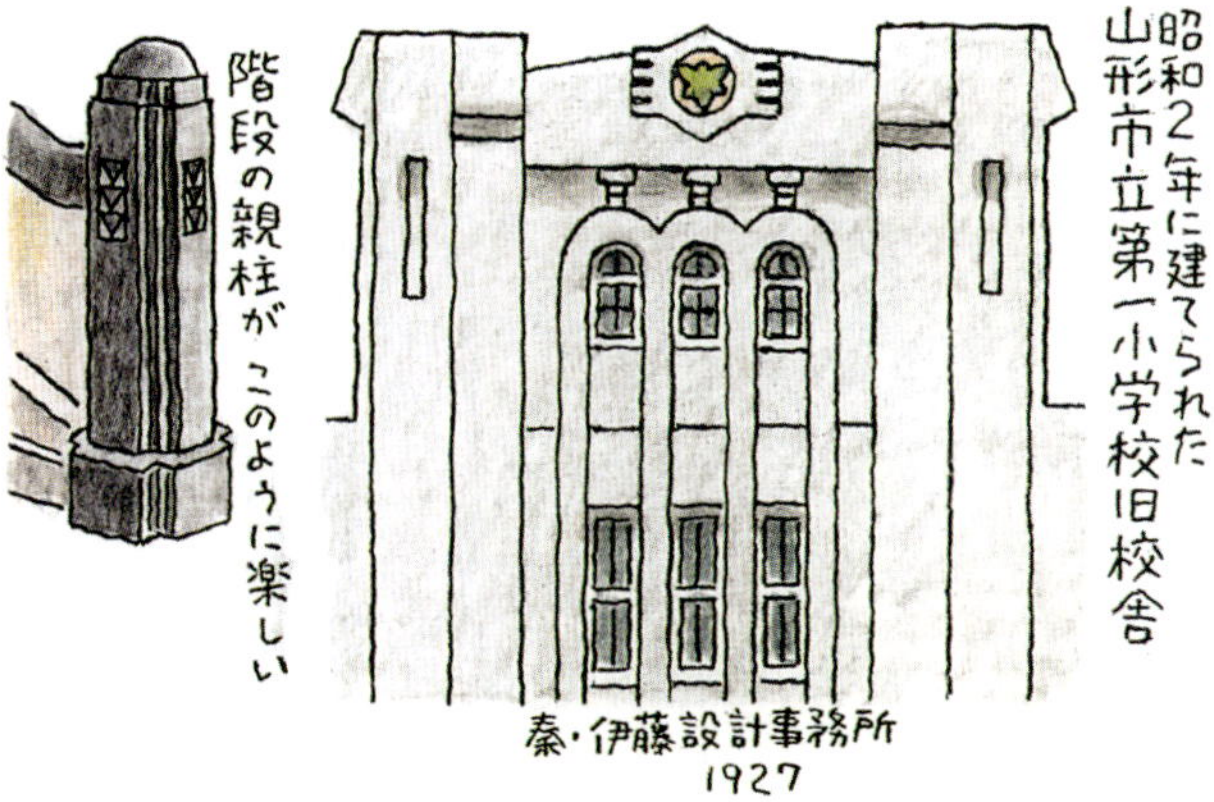
昭和2年に建てられた
山形市立第一小学校旧校舎
秦・伊藤設計事務所
1927
階段の親柱がこのように楽しい

立入禁止とある。この建物の素性を調べると、『旧山形尋常師範学校附属小学校音楽練習教室』と長い名が出てきた。初めて見た時と比べてもだいぶ傷んでいるのだが、この建物に筆者はなぜか惹かれている。ひとつは長年の風雪に耐えて来た質感が好きなのだが、さらにじっくり見ていくと実に味がある。小さな講堂ぐらいの大きさで、下見板張り、妻側に漆喰の外壁、縦長の上下窓、出入口の上にファンライト、軒に飾り板。ベランダはコロニアルではなく雪国的設計だろう。どことなく北海道的でもあるこの建物、老朽化しても解体しないでと切に思う。ちなみに軒飾り板の唐草模様は、切抜き板を張り付けたものと、落ちかけている模様片から気づいた。

『専称寺』は東北一という大屋根を探すとすぐにわかる。京都三条河原で非業の死をとげた最上義光《よしあき》の娘・駒姫の菩提を弔うために、現在の天童市にあった同寺を山形城下へ、さらにこの地へ移して寺町を形成して笹谷街道への要地にしたという由緒ある名刹で、本堂は1703年（元禄16）に再建。大屋根軒下の四隅にうずくまる通称「夜鳴き力士」（伝・左甚五郎作）は、しっか

山形聖ペテロ教会

り目をこらさないと見えない。庭の大銀杏は天然記念物で、ちょうど黄葉の時季で見事だった。

『明善寺』（1935、伊東忠太）は本堂が、かの伊東忠太設計ときいたので密かに期待して行ったところ、正面左右に塔のある珍しい形式の本堂で、それほどのサプライズはなかったけれど、形のよい双塔を感心して眺めた。

山形市郷土館
旧済生館本館
1878年(明治11)に落成し 県立病院医学校を兼ねた
西洋式医療の開始を高らかに告げて奇抜で賑やかでパワー溢れるこの建物人々の驚きが見えるようだ

『山形市立第一小学校』（1927）の旧校舎は普通は取りこわされるのだろうけれど、あえて保存してコミュニティ活動に使われる『山形まなび館』となっているのは、とてもよいと思った。懐しい小学校の校舎というだけでなく、昭和初期モダンの学校建築は好ましく、細部も楽しく見た。

ローレツはオーストリア人医師で公使館付医官として明治7年に来日し名古屋、金沢を経て山形へ
明治13年に済生館に赴任、医師また教頭を務め山形の医療に貢献した
アルブレヒト・フォン・ローレツ
1846－1884

小さいけれど姿のよい『山形聖ペテロ教会』（1910、J・M・ガーディナー）も、すぐには立ち去り難く、しばらく見入った。東京に戻ってからガーディナー設計と知って、なるほどと思った。そして東大手門から『霞《か》城《じょう》公園』に入り、『山形市郷土館』になっている『旧済生館本館』へと向かった。

『霞城公園』の南端にある、何度見ても不思議な三層楼の『旧済生館本館』（1878）は、1881年に描かれた錦絵の中で唯一いまも残る擬洋風建築だ。筆者は擬洋風建築を見るたびに、こういうものをつくった人は〝洋風〟をどう思い描いていたのかとつくづく思う。しっかりできている螺旋階段（現在は使用禁止）を眺めながら、今回も同じことを思った。奇抜で賑やかな擬洋風の三層楼をもって、山形建築散歩は終わりである。

8

仙台

東北大学・東北学院大学エリア

宮城県

大学キャンパスの歴史的建築を訪ねる

建築散歩の地に「仙台」を選んだとき、真っ先に思いついたのが『東北大学』片平キャンパスだった。片平キャンパスは東北大学発祥の地と聞いていたけれど、実際に訪ねてみると大学の歴史を物語る建造物が本当に多くあり、なるほどと思う。それぞれの時代の特色を表す建築が並ぶ片平キャンパスは、まるごと近代建築歴史館だねと同行者と話したことがある。なので今回の建築散歩は『東北大学』片平キャンパスと、その隣のこちらもまた歴史的な大学である『東北学院大学』土樋《つちとい》キャンパスにおじゃまして散策させてもらうことにした。「片平丁小前」バス停をスタートすると次の角に『放送大学宮城学習センター』（1923／2020年春まで耐震補強工事中）の姿がある。建築時のトレンドが外壁の色や形態に見てとれるこの建物は、旧東北帝国大学理学部生物学教室として建造された仙台で初めての鉄筋コンクリート造りとあり、外壁上部の装飾に目がとまる。またバス通りを隔てた向こう、木造2階建ての民家の軒先に「魯迅故居跡」とある。中国の文豪・魯迅は1904年秋から当時の仙台医学専門学校（東北大学医学部の前身）に留学したが、途中で文学を志し約1年半で帰国した。その間にこの地で暮らしたのだろう。但し、現在の建物は当時のものではない。『小川記念園』（1933）の角を左折して行くと左側に『金属材料研究所・本多記念館』（1941）の端正な建物、がある。本多光太郎博士は「鉄鋼の父」

『魯迅の階段教室』は旧仙台医学専門学校の校舎の一部

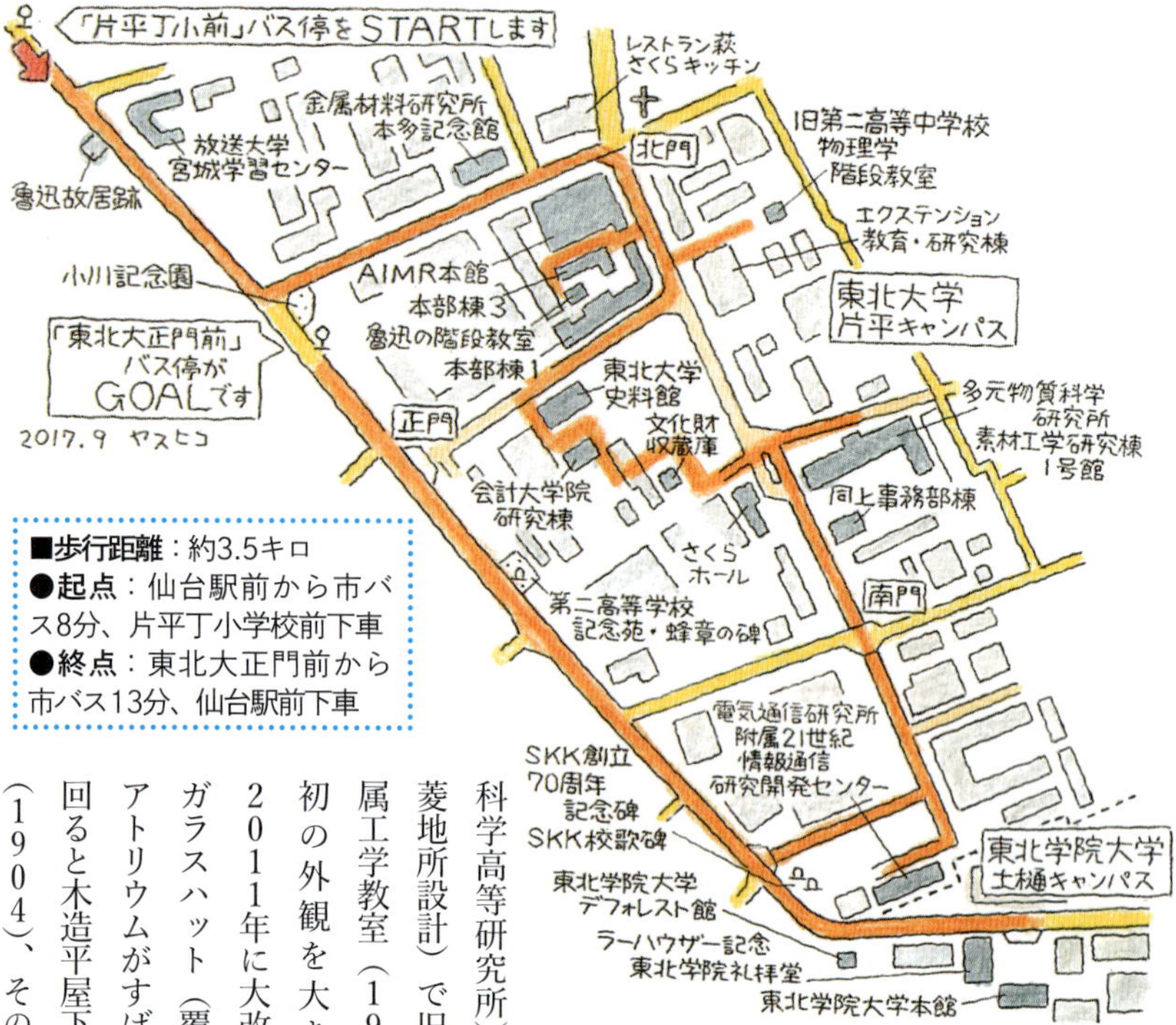

■歩行距離：約3.5キロ
●起点：仙台駅前から市バス8分、片平丁小学校前下車
●終点：東北大正門前から市バス13分、仙台駅前下車

とも呼ばれる、わが国の金属材料科学の先駆者で初代研究所長、後に東北帝国大学総長を務めたとあり、玄関脇に胸像がある。

東北大学の北門を入って右側の建物は『AIMR（材料科学高等研究所）本館』（2011、三菱地所設計）で旧東北帝国大学工学部金属工学教室（1924）だった建物。当初の外観を大きく変えることなく2011年に大改築が行われたとあり、ガラスハット（覆い）による自然採光のアトリウムがすばらしい。建物の南側に回ると木造平屋下見板張の『本部棟3』（1904）、その奥に同様の『魯迅の階段教室』（1904）が見つかる。上下窓を階段状の床に合わせて設けた外観がおもしろいこの建物は、旧仙台医学専門学校の階段教室で、文豪・魯迅が若き日に医学を学んだ教室であったことから、1998年に江沢民主席（当時）が訪れたとある。『本部棟』（1927、1932、1935）は旧東北帝国大学理学部の化学教室で、昭和初期モダンを特に曲り角の曲面部分に感じる。

切妻破風をいただく中央部分が好ましい『会計大学院研究棟』

『東北大学史料館』は旧東北帝国大学附属図書館閲覧室で緑の屋根の塔屋は片平キャンパスのシンボルとも

東寄りの奥に『旧第二高等中学校物理学教室』（1890）の切妻大屋根の建物がある。現存する片平キャンパス最古の建築とあるこの1棟は今回の建築散歩で第一の注目物件にと予定してきたところ、その場所に新築の建物があるのでもしやと思ったが、よく見たら改修された結果こうなったもので、数年前に見たときは古色蒼然たる明治23年建設の木造建築そのままだったから、いささか驚いた。

『東北大学史料館』（1926、小倉強）は旧東北帝国大学附属図書館の建物で、装飾的な大型アーチ窓が美しく緑屋根の塔屋も好ましい。その裏手にある『会計大学院研究棟』（1927）は遠目にはシンプルな昭和モダンに見えるが、近寄れば切妻屋根から玄関までの壁面装飾に華やかさを感じる建物だ。旧東北帝国大学法文学部2号館だったとある。

『文化財収蔵庫』（1910）は旧第二高等学校書庫で、イギリス積み赤レンガの躯体に褐色の焼《やき》過《すぎ》レンガの胴蛇腹が美しい。レンガの3階建てが大震災に耐えたのは、四隅に設けられたバットレス（控え壁）のお陰ではないかと思った。『さくらホール』（2006）を過ぎて『多元物質科学研究所素材工学研究棟1号館』（1930）の玄関大アーチ前にいたる。権威的な様式の玄関の背後が昭和モダンの明快さで釣合っていると感じた。旧東北帝国大学工学部機械電気教室・実験室だったとある。その後ろに『多元物質科学研究所事務部棟』（1930）が1・2階をレンガタイルで2色に分けた粋な姿で控えており、これは旧東北帝国大学附属電気通信研究所の建物とある。

赤レンガの躯体に褐色の胴蛇腹が美しい『東北大学文化財収蔵庫』

玄関の大アーチが通る者に権威と厳しさを伝える『多元物質科学研究所素材工学研究棟1号館』

南門を出てさらに南へ直進すると『電気通信研究所附属21世紀情報通信研究開発センター』（1930）の颯爽とした姿に足が止まる。この建物もまた昭和モダンだが、3階の窓あたりに現代建築につながるものを感じていたところ、玄関アーチのキーストーンにあるSKK印はこの建物が旧仙台高等工業学校（SKK）建築学科の校舎だったことを示すと聞いて納得した。

バス通りに出て南に向かうと『東北学院大学』土樋キャンパス内に一見して明治前期の洋館と分かる木造2階建ての姿が見えてくる。これが2016年に国指定重要文化財となった『東北学院旧宣教師館（通称『デフォレスト館』、1887）だが、東日本大震災以降、立入禁止となり、この取材時（2017年9月）にはフェンスに囲まれて全体を見ることができなかった（下のイラストは2011年の取材時の資料で描いた）。

1886年にこの地に創設された『宮城英学校』（翌年、東華学校と改称）の宣教師住宅として建てられた3棟の洋式住宅の1棟がこの建物で、教師・宣教師であったジョン・H・デフォレストが1896年から他界する1911年まで（夫人はその後も2年間）居住したため建物に名をとどめた。明治前期の建築ながら西洋人の住居として不足のない仕様

東北学院大学土樋キャンパスの『デフォレスト館』は国指定重要文化財である

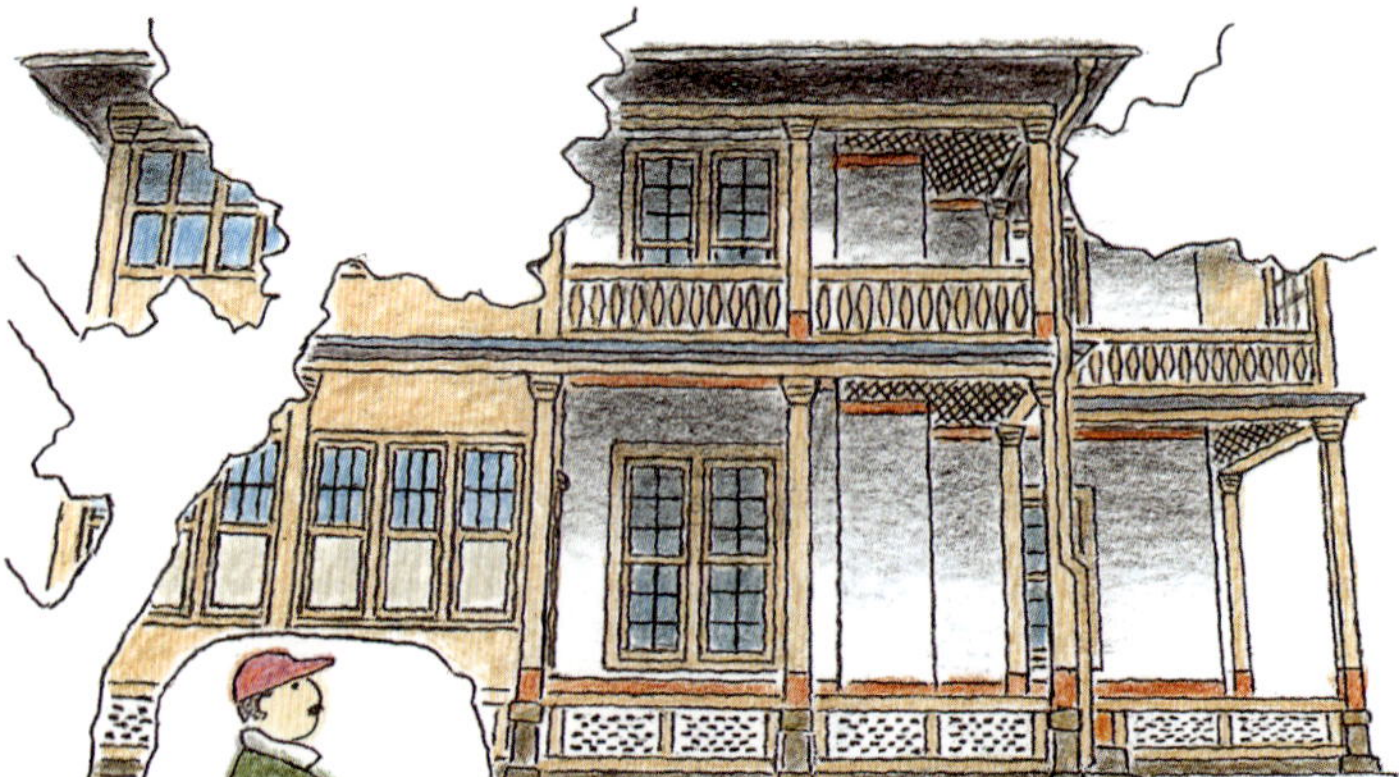

榴岡公園にある『仙台市歴史民俗資料館』は1874年頃造営の旧陸軍歩兵第四連隊兵舎の一棟を使用している

と思われ、外壁下見板張、上下窓、屋根は当初日本瓦葺でのちに雄勝《おがつ》産スレートで葺き替えられたとある。

1・2階にベランダがつく、いわゆるベランダコロニアル式は当時、高温多湿の南アジアに建てられた西洋館のならいだが、この建物のベランダ西半分のように後から窓で覆ってしまうのは日本の冬に開放ベランダでは耐えられないための改修で、同様の改修がほかの西洋館にも多い。ともあれ初期の西洋人住宅としてまことに良質で保存もしっかりされ建築史的価値も高いことから、現存する最古の旧宣教師住宅として国指定重要文化財になった。

『東北学院大学』土樋キャンパスではほかに『東北学院大学本館』（1926、J・H・モーガン）と『ラーハウザー記念東北学院礼拝堂』（1932、J・H・モーガン）を観賞する。ともに同じ建築設計家によるカレッジ・ゴシックの風格ある建物で、尖端のゆるやかなゴシック・アーチに優しさを感じる。

バス通りを北上すると右側に『第二高等学校記念苑』（1996）があり、1887年に創設された『旧制第二高等学校』（いわゆる仙台二高で東京一高、京都三高と並び称された）の門柱と記念碑がある。さらに進んで東北大学『正門』（1925）の御影石の重厚な門柱を観賞したあと「東北大正門前」バス停で散策はゴールインとなるが、ここで付録物件を紹介する。『仙台市歴史民俗資料館』（1874）は明治7年に仙台に置かれた旧陸軍歩兵第四連隊の兵舎12棟のうちの1棟で、宮城県内に現存する洋風建築で最古とあり市指定有形文化財。木造2階建て漆喰塗り大壁造りで、石張りのコーナーストーン、上下窓、むくり屋根の玄関ポーチの擬洋風が見どころだ。榴岡《つつじがおか》公園内にあり、市営バスの原町1丁目で下車、徒歩約7分。

9

製糸・製織で栄えた街のノコギリ屋根や商業建築

桐生

群馬県

20年以上も昔だが、群馬県黒保根《くろほね》村（現桐生市黒保根町）にある栗生山《くりゅうさん》へ行ったときの話だ。登山口に当たる『栗生神社』下に車を置き、山歩き安全祈願の参拝をした後、社殿を眺めると、そこに思いがけない飾り彫刻があって驚いた。それは実に精緻なもので、人物や動植物が見事に彫ってあり、風化してはいても木彫りの美しさは損なわれていなかった。解説を読むと江戸中期の関口文治郎《ぶんじろう》という彫師の作とあり、このとき文治郎の名を知った。ぼくはそれまで神社仏閣の装飾にまったく関心がなかったが、このときからそれを改めた。

しばらくして榛名《はるな》天狗山へ行った際、『榛名神社』（高崎市）に参拝した後、『栗生神社』で知った文治郎の仕事をここでも見た。神社が険しい山中にあるせいか、この文治郎の彫刻は一段と力強い感じがした。

そういうわけで『桐生天満宮』にも文治郎の大作があるのを知っていたのだが、桐生はいつも素通りしていて町を歩く機会がなく、この記事の取材でようやく桐生散策と天満宮参拝が叶った。

桐生の建築散歩はJR桐生駅南口をスタートする。まず出合うのが『絹撚《けんねん》記念館』（1917）だ。かつて、この地には国の殖産興業政策による広大な模範工場桐生撚糸合資会社のノコギリ屋根工場群があり、この建物はその事務所棟だった。桐生、足利を中心に両毛地方は幕末期から国内有数の繊維工場地帯で、明治大正にかけて家内工業から問屋制家内工業、工場制手工業、近代的工場制機械工業と発展し続けたとある。山沿いの養蚕地帯を背景に製糸業が大いに栄え、

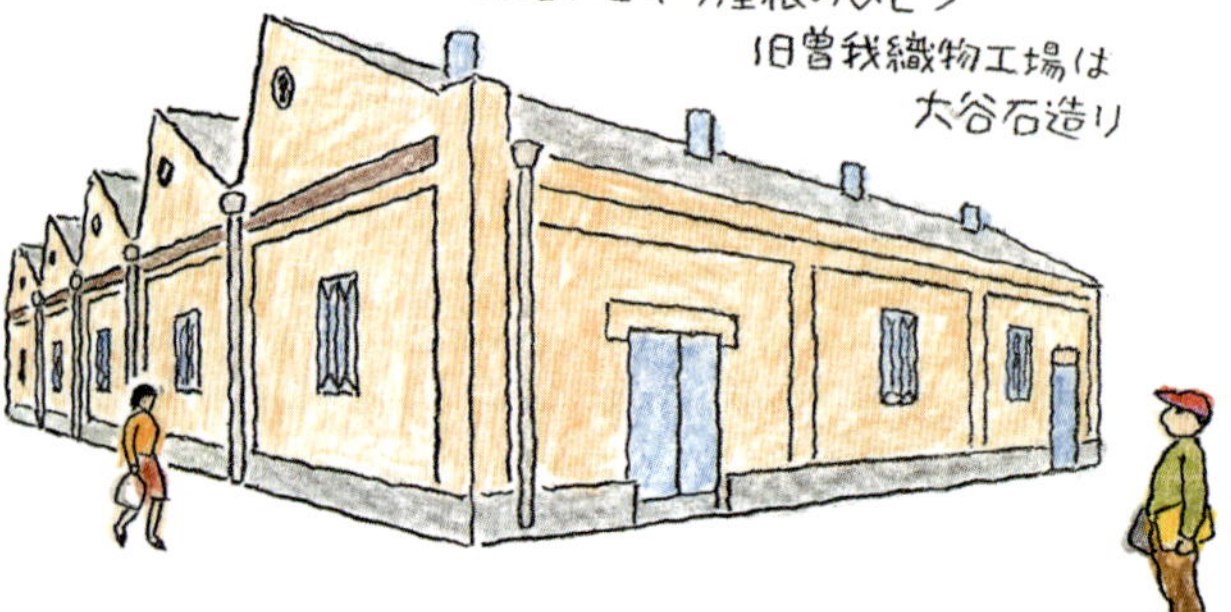
桐生市内にたくさんあるノコギリ屋根のひとつ

旧松岡商店のタイル張りの外観は実に昭和初期モダニズム

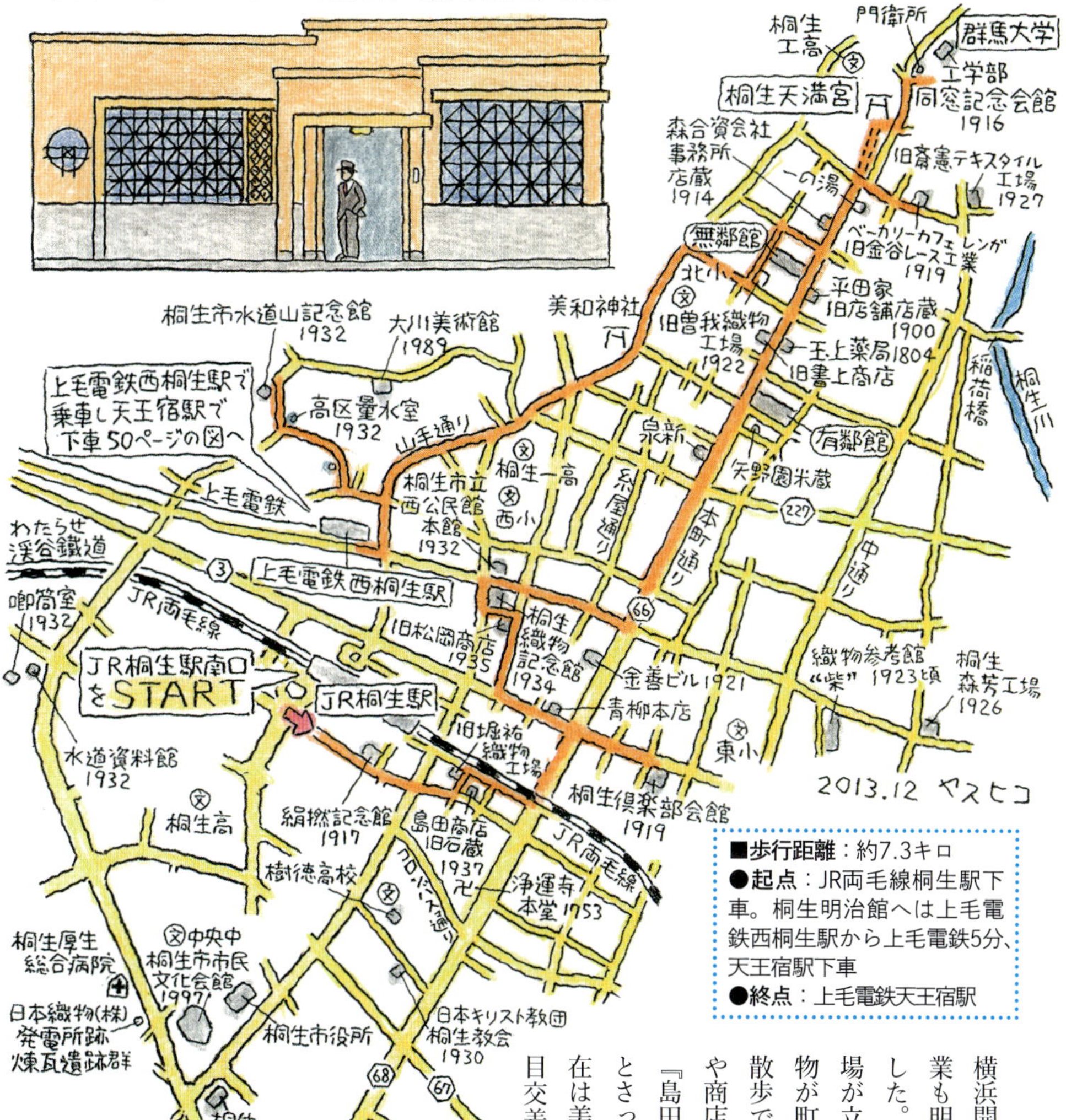

■**歩行距離**：約7.3キロ
●**起点**：JR両毛線桐生駅下車。桐生明治館へは上毛電鉄西桐生駅から上毛電鉄5分、天王宿駅下車
●**終点**：上毛電鉄天王宿駅

横浜開港後は輸出品も花形となり、機織業も明治中期から輸出用織物で活況を呈した。桐生には大小の製糸工場や織物工場が立ち並び関連商店、買継商などの建物が町並みを作ったという。なので建築散歩でも、当時を思わせるノコギリ屋根や商店建築が見どころになる。

『島田商店』の旧石蔵の手前を左折するとさっそくそのノコギリ屋根があり、現在は美容院に転用されている。本町5丁目交差点を東進すると『桐生倶楽部会館』（1919）に至る。

桐生懇話会として発足した桐生倶楽部は桐生産業人の社交場で、繁栄の時代を物語るおしゃれなスパニッシュコロニアル様式の建物はいまも活用され、ご当地の近代化や文化向上に貢献とあるので、そこに桐生のパワーを感じた。

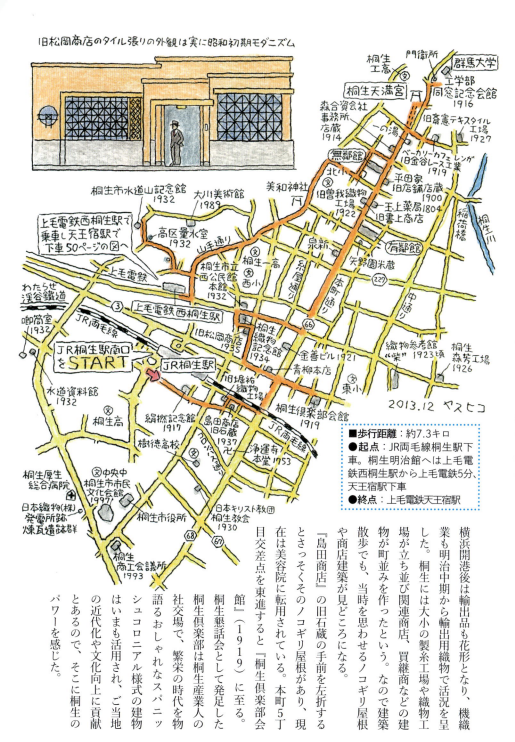

本町通りに立ち上がる金善ビルの偉容

永楽町へ入って、『旧松岡商店』（１９３５）は輸出織物買継商として戦前は海外にも支店があったとのこと。昭和初期のモダン感覚を示す建物が、繁栄の時代を思わせる。『桐生織物記念館』（１９３４）は旧桐生織物同業組合事務所で、これまた昭和初期流行のスクラッチタイルや2階窓上のステンドグラスに昔をしのぶ建物だ。

本町通りに出て右を見ると旧金善《かなぜん》織物の『金善ビル』（１９２１）が堂々と立ち上がり、夜はライトアップされる。そして突き当たりの『桐生天満宮』に向かって本町通りを北上すると、『矢野園』から先の１・２丁目が桐生新町伝統的建造物群保存地区だ。

この通りはいわば桐生市発祥地で、幕府直轄桐生領に派遣された代官手代《てがわり》がまず『桐生天満宮』を総鎮守として遷座、社前から南へ向かう一直線の道路を拡幅して両側に間口6間（約10・9メートル）×奥行き40間（約72メートル）を一軒前として区割りし、そこへ各村から分家させたり近郷から入植させて町を作ったとある。この新町が核になって桐生が発達したわけで、城下町などの封建都市とはちがう住民主体の在郷町として繊維産業都市に発展、技能を尊ぶ独自の気質や文化を育てる基になったのだ。

伝建地区の本町通りを行くと『有鄰《ゆうりん》館《かん》』（酒、味噌、醤油などの醸造、保管に使った蔵を保存公開する『旧矢野蔵群』／１９１９）、『旧書上《かきあげ》商店』、『玉上薬局』（１８０４）、『平田家旧店舗店蔵』（１９００）、『森合資会社事務所店蔵』（１９１４）といった伝統的あるいは大正から昭和初期モダン感覚の商業建築が次々と現れて楽しい。『無鄰館』は旧北川織物会社のノコギリ屋根工場跡で現在はアーティストスペースだ。『一の湯』は当初は近くの工場従業員の入浴施設で、後に銭湯になったとか。軒のブリキ製ゴシック飾りが微笑ましい。そして本町通りの目止まりに当たる地元総鎮守『桐生天満宮』に着く。

天満宮参拝の後、ようやく冒頭に記した関口文治郎の仕事を鑑賞することができた。『桐生天満宮』は計画当初は拝殿まで極彩色彫刻があったらしいが、現存するのは幣殿《へいでん》と本殿の外壁彫刻と内部の彫刻および壁画で、外壁の東西面は彩色がほとんど消え、日の当たらない本殿だけに彩色が残る。

まず遠目に見て全体の構成、量感が

凄《すご》い。透かし彫り、浮き彫りともに精緻で、近目でそれを確かめて行くのが楽しい。草木、花、唐獅子《からじし》、龍、鶴、鷲《わし》などに囲まれて唐人、子どもと、あふれるように図柄が展開する。

関口文治郎有信は1727年（享保16）に上田沢村沢入（現桐生市黒保根町上田沢）の生まれ。花輪村の石原吟八郎（花輪彫物師の主流・石原流家元、名人）に師事してすぐに才能を発揮、師の片腕となり後に独立、各地に作品を遺し『榛名神社』を最後に1807年（文化4）に没した。『桐生天満宮』の棟札には大棟梁・町田主膳、彫師・関口文治郎ほか8人、絵師・狩野益広ほか5人、拝殿棟梁・町田兵部とある。

ちなみに花輪、黒保根地区は江戸彫物師集団を支えた伝統の地で、代々の彫師が江戸城をはじめ関東各地に仕事を残し、文治郎もその系列に入るが、こうした彫物師の仕事もまた桐生の技能文化を陰で支えたのではないかと思う。本殿後方の末社『春日社』（一間社流造り、天正〜慶長年間の建築で現存する桐生最古の建造物）にも、欠損は多いが彫刻が残っている。

群馬大学工学部同窓記念会館は一見してゴシック様式の教会堂のようだが中へ入るとさらにまた教会風だ

『桐生天満宮』の先、群馬大学理工学部キャンパスにある『工学部同窓記念会館』（1916、新山平四郎）は『桐生高等染織学校』として建てられた校舎の中心部分を曳家《ひきや》したもので、設計者がゴシック様式の教会堂を強く意識しているのがおもしろい。内部も外観以上に教会堂風なので必見。オリジナルのベンチが現役である。門柱も門衛所も同じ様式で好ましい。

『工学部同窓記念会館』からは本町通りの裏へ入り、桐生名物のノコギリ屋根を見よう。桐生市内には200棟以上のノコギリ屋根が現存するそうで、多くが活

桐生市水道施設
高区量水室

用保存されている。

桐生市の水道施設は建物としておもしろいものが多く、ここでは旧配水事務所の『桐生市水道山記念館』と『高区量水室』（近くに低区もある）を見る。いずれも昭和初期モダンの特徴をしっかり表していて、見飽きない。そして同様に昭和初期らしい特徴のある上毛電鉄西桐生駅のマンサード屋根、妻飾り、上下窓などを観賞した後、電車に乗り3つ目の天王宿駅で下車、散策のゴールに当たる『桐生明治館』（1878）へ向かう。『群馬県衛生所』として明治11年に前橋に建てられ、1928年（昭和3）に当地へ移築。国の重要文化財に指定され、『桐生明治館』として公開されている。遠目に見ても明らかに擬洋風とわかる建物だが堂々とした存在感があり、近目には珍奇なディテールの寄せ集めであっても、明治初めに大工棟梁がイメージした「洋風」がこれだったという歴史的価値は、大きいのだ。

10

蔵造り、城跡、喜多院と〝小江戸〟の歴史を探る

川越

埼玉県

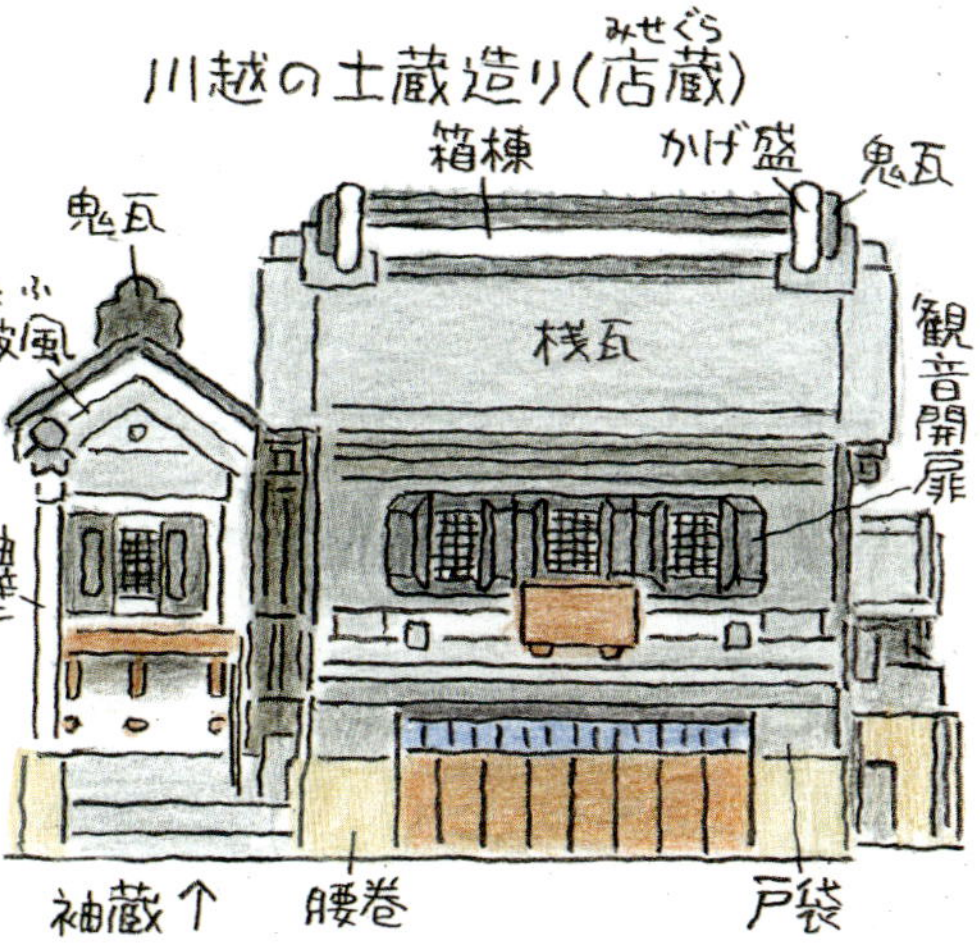

日光、鎌倉、箱根という別格の地以外で関東に〝観光地〟があるかと尋ねられたとき、筆者は「それは川越」と、いつも答える。江戸時代に江戸と兄弟都市のようだった城下町・川越には急な近代化で失われた江戸の香りが保存されており、さらに戦災やオリンピックがなかったので大正から昭和初期の〝ありし日の日本〟がたくさんあるのが川越なので、うららかな春の一日、「小江戸・川越」へと向かった。

川越歩きは大まかに分けると蔵造りの町並み、川越城跡、『喜多院』界隈の三つになるので、その順で歩くことにした。本川越駅を北に進むと連雀町の交差点で、本日はここがスタート地点だ。中央通りの西側は寺町で由緒ある寺院が多いが、仲町の交差点まで来ると、その先の土蔵造りの商店、重厚な店蔵が軒を接する町並みに胸を突かれる思いがする。最近は修景も進んで電柱は除かれ、これはまるで江戸そのままである。私事で恐縮だが、筆者の実家は東京下町の商店で、この店蔵そっくりの造りだった。筆者はその家で生まれ育って家は小学校4年のときに戦災で消滅したので記憶は確かではないが、自分の中で育てた故郷のイメージは川越の土蔵造りの町並みに生きており、ときどき川越を訪ねるのもそのせいかと思う。ただし実家の土蔵は表面だけを似せたフェイクだったので1945年の空襲で見事に焼失した。

しばらく行くとこの通りのランドマークで有名な『旧第八十五国立銀行』（1918、保岡勝也）の塔屋が目立ち、大正・昭和の建物と土蔵造りの町並みが調和する川越の面目躍如である。また筆者は今回、『長喜院』の本堂左手に苦行釈迦像（インドの美術館収蔵品レプリカ

とある）を見つけて仰天したことを報告しておく。

それからは『菓子屋横丁』を見物し、次に『大沢家住宅』（１７９２〈寛政４〉年築の太物商近江屋の土蔵造り店舗住居を公開）を拝見する。このお宅が１８９３年（明治26）の川越大火にも焼けずに残ったので、以後、蔵造りの町屋が多数建てられるようになり、それが今日の「土蔵造りの町・川越」となったと聞いた。「大沢家住宅」近くの交差点が旧札の辻、すなわち高札場だから、この辺が昔の城下町・川越の町場（町人区）の中心だ。札の辻を東へ向かうと市役所前。ここに太田道灌《どうかん》の像があるのは、１４５７年（長禄元）に関東管領が太田父子（道《どう》真《しん》・道灌）に命じて川越城を造らせたのを記念するためで、特に道灌は川越城とその後の江戸城で名を残した人だ。そして『川越氷川神社』へ詣で、豪華な山車が町内を巡行する秋の大祭に思いをはせ、大鳥居の献額の勝海舟の文字に「勝の文字らしいなあ」と感心してから、川越歩き第2のテーマ『川越城跡』へと向かう。

道灌父子がつくった川越城は、ずっとあとの１６３６年（寛永13）に拡張して大改修が行われた。城下町の整備や新河岸川（荒川支流）の舟運で江戸と密接な関係を結

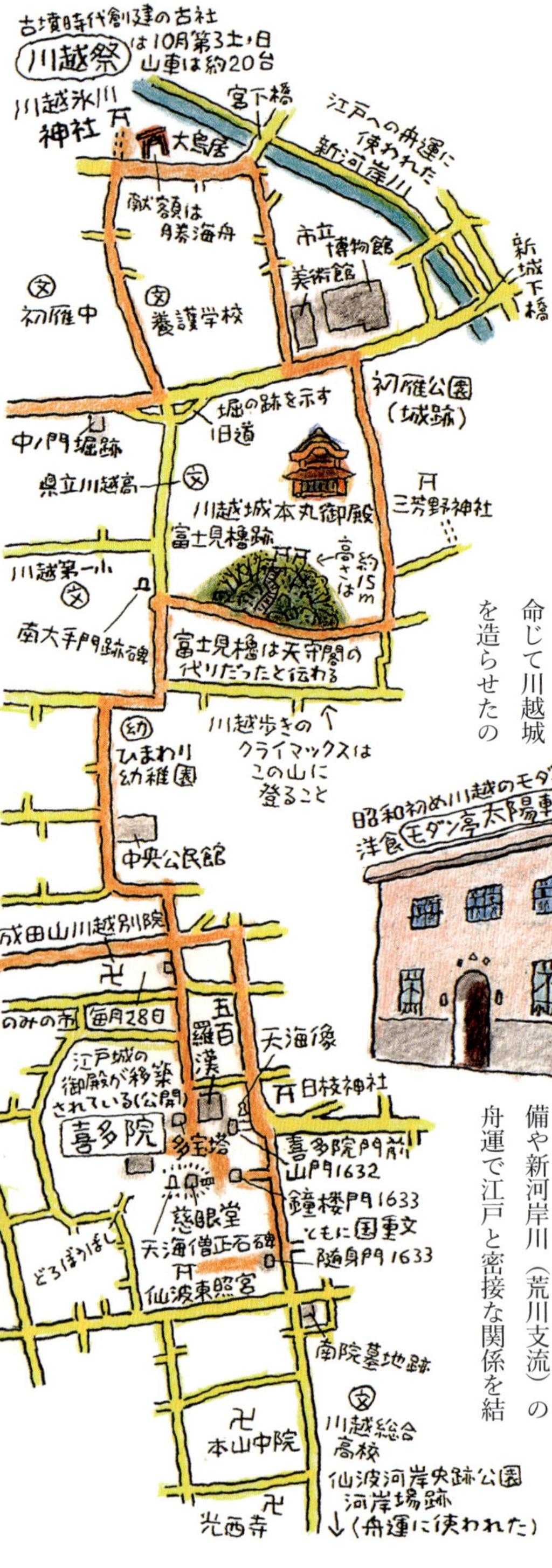

■**歩行距離**：約6.5キロ
●**起・終点**：連雀町交差点へは西武新宿線本川越駅または東武東上線川越市駅から0.85キロ、徒歩11分

ぶのもそれからだ。しかしその川越城で現在残っているのは、わずかに本丸御殿と、家老詰所だけなのだ。一般に城跡といえば堀や石垣や石橋、本丸には再建であっても天守閣、それがなくても二の丸、三の丸が学校やグラウンドになっていたりするものだが、ここではいきなり町の中に本丸御殿があるのでどうも勝手が違う。実地検分をすると市役所の角に西大手門跡碑、第一小学校門脇に南大手門跡碑、他に中ノ門堀跡という窪地があるけれど、つまり『城下町・川越』と聞いても肝心の城跡らしいものがないので、ど

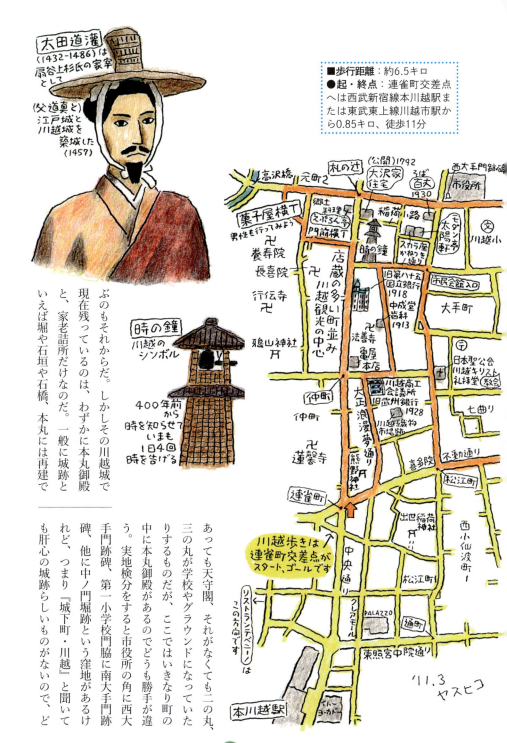

幸町のあさひ銀行の建物は
旧八十五銀行本店

うも釈然としないのは筆者だけか。あえて申し上げるが、川越は筆者としては前述のような次第で第二の故郷なので、以上は善意から申し上げている。

そこで一つ提案。本丸御殿の南方に小山がある。そして『川越城富士見櫓跡』、また別に『川越城田曲輪門跡』とあり、階段を上がると小広くて、これが『富士見櫓』（三層高さ15メートルほどで実際に富士が望めて天守閣の代わりとしたとある）の跡に違いなく、北側一段下に『御嶽神社』、隣には『浅間神社』が祀られているので、櫓などの復元は現在は条件がたいへん厳しいから不可能と思うけれど、この辺りを規制にふれない範囲で修景整備を行い『川越城跡』の中心とすれば、本丸御殿も生きてくるのではないか、と意見具申する次第だ。

以上を理解していただいた上で、今回はぜひ『川越城富士見櫓跡』に登頂し、周囲を見回して（住宅の間から多少は遠くが見えるが富士山は見えない）今回の川越歩きの収穫としたい。

その後は、川越歩き第3のテーマ『喜多院』を目指す。平安初期に始まる歴史の古い『喜多院』は戦国時代に川越合戦で焼失したあと1599年（慶長4）、慈眼大師天海が『無量寿寺』の第27代住職になって、その後は徳川家康の信任を得て朝廷との仲介を行ったりし、幕府の全面的支援を受けて家康より「東叡山喜多院」の名をもらい関東天台宗580余寺の本山となったとある。

こちらは街角の目じるし
旧カワモク本部事務所棟
志村岩太郎 1927
のちに六軒町郵便局
現在はイタリアン リストランテベニーノ

『喜多院』での見どころは徳川との縁で、再建のときに江戸城内の建物が多数移築されていて、現在の皇居にもこれだけの江戸城時代の建物はない由。客殿、書院、庫裏《くり》などがそれで、特に三代家光には縁

慈眼大師
天海
喜多院住職
門前の像から
1536-1643

喜多院の五百羅漢さん
535体の中にケータイで話している羅漢さんがいる？
まさか！
探してみよう

が深く、家光誕生の間、湯殿、厠《かわや》まで公開されている。ちなみに、天海の家光に対する遺訓・養生訓に「気は長く勤めは堅く色うすく食細くして心広かれ」というのがあるそうだ。

天海は徳川家のためにつくし家光にもよく仕え、陰陽道や風水に基づく江戸の都市計画にも参与、忍岡（上野）に『寛永寺』を創建して1643年（寛永20）、108歳で没したとある。家康を死後「東照大権現」としたのも天海の案で、久能山から日光山へ改葬する際に川越『喜多院』を経由した縁で境内に『仙波東照宮』が祀られている。『慈眼堂』は天海没後、家光の意志で建立、ここには木造の天海僧正座像がある（非公開）。『慈眼堂』のある辺りは6～7世紀ごろの古墳ともいわれ、堂の裏には歴代の住職の墓があり、中央の「南天慈眼大師」とあるのが天海の石碑。「慈眼大師」は天海僧正の諡号《しごう》である。なお、『喜多院』の前身『無量寿寺』は中院、北院、南院があり、天海の『喜多院』（北院）があって、その南に中院があり、南院は今はなく、『仙波東照宮』南東角地に南院墓地跡がある。『喜多院』本堂南方に「どろぼうばし」という珍しい名の橋がある。

喜多院の南外れにある
どろぼうばし
橋名の由来は現地で…

川越歩きの最後に川越のシンボル『時の鐘』を見学。『旧武州銀行川越支店』（川越商工会議所／1928）のギリシャ風オーダーを並べた重厚な建物は小さいながらも昭和初期の銀行の権威を見せ、近くには土蔵造りの見事な商店建築が並び、大正浪漫夢通りには名前のように時代の雰囲気を残して夢を追う店が立ち並ぶ。明治・大正・昭和が奇しくも残った町・川越ならではの通りに夢を託して川越歩きのゴール・連雀町交差点で小さな旅を終わろう。

11

浅草寺からスカイツリーまで 江戸・東京文化再発見

浅草

東京都

『ライオンビルディング』の建物は銀行のために建設されたとありそれらしい造りが残っている

生家が東京の旧日本橋区米澤町(現中央区東日本橋)にあり、東京の下町が大空襲で全部灰になったときにぼくは小学校5年生だったので、自分は生家のあたりや浅草も含めて、戦前の下町を覚えている最後の世代ではないかと思っている。

当時の浅草は観音さまと六区の興行街が人を集めたが、東京全体では映画・演劇については有楽町を中心にもうひとつの核があった。ぼくの生家は祖母・両親・兄弟のほかに父の弟妹が暮らす大家族で、この人々が映画や芝居を好んだので、その誰かと一緒の外出は有楽町方面へ出かけた。また生家は商家だったので、店が休みでヒマな番頭に連れられての外出は、必ず浅草へ出かけた。いま思えばこれは、当時の東京下町人の平均的な行動パターンではなかったかと思う。

戦後も浅草六区の興行街は賑《にぎ》わったが、その凋落《ちょうらく》が何時からだったか思い出せないのは、自分が有楽町や新宿の興行街に行くようになったからだ。ずっと年を経て、下町の名残を探しに浅草へ行くようになって驚いたのは、昔にも増して殷賑《いんしん》を極める観音さまの境内で、それも次第に国際化していくのに唖然《あぜん》として

浅草の入口にあって浅草の表札のような『神谷バー』の本館である

いる。

そんな浅草の建築散歩は、駒形交差点から始めよう。雷門に向かって出発してすぐ左側の、一見して戦前のものと見える建物は『ライオンビルディング』（1934、日本鉄筋ブロック建築合資会社設計部）とあり、古いビルディングの味わいを生かした撮影スタジオになっている。建築時の照明を生かす巧みな再生がされており、パーティー会場にも使われるなど古い建物の活用保存の好例だと思った。外見では煙突に目が止まり、スチーム暖房の時代を思い出した。

雷門の向かい角の現代建築は『浅草文化観光センター』（2012、隈研吾）で、設計者が好んで使う木材部分がここでも見られる。

吾妻橋の交差点角の『神谷バー』（本館1921、不詳）は知っている人が多いだろう。大正末期から昭和初めのモダン商業建築らしい本館は、浅草のランドマークのひとつだ。「デンキブラン」

■歩行距離：約3キロ
●起・終点：都営浅草線、東京メトロ銀座線浅草駅下車

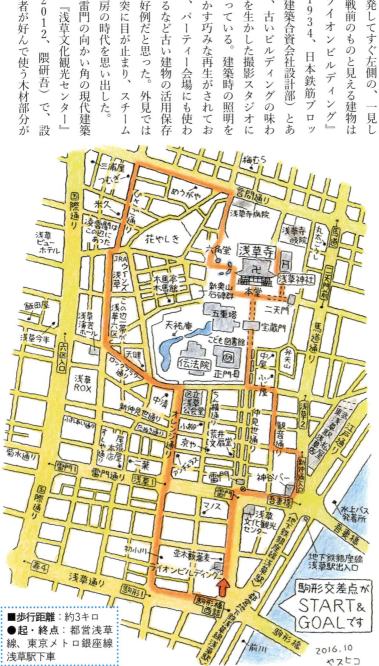

という明治調の商標名も、明治13年創業ときいて納得する。

『神谷バー』と交差点の対角線上に見えるのが、地下鉄銀座線『浅草駅』（1929、今井兼次）の出入口の上屋だ。『浅草寺』にちなんで寺院風の切妻屋根や破風を採用した出入口は建設当時も注目されたときいたが、いまもなお観光地・浅草を支える立派な存在だ。初めて浅草へ来る人は、この駅から地上に出てほしいと思う。

吾妻橋から東の方を見ると このように印象的な3棟の建物と巨大な塔が並んで 壮観だ

吾妻橋の畔《ほとり》に立つとまわりの人たちが皆、東の方を眺めており、つられて自分も見ると、そこには3棟の印象的な建物と、巨大なタワーがひと組の景色として広がる。3棟の建物は、右から『スーパードライホール』（1989、フィリップ・スタルク+野沢誠／GETT）、『アサヒビールタワー』（1989、日建設計）、そして『東京スカイツリー』（2012、日建設計）を間にして『墨田区役所』（1990、久米建築事務所）という順になる。『東京スカイツリー』が建つ前は、この景色の主人公は何といってもホールの不思議な金色モニュメントで、人々はこれをクジラ？ ヒトダマ？ オタマジャクシ？ そうじゃなくてホラあれじゃない？ などと話したものだが、設計者スタルクによれば「フラムドール」（仏語で金の炎）だそうだ。

この建物があるのは墨田区吾妻橋、また『東京スカイツリー』も同区押上《おしあげ》でともに台東区ではないのに、これらは浅草から見えるように建設されたのだ。スカイツリーはいろいろな場所から見える

地下鉄銀座線の『浅草駅』の地上の出入口はこのように楽しいものでもちろん浅草寺にちなむ意匠だ

が、見物人口は浅草側が断然多いだろう。吾妻橋交差点の北方、『松屋浅草店』（1931、久野節《みさお》）は圧倒的な存在感である。昔から浅草に親しんできた人ならば、この姿を懐かしくまた優しく感じるのだ。長い間外壁を現代感覚に合わせて覆っていたが、久しぶりに見たら建設時の様式である商業建築に戻っているので驚き、浅草のランドマークが帰ってきたと思った。ここの上階に昔、「かたばみ座」という小芝居を常打ちする小劇場があった。幅3間ほどの舞台、3メートルほどの花道、100席ほどの客席で少人数の役者が伝統の演目をしっかり演じ、丸本物《まるほんもの》（義太夫《ぎだゆう》狂言《きょうげん》）では本物の太夫と三味線が浄瑠璃《じょうるり》を語った。各地に多数あったという小芝居の最後といわれた「かたばみ座」は決して田舎芝居ではなく、でも大歌舞伎とはもちろん違う。幕末明治の小芝居はこんなものかと考える好事家《こうずか》に交じって、ぼくも通った。

仲見世通りに入ると、すぐ左手の柵の向こうに門があり、ここが『伝《でん》法院《ぼういん》』（表門）だ。ここは『浅草寺』本坊（住職の宿坊）で、表門のほか、回遊式庭園や茶室『天祐庵《てんゆうあん》』（1781〜1789）があるが非公開。表門も柵の

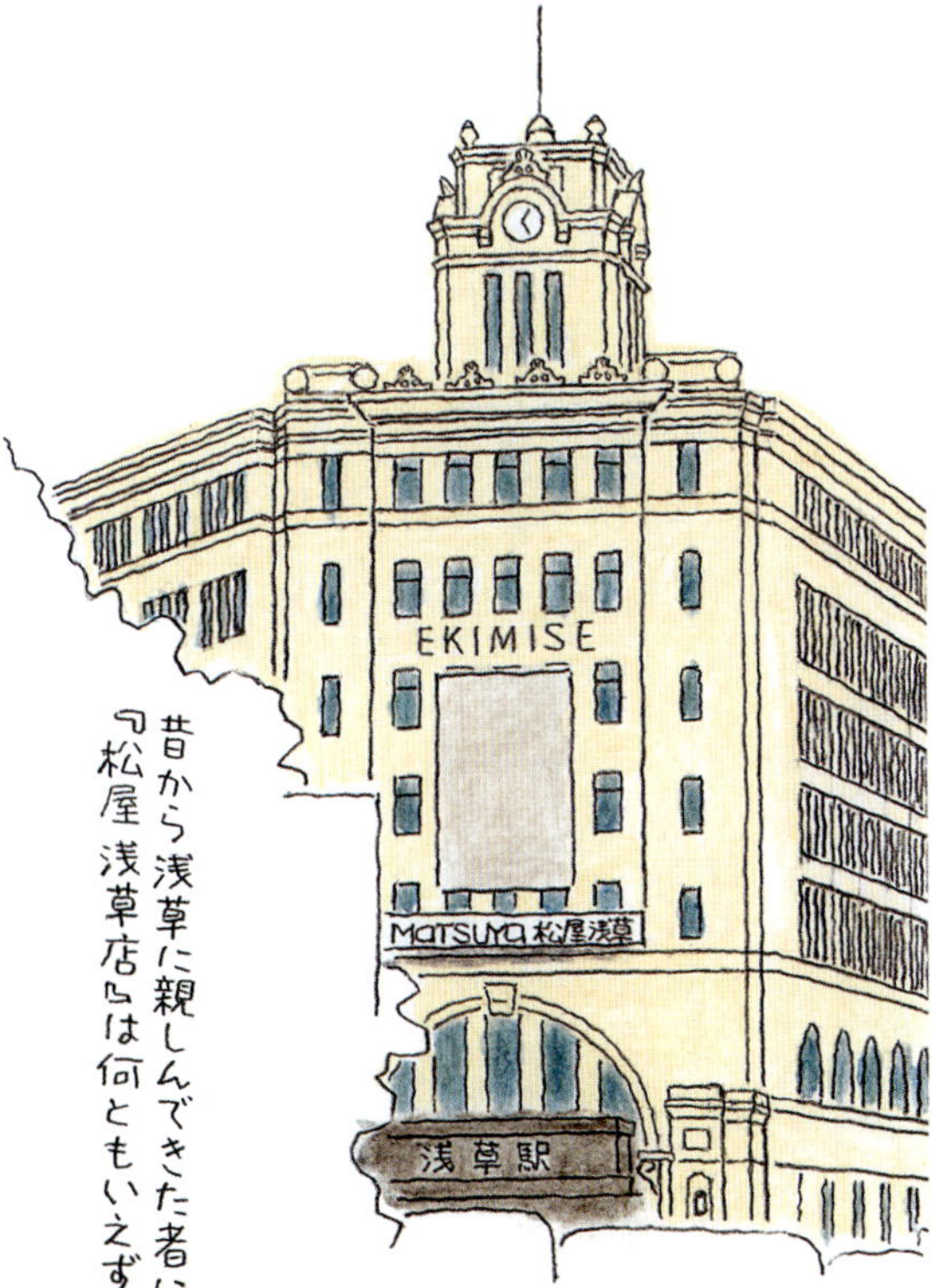

昔から浅草に親しんできた者には『松屋浅草店』は何ともいえず懐かしい

『伝法院』は浅草寺の本坊（住職の宿坊）でこれはその表門である

外から眺めるだけだ。

宝蔵門を通って『浅草寺』（再建、1958）に詣でたら右手奥の『二天門』（1618）へ。昔は本堂の西方にあった『東照宮』の随身門で、現在は上野『寛永寺厳有院』の二天門の持国天、増長天（ともに木像）を移して二天門となった。以前はすっかり古びて千社札で汚れていたが、いまは整備されて新築のようだ。筆者はこの門が、なぜか昔から好きだった。

『二天門』は江戸初期の建造で〈国指定重要文化財〉

二天門近くの神社が『浅草神社』（1649）で、通称「三社様」といえば毎年5月の三社祭で有名だ。この本殿、拝殿、幣殿《へいでん》ともに3代将軍家光によって建てられて以来ここにあり、安政の大地震、関東大震災、昭和の大空襲にも耐えた奇跡の社殿なのだ。

『浅草神社』の裏手にある『浅草寺岐院』（1932、岡田信一郎/岡田捷五郎）は連棟式の集合住宅で、設計者の名前を知ると見ておかなければと思う物件だ。

『浅草寺』本堂の西側、西境内といわれる区域の一隅に通称『六角堂』（1618）という二天門とともに境内最古の建築がある。単層六角平面瓦葺の珍しい建造物で、本尊は地蔵菩薩。お願いごとがあるときは、日数を定めて祈願すれば古来より霊験あらたかで、「日限《ひぎり》地蔵尊」と呼ばれたとある。

言《こと》問《とい》通りを左に折れて、全長180メートルの浅草らしいアーケード、ひさご通りを抜けると、旧興行街のいわゆる「浅草六区」エリアに出る。明治のはじめに東京府が『浅草寺』境内を浅草公園と定めて本堂裏手の見世物小屋を西側の水田埋め立て地に移し、公園内を一区本堂周辺、二区仲見世、三区伝法院、四区奥山、五区花屋敷、六区見世物興行街、七区馬道西側と分けた。この中の六区が後に映画、レビュー、浅草オペラなどで東京一の大興行街に発展したのだ。現在は『浅草演芸ホール』が辛うじてその伝統を受継いでいる。老舗、名店が軒を連ねるオレンジ通りを抜けて駒形交差点に戻り建築散歩を終える。

12

都心に残された緑の中に日本を代表する名建築群

上野の杜

東京都

東京都台東区の「都立上野恩賜公園」は、その昔、徳川将軍家の菩提寺である『寛永寺』の寺領だった。江戸が明治と改められて文部省用地になった『寛永寺』の境内に『大学東校』（のちの東京大学医学部）と付属病院を設ける計画が出たが、医学所教頭A・F・ボードウィン（日本ではボードワン）の〝上野の自然は公園として保全すべき〟との進言が採用され、大学と病院は本郷の加賀前田家上屋敷跡へ、上野の杜には1873年（明治6）に東京初の洋式公園「上野恩賜公園」が生まれた。そののちもコンドルの初期の代表作『上野博物館』（1881、J・コンドル）や皇太子殿下（のちの大正天皇）御成婚を記念して建造されることになった新美術館『表慶館』（1908、片山東熊）も竣工した。1923年の関東大震災では『上野博物館』を焼失、1937年に完成した新本館が現在の『東京国立博物館本館』（1937、渡辺仁）だ。その他この地には博物館、美術館、図書館、動物園などの国立公立の文化施設、音楽学校、美術学校（現『東京藝術大学』）も建設されて、首都の誇る教養文化ゾーンとなった。

その上野の杜が今回の建築散策地なので、まずは『JR上野駅』をスタートしよう。

皇太子殿下（のちの大正天皇）の御成婚記念に国民から奉献された美術館が『表慶館』

散策を始めるとまず出合うのが『国立西洋美術館』（1959、ル・コルビュジエ）で、小さくても世界的巨匠による建物だから、ここは気合を入れて鑑賞しよう。常設展では有名な松方コレクションを観ることができる。『東京国立博物館』の構内へ入ると正面に、上野公園の中心である前述の『東京国立博物館本館』が堂々と存在する。『帝室博物館』時代の建物だから、それにふさわしい帝冠様式である。対照的に左手にある優美な建物が、これも前述の『表慶館』で、片山が同じ頃に手がけた超大作『赤坂離宮』（現迎賓館／1909）と並ぶ代表作なのでしっかり鑑賞しよう。

ぼくはこの『表慶館』が昔から理由もなく好きだった。『赤坂離宮』も、戦後の国会図書館時代に近くの中学へ通っていた関係でレポート書きのために毎週出入りして知っているのだが、それでも『表慶館』の方が宮廷風の華やかさという点で上だと思っている。今は内部が非公開だが、以前に屋内を拝見した時の華麗な印象が鮮やかに残る。『表慶館』の

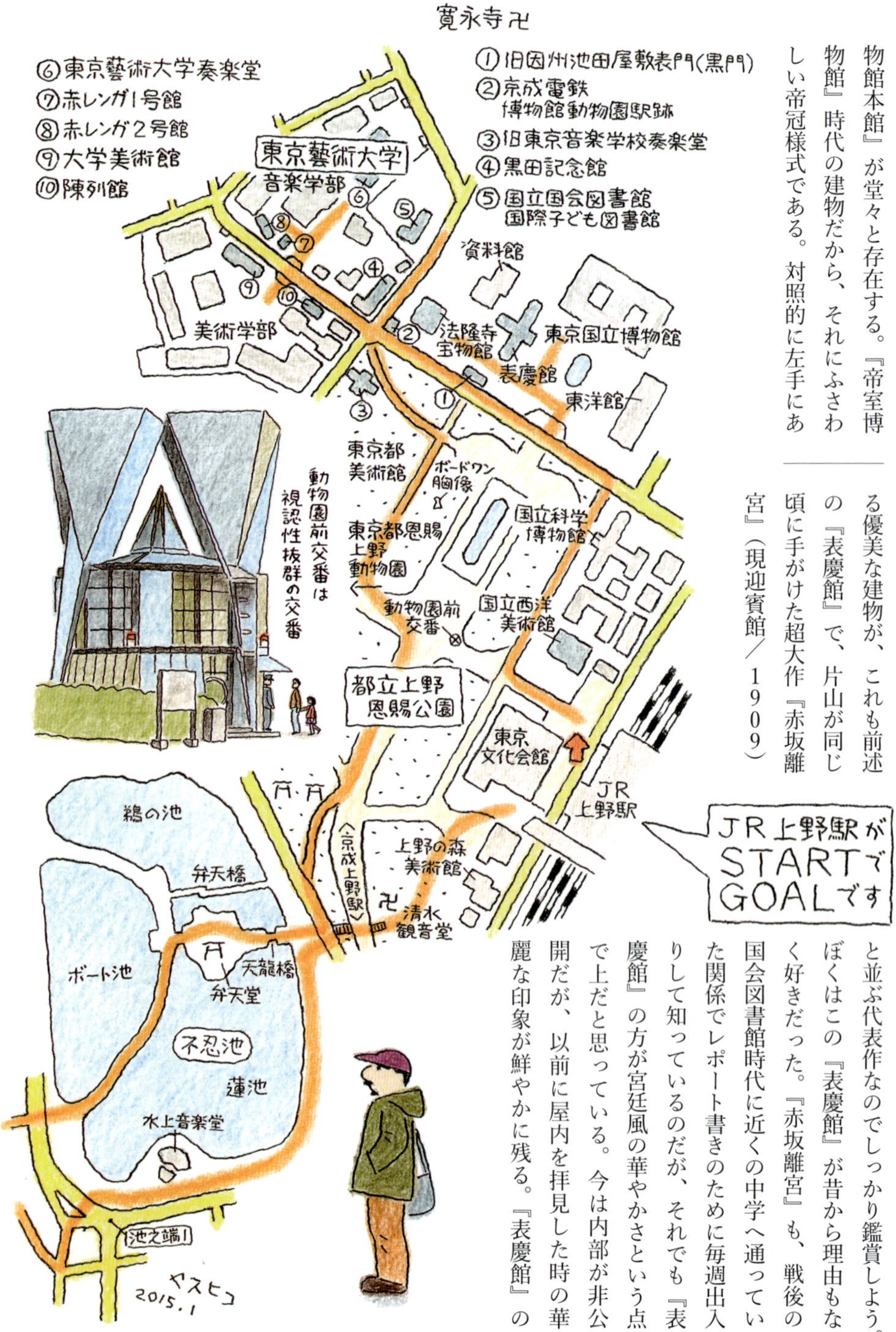

裏手の『法隆寺宝物館』（1999、谷口吉生）は現代建築の自由な世界で、同じ『東京国立博物館』の構内にまったく別の世界が隣り合っているのだ。

正面入口から外へ出ると、先ほど構内から見た『旧因州池田屋敷表門』（江戸末期）を外側から眺めることになり、江戸城内の大名小路にあったという重厚な武家屋敷の遺構を鑑賞する。その先の交差点角の、古典主義様式をパロディーのように採用した小建築は『京成電鉄博物館動物園駅跡』（1933、設計者不明）とある。小さくても目立つ場所にあるから知っている人が多いはずのこの建物、考えたのはどんな人か。

上野の杜を行く人びとを見つめて80年
京成電鉄博物館動物園駅跡の小建築

その角を右折するとすぐに『黒田記念館』（1928、岡田信一郎）がある。左右対称の端正な様式建築なのに優しい印象を与えるのは、外壁のタイルのせいだろう。『黒田記念館』の先にも気になる小建築があるのだが今回はそれをパスして、『国立国会図書館国際子ども図書館』（1906、久留正道・真水英夫他／2002、安藤忠雄・日建設計）と対面する。格調があり完成度も高く見えるこの建物は、明治政府の肝入りで上野の杜に国営図書館を建てるべく、文部省技師を米国に派遣してかの地の図書館事情を調査せしめ、建坪900余坪の大図書館の設計が成ったとある。けれども国家的事業の図書館は、結局ここに見える東側面だけに終わった。格調高い建物なのに何かつかみどころがないと感じるのは、そのせいだ。

端正な姿の中にも優しさのある『黒田記念館』

■**歩行距離**：約5.3キロ
●**起・終点**：JR上野駅

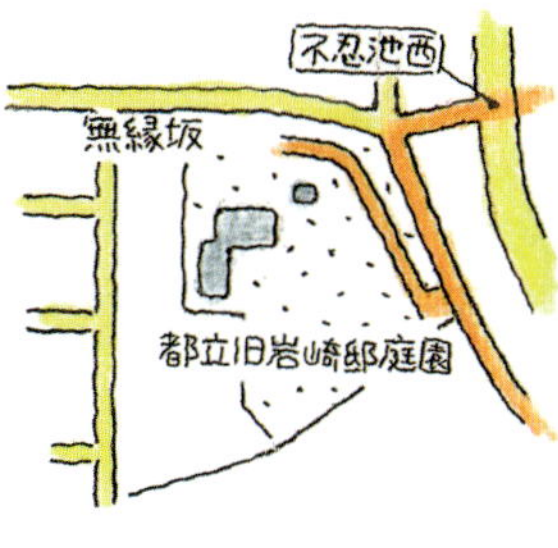

『東京藝術大学音楽学部』構内では、まず『赤レンガ1号館』（1880、林忠恕）に注目する。明治13年の築とあるが、この整った洋風建築はまことに好ましく、コンドル先生の教え子たちが仕事を始める以前に、上質の近代建築を完成させる日本人技術者がいたのを知って驚く。ある時、この建物の外側のモルタルをはがしたらレンガ壁が現れ、それで正体が明らかになったそうで、外壁一面の引っかいたような跡はその時のものらしい。この建物は当初は『上野教育博物館書籍閲覧所書籍庫』だったとある。隣の『赤レンガ2号館』（1886、小島憲之）もまた、こんな早い時期にこれだけのものがと思いながら鑑賞した。小島憲之は1879年にコーネル大学卒業という初期の日本人建築家で、作品は少ないが教育家としての業績が大きい人とある。『1号館』と同じような防火扉は、『東京図書館書籍閲覧所書庫』という当初の用途で納得できる。『東京美術学校』に移管されたのは1908年だ。音楽学部構内をさらに奥に進むと、『東京藝術大学奏楽堂』（1998、岡田新一）がある。

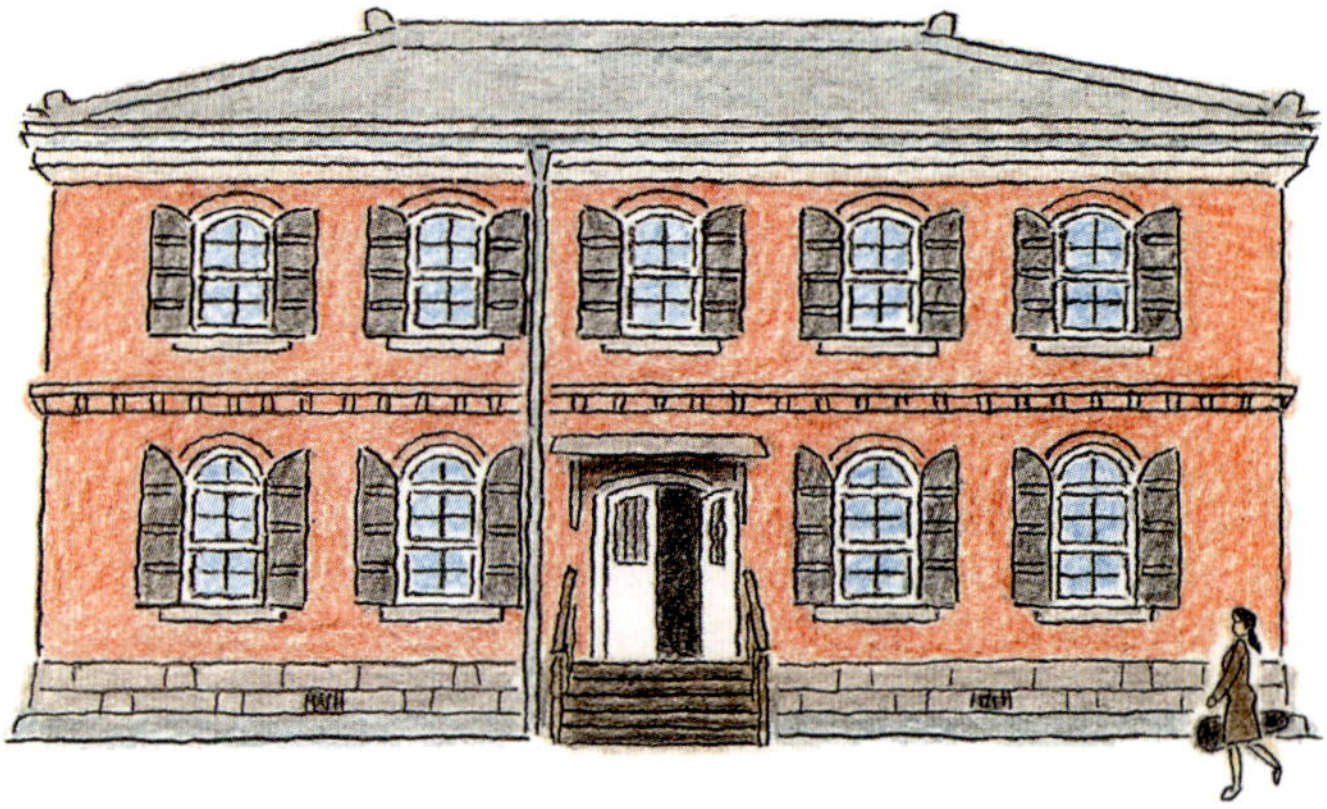

明治13年に博物館の書庫として建った『東京藝術大学赤レンガ1号館』

美術学部構内ではまず、『大学美術館』（1996、東京藝術大施設課・六角鬼丈・日本設計）の前で足が止まる。この建物は60パーセントが地下に埋まっているときいて、妙に感心した。そして反対側を見ると、対照的に『陳列館』（1929、岡田信一郎）の昭和初期らしいタイル貼りの建物がある。

『東京藝術大学』を退出して先ほどの交差点に戻ると、園地の向こうに『旧東京音楽学校奏楽堂』（1890、文部省営繕・山口半六・久留正道・上原六四郎）のどこか懐かしいような姿がある。この建物の取壊しと保存をめぐってもめたのがついこの間のような気がするが、移築はされても同じ上野の杜に保存され、コンサートも行われているのをよろこびたい。設計者・山口半六の名は『金沢四高』の本館で感心したから忘れられないが、音響設計の上原六四郎は初等中等教育界で大きな業績を残した人とある。ここまで来て、上野の杜の建築散歩では幕末の西欧教育でスタートした明治人の仕事をまとめて見てきたことに気付いた。『旧奏楽堂』の先に、前述のボードワンの胸像がある。その先の『動物園前交番』（1990、黒川哲郎）は、必要に応じた目立つ建物でありながら上野の杜の風景にうまくおさまっているところが立派だと思った。

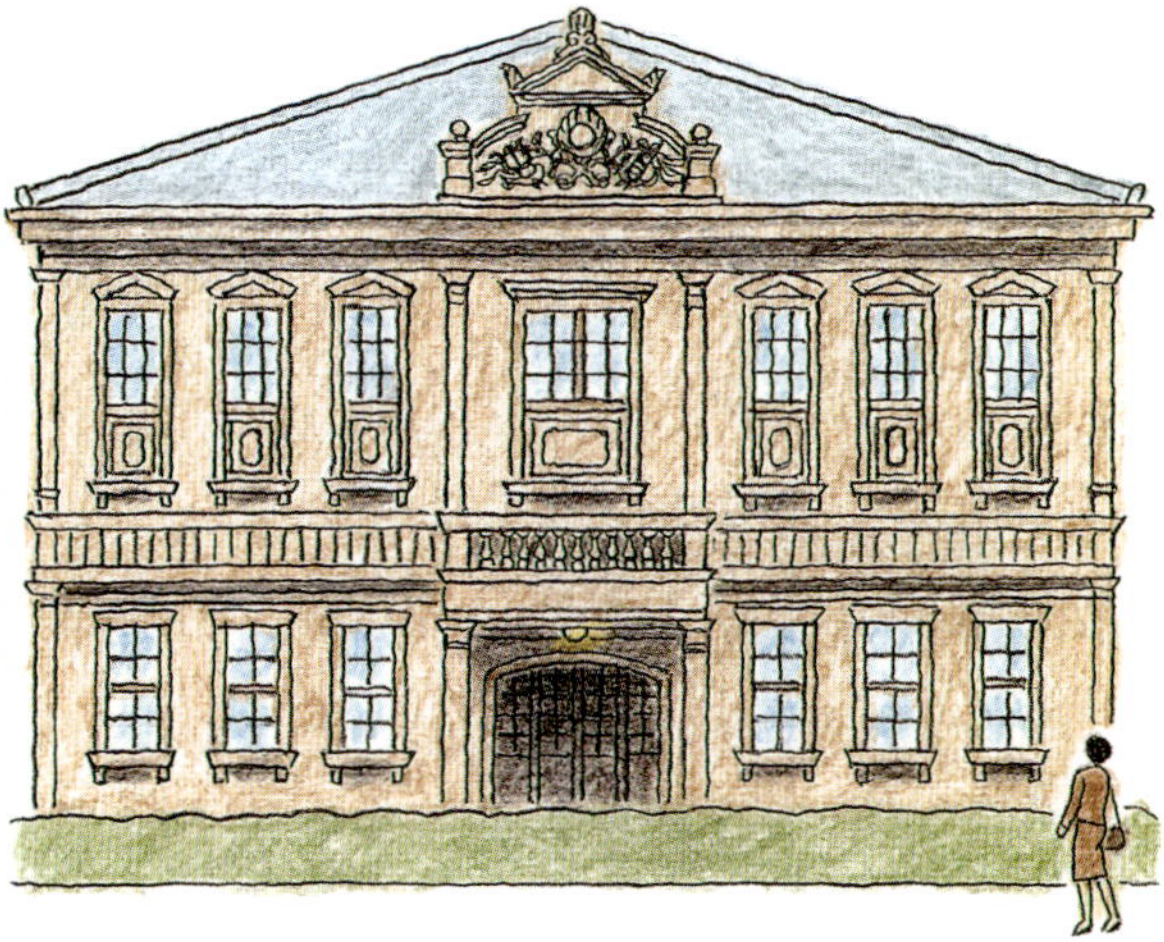
『旧東京音楽学校奏楽堂』は
日本最初の音楽専用ホールだ

不忍池に向かい、弁財天堂経由で、池之端1丁目の『都立旧岩崎邸庭園』（洋館・撞球室《どうきゅうしつ》／1896、J・コンドル）を目指す。岩崎彌太郎の長男で三菱財閥第3代総帥である岩崎久彌の本邸として造られたこの屋敷は、住居としての和館と接待所である洋館と撞球室、それと大名庭園に洋風を加えた和洋併置式という庭からなり、この散策では洋館と撞球室を中心に鑑賞する。設計者のコンドルは、洋館に英国ジャコビアン様式を中心とした華麗な装飾を施し、庭園側には1、2階ともベランダを配した。撞球室は対照的にスイスの山小屋風といわれるログハウスのカントリー趣味を採用して、どちらも見所がいっぱいだ。そして『旧岩崎邸庭園』からは不忍池畔をめぐって上野の杜へ戻り、『清水観音堂』とそこからの池の眺めを楽しんだあと、『JR上野駅』のゴールへと向かう。

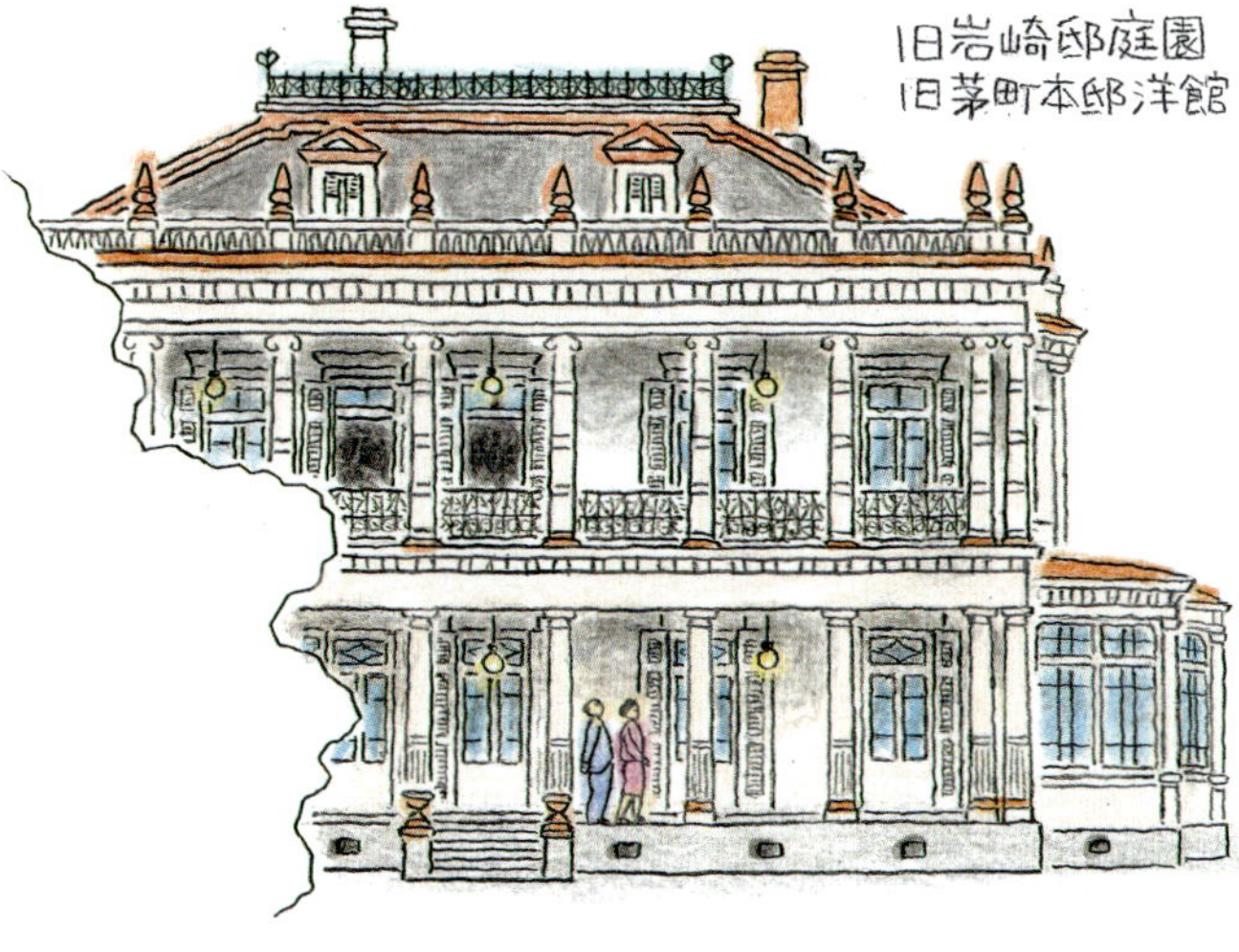

13

さまざまな時代が混在する江戸以来の学問と文化の街

神田

東京都

いきなり私事で恐縮だが、筆者は中学校の3年間を東京日本橋米澤町の自宅から港区の青山中学校へ通った。浅草橋から路面電車で須田町、そこで渋谷行きに乗り換えて青山まで全部で小一時間の旅は長いけれど、帰りはほとんど毎日、九段下で降りて須田町まで、南側の歩道に並ぶ露店を見物して歩いたのがまことに楽しい思い出となっている。

筆者の記憶では、九段下から駿河台下までは古書、それから須田町までは秋葉原電器街の今でいうアウトレットが露店として並んでいたと思う。

今回の散歩では、すっかり様子の変わった「アキバ」から神田の街を一周してみて、この街が最近また一段と変化しているのに驚いたけれど、まったく変わっていない部分が多いのにも驚いた。

ニコライ堂
（日本ハリストス正教会東京復活大聖堂）

神田という街は江戸開府以来幕府のお膝元にあって学問や文化の地であった。家康が隠居していた駿河で死去したあと、駿河から江戸に引き揚げた旗本の屋敷が並ぶ駿河台は、維新後その多くが学校になり、それが後に明治法律学校は明治大学、日本法律学校は日本大学、専修学校は専修大学、英吉利《イギリス》法律学校は中央大学、外国語学校は東京外国語大学、商業学校は一橋大学、幕末にできた九段下の「蕃《ばん》書調所《しょしらべしょ》」は東京大学になってしまった。そんなわけで学校の先生や学生相手の本屋が自然に発生、貴重な本は古書店で流通し（当時、本はまことに貴重だった）、やがて新しい本が出版事業によって生み出されたので出版社が立地して、神田は古書店街と大小出版社の街となった。

また、神田は1923年の関東大震災には遭ったものの1945年の戦災を免れたところが意外に多く、近年はその間に高層の学校やオフィスビルが建ち並んだので、東京でも珍しい大正末期から昭和初めの情緒豊かな建物や復興小学校、オリンピック前後のモダンオフィスビルからポストモダンと実に多彩な建物が入り混っており、さらにその中に、まるで時代を超越したような老舗が昔のままに存在する。

そこで本日の散歩は、まず岩本町からスタートして、時代小説ファンならご存じの江戸お玉ヶ池跡を訪ねた。ビルの谷間の石碑によれば、お玉さんが身を投げた池はすでに江戸中期に埋め立てられて単なる地名になっていた由。そのお玉ヶ池あたりは儒学者・佐久間象山の塾、北辰一刀流・千葉周作の道場などがあり、伊東玄朴の公設種痘所は後に東大医学部になった、といったことを知り、次に向かった。

秋葉原駅はJRでは「あきはばら」だが、本来は火除けの神様『秋葉神社』が移転した後の原なのでうちの祖母などが称していた「あきばがはら」が正しいわけで、現在の通称「アキバ」で正しくもとに戻ったのはおもしろい。青物市場跡の巨大なビル街を抜けて通りかかるのは万世橋。こ

J・コンドル
1852年ロンドン生まれ
1877年来日
工部大学校造家学科教師となる

←この先に降車専用のアーチ式出口
(辰野は2年後にこのやり方で東京駅を建てる)
この建物は乗車専用で正面入口は乗車口だ
2階には第1〜第3の3つの食堂とBARがある
この1等待合室上(2階)の第2食堂は本格西洋料理店だった

■**歩行距離**：約6キロ
●**起点**：都営新宿線岩本町駅下車
●**終点**：東京メトロ東西線・半蔵門線／都営新宿線九段下駅

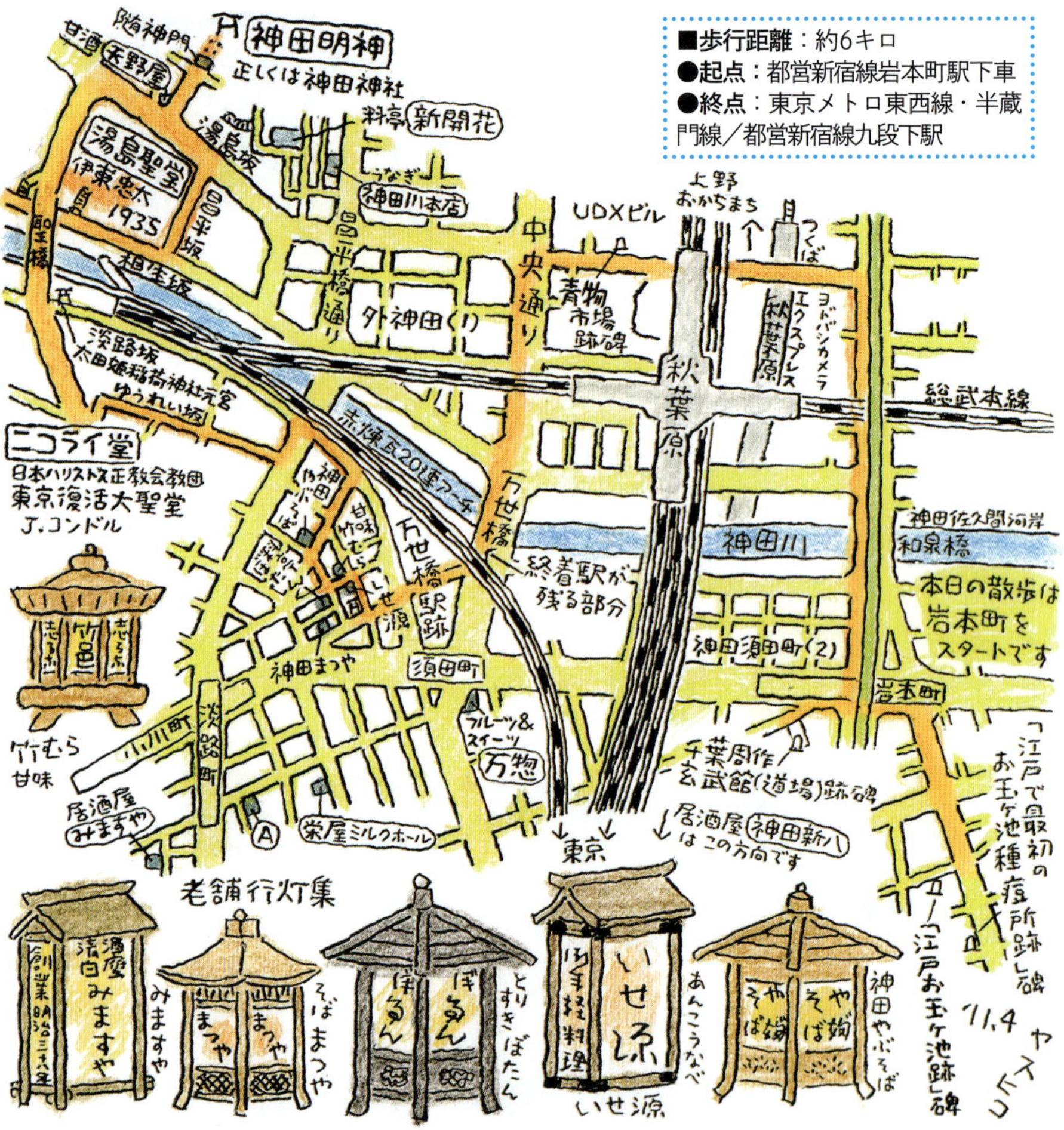

こに以前『鉄道博物館』があったのを覚えている方もいるだろう。しかしその敷地にイラストの「幻の万世橋駅」が1912年に、甲武鉄道（現JR中央線）の終着駅として完成したのは知らない人が多くて当然だ。筆者だって10年前まで知らなかった。イラストを見て、これは何だか東京駅に似ているぞと思った方はさすがで、万世橋駅は明治大正建築界の親分的存在であった辰野金吾（フランス文学者・辰野隆の父）の手になる。赤煉瓦に白い帯をかけ回すのがいわゆる辰野式だ。そしてわずか2年後に辰野はこれを拡大したような東京駅を完成させ、日本橋本石町の日本銀行本店（1896）と並んで彼の代表作となった。東京駅、それに日本銀行本店の二つを作れば親分の名声は、いや増したであろう。一方、甲武鉄道の方は、駅はできても終着駅は依然として飯田町駅（現飯田橋駅）が使われていた。今、この地に

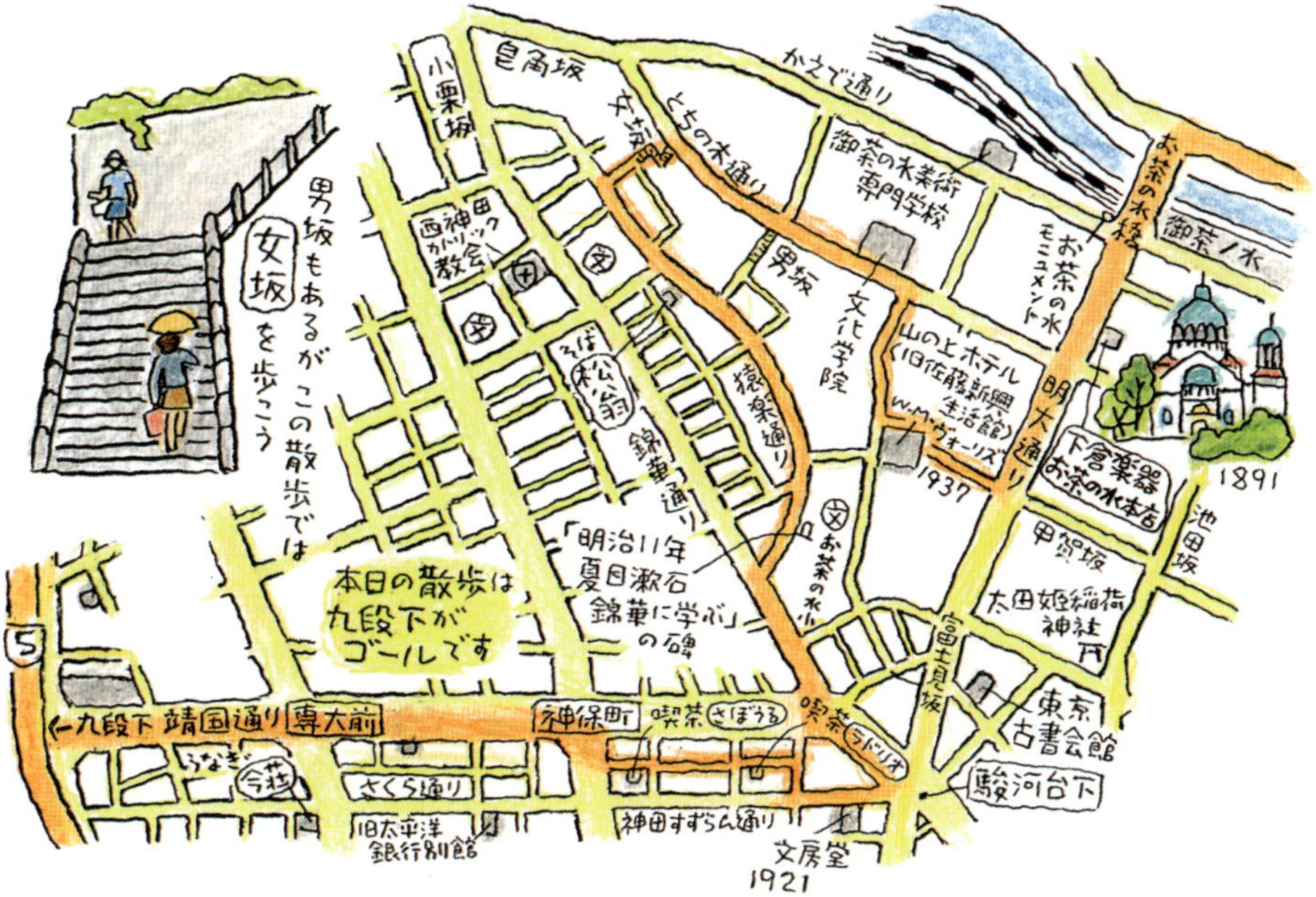

「JR神田万世橋ビル」という建物が建設中（2013年竣工）だが、そこに立って見ると、この広さでは「終着駅」にはせま過ぎると素直に感じるがどうか。そして万世橋駅は、11年後の関東大震災で崩れ落ちた。

また、万世橋駅前広場（当時は東京の中心ともいえる場所）にあった日露戦争でのエピソードで知られる広瀬中佐と杉野兵曹長の日本一といわれた銅像は、子どもだった筆者にも印象強く忘れ難く、もう一度見たいと思っているが、これは無理だろうか。

有名な老舗の食べもの屋群はお腹のすきぐあいと相談していただき、坂を上ると『ニコライ堂』（1891、J・コンドル）が見えてくる。昔はきっと遠くからも見えたにちがいないこのランドマーク建物は、江戸の火消し屋敷跡に建てられたと聞けば納得だ。ニコライ主教がシチュールポフ教授の原案をジョサイア・

銅板張りの店舗（栄屋）

神田司町で見かけた建物
（地図Ⓐ）

コンドルに依頼したものとあり、ビザンチン様式のドームが特徴だが、さまざまな様式をきちんとこなすコンドルらしい仕事だ。建築後1世紀を優に過ぎたが東京のランドマークであり続ける大聖堂はぜひ見学しておこう。

初代・東大工学部建築学科教授（当時は工部大学校造家学科教師）として招かれたジョサイア・コンドルは、さっそく辰野金吾、片山東熊（赤坂離宮）、曾禰《そね》達蔵（慶應義塾図書館）、佐立七次郎（日本郵船小樽支店）らを育て、日本の建築界の基礎を築いたといえる人だ。政府のお雇い建築家としては国家的建造物『鹿鳴館』や、官を辞してからも三菱、三井など富豪の上質な邸宅を多数残し、また半端ではない日本趣味人として日本舞踊家を妻（くめ夫人）に迎えて自らも習い、河鍋暁斎（画家）の弟子となって絵を描き、歌舞伎や落語まで演じたというのだから実に只者ではない。

さてそこで『湯島聖堂』（１９３５・伊東忠太）と『神田明神』に詣でるのだが、その先約1キロの『湯島天神』のそのまたずっと先の東大工学部中庭にまことにかっこいいコンドル像があるので、いつか一見されたい。ちなみに先日、改めてその像の台座を見てハッとして、もしやと調べたらやはり伊東忠太（コンドルの孫弟子に当り、欧米でなく中国、インドに傾倒し、奇異ともユニークともいえる作品を多数残した異色の建築家。築地本願寺など）の作だった。

すっかり修景が整って本当にカルチェラタン気分の駿河台を散歩、筆者の大好きな情趣ある女坂を下りつつ、関東大震災後に後藤新平のお陰で東京が実に美しく変貌していたのに気づいた。靖国通りに出て、戦前の古書店建築を見つけるのを楽しみに散歩を続けて、九段下でゴールである。

神田錦町の学士会館

14

政治・経済の中心地に立つ歴史的建造物をたどる

永田町・丸の内

東京都

東京のまん中といえば皇居だが、その周辺の街も全国的に知名度の高いところが多い。永田町や霞が関は日本の立法府、行政府の所在地として有名だし、大手町や丸の内は日本経済の中枢に当たるビジネス街として知られる。

今回の建築散歩はその街々をたどり、多くの人が知っている大型建造物を訪れつつ、この地の歴史に触れようと、皇居周辺建築散歩へと出かけた。

スタートは地下鉄の国会議事堂前駅だが、『国会議事堂』より先に、まずは『首相官邸』（2002、建設大臣官房官庁営繕部）に向かう。このモダンな建物へ最初に入ったのは小泉純一郎氏だったと記憶するが、それから数えて数代目かの入居者が執務中の官邸は今日も厳重な警備なので、塀沿いに坂を下ることにする。

坂の途中で塀越しに見えるのは『首相公邸』（1929、下元連）、すなわち現官邸ができる前の首相官邸で、昭和の激動期を見つめてきた歴史的建物だ。塀越しに見える塔屋の上端にミミズクがとまっているが、なぜミミズクかというと、

政治の世界は一寸《いっすん》先が闇だから暗闇に強いミミズクを飼っているのだという話は作り過ぎで、単に「叡知の象徴」だそうだ。

「工部大学校阯」碑

外堀通りを左折すると『霞が関コモンゲート』に至るが、その前に赤レンガ造りの記念碑に出合う。これが『工部大学校阯』碑だ。1871年（明治4）、『工部省工学寮』がこの辺りに置かれ、73年に寮内に工学校設置。77年にはそれが『工部大学校』と改称され、その造家学科に同年、ジョサイア・コンドルが教授として赴任し、辰野金吾、片山東熊、曾《そ》禰《ね》達蔵、佐立七次郎、河合浩蔵など明治の建築界の中心となる人々を育成した。85年に文部省所管となり、86年の帝国大学令発布で『工科大学』に、その後本郷の新校舎に移ったとある。筆者は不勉強にしてコンドル先生は本郷キャンパスで

教鞭をとった人と思っていた。本郷に銅像があるためだが、87年で辞任とあるので、ほとんどこの虎ノ門で教壇に立っていたわけだ。

また『工部大学校阯』碑は、ルネサンス式2階建てで「堂々トシテ虎之門濠頭ニ聳ユ総テ煉瓦造ニシテ宏壮偉観」(碑文)とある校舎を解体した際のれんがを積んだものと説明にある。そして説明はないが、碑の上に立つポールは明らかに〝虎之門濠頭ニ聳《そび》〟えた校舎の塔屋の頂上に立っていたものにちがいない。なお、碑文は曾禰達蔵、碑の設計は大熊喜邦とある。

それから、この辺りの昭和初期の官庁で唯一高層化もなく様式建築最終期の姿が健在の『財務省』(1939、大蔵省営繕)を見た後、潮見坂を上って『国会議事堂』(1936、臨時議院建築局)へ向かう。

1936年(昭和11)に竣工した現在の『国会議事堂』誕生まで

の経緯は長い物語でとても紹介しきれない。明治半ばに始まった国会議事堂計画は1920年(大正9)にようやく起工となり、16年後に竣工という大事業だった。建設についてはほとんど国産の建材と決まり、外装内装とも当代一流の職人が集められて最高の仕事が後世に残された。『憲政記念館』隣の園地の『日本水準原点標庫』(1891、佐立七次郎)へ立ち寄ろう。1945年(昭和20)の敗戦まで「日本陸軍参謀本部陸地

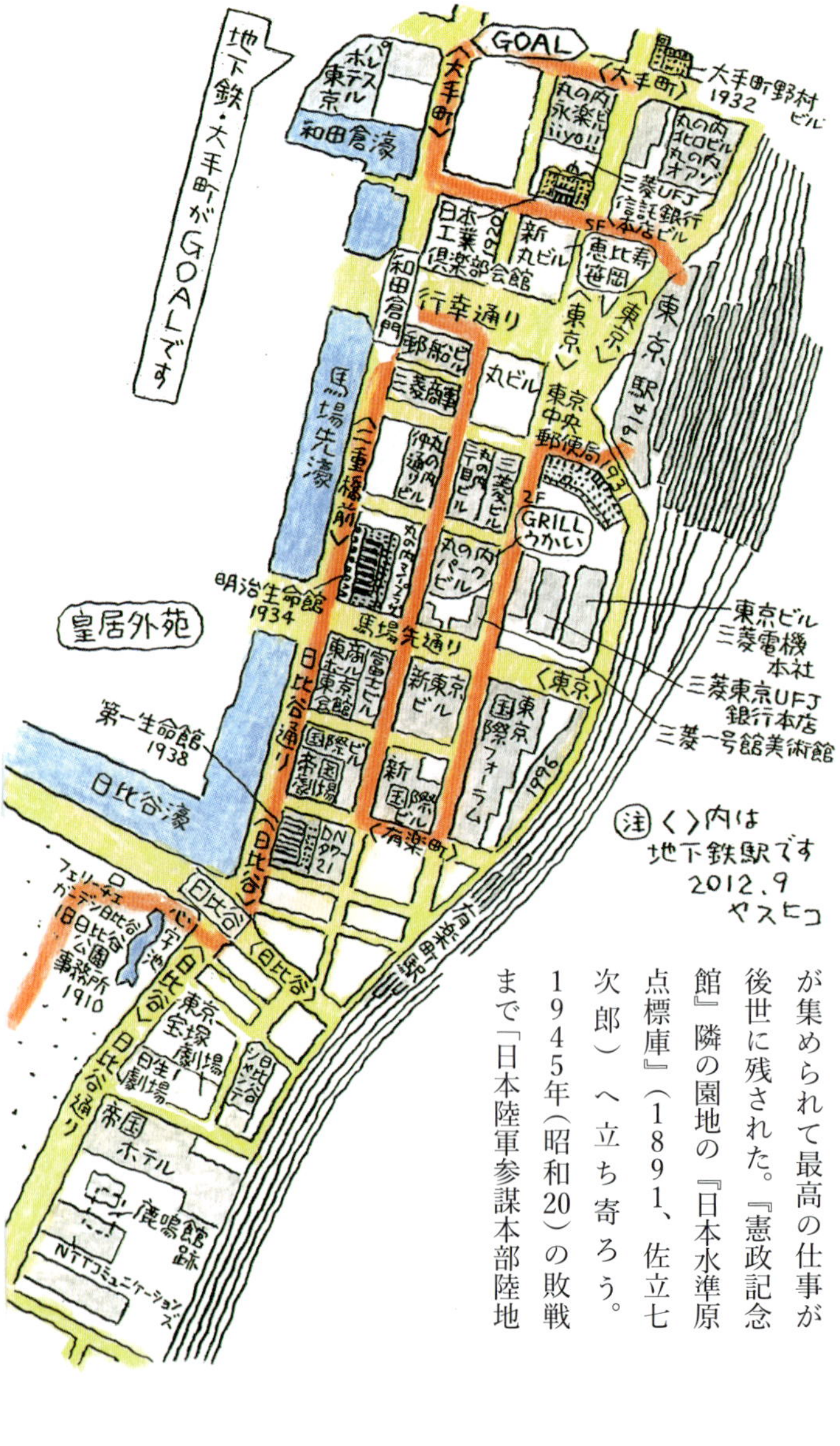

測量部」があった縁で、日本全土の測量を行う上で標高の基準になる水準原点を格納する建物が明治24年にここに建てられた。石造の建物は小さいながらも堂々とした格調を示す。設計者は前述の工部大学校造家学科、1879年（明治12）卒業の佐立七次郎。佐立の作品で現存するのは、小樽編で立ち寄った『旧日本郵船株式会社小樽支店』（1906）とこの標庫の二つのみだ。

■**歩行距離**：約7.5キロ
●**起点**：東京メトロ丸ノ内線・千代田線国会議事堂前駅下車
●**終点**：東京メトロ丸ノ内線・千代田線・東西線／都営三田線大手町駅

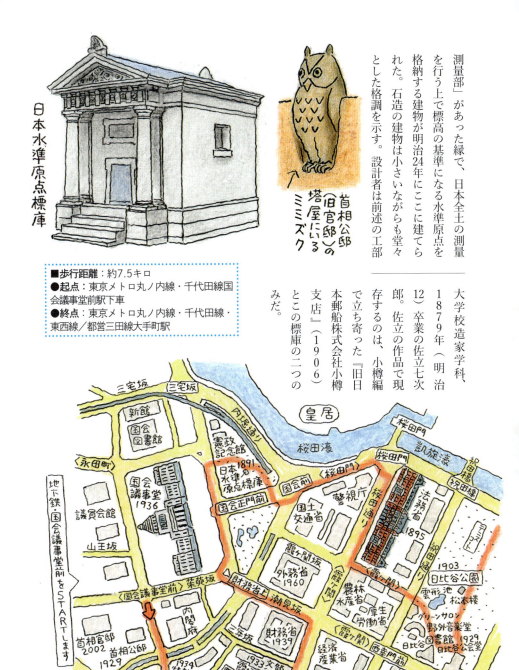

現在は「フェリーチェガーデン日比谷」

旧日比谷公園事務所の建物は
1910年(明治43)に竣工した

桜田門から桜田通りへ入るとすぐに、目の前に広がる赤れんがの華麗壮大な建物に驚く。この建物すなわち『法務省』（1895、エンデ・ベックマン・ギーゼンブルグ）は、不平等条約改正交渉へのステップとして計画されたもので、東京官庁集中計画実施のために、時の外務大臣・井上馨が警視総監・三島通庸《みちつね》（「山形」参照）と語り合ってドイツから招聘したヘルマン・エンデとヴィルヘルム・ベックマンの設計による。官庁集中計画は、残された図面をいま見るとこれが実現していたらと思う壮大なものだが、結局は計画に終わった。しかし建築物は仮議院、裁判所、司法省が実現し、その司法省（現在の法務省）がこの建物だ。

堀端の道に出ると気分ものびやかになる。『第一生命館』（DNタワー21／1938、渡辺仁・松本与作）は敗戦後に占領軍総司令部が置かれたのが多くの人の記憶にある。けれども、それを別にしても威厳を強く感じる建物で、耐震耐火の他にも防空（空襲）防毒（毒ガス）などあらゆる天災人災から保険契約原本を護る絶対安全建築と聞いた。様式を限りなく単純化したモダンな外観もそれにふさわしい。また、『明治生命館』（1934、岡田信一郎）は堀端に並ぶビルの中でも壮麗さ、完成度の高さでつとに知られる。大規模な古典様式を基礎にしたオフィスビルを改めて観賞しよう。

丸の内一帯は江戸時代は江戸城の一部で、大名屋敷が立ち並んでいた。明治になると広大な空き屋敷を兵営に使って練兵場に利用したが、不平等条約改正に都

第一生命館

三菱一号館美術館

合がわるいので兵営を麻布や青山に移し、首都を近代化する費用を捻出するために政府は丸の内一帯を売り払うことにした。しかし皇居に近いのでめったな相手には売れず、不況で買手も少なく、困り抜いた大蔵大臣・松方正義は以前から知り合いの三菱会社の岩崎彌之助に相談すると、その苦労は見るに忍びないと払い下げに応じてくれた。古い建物を取り払ったあとは広大な草原で三菱が原と呼ばれた。そこに『三菱一号館』という洋式のビジネスビルができたのが、次の時代への転機になった。『工部大学校』の教授を辞して建築設計事務所を開いたジョサイア・コンドルが設計を行い教え子の曾禰達蔵が現場監督を務め、赤レンガ3階建て英国風の一号館は1894年（明治27）に完成。日本の成長に従ってオフィスの借手も増えて同様の建物が立ち並び〝一丁ロンドン〟と呼ばれた。

いま高層ビルの谷間にこの赤れんが3階建ての建物が復活して、これが『三菱一号館美術館』（2010、三菱地所設計）で、その周辺に人が自然に集まるスペースも生まれた。コンドルも曾禰達蔵も、ここまでは予測できなかっただろう。

『東京中央郵便局』（JPタワー／1931、吉田鉄郎）のおかげで東京駅前はいつも明るかったが、それはファサード保存されたので安堵した。『東京駅』（1914、辰野葛西建築事務所）はようやく建設当時の姿に戻って、丸の内の次の時代に間に合った。『丸ビル』（2002、三菱地所設計）と『新丸ビル』（2007、三菱地所設計）は行幸通りをはさんで一対の形で、基本形が同じで質感が対称的なのが見比べどころだ。『日本工業倶楽部会館』（1920、横河工務所・松井貴太郎）はよく保存されたが、『東京銀行協会ビル』（1916、横河工務所／2016年解体）のファサード保存はいかにもあざとい。『大手町野村ビル』（1932、佐藤功一）も通りがかりに見上げてきた時計台が、保存はされたが背景の高層ビルにとけ込んで残念だ。というところで、ゴールの大手町である。

15

国際色溢れる 山の手の個性的建築群

六本木・麻布

東京都

東京の山の手と呼ばれるところは、江戸の昔はほとんどが武家屋敷だったといわれる。全国の大名がそれぞれの屋敷を構え、また徳川家直属の武家も大勢いた江戸だからそれも当然だろう。今回の散策地、六本木・麻布もその一部だが武家屋敷がなくなって約150年、屋敷跡は高層オフィスビルや集合住宅に変わり、人が集まって学んだり働いたり消費したりする場所になっている、そんなエリアを建築ウォッチングしようと思う。

六本木交差点をスタートして青山通り方面に向かい『東京ミッドタウン』（2007、SOM、日建設計、隈研吾ほか）を観察しながら敷地北端の『21-21 DESIGN SIGHT』（2007、安藤忠雄建築研究所＋日建設計）へ。緑の園地にあるシンプルな現代建築のデザインギャラリーは、まことに楽しそうで立寄りたくなる。

次の物件『国立新美術館』（2007、黒川紀章建築都市設計事務所・日本設計）は誕生時に大いに注目を集めたので、ご存じの方が多いだ

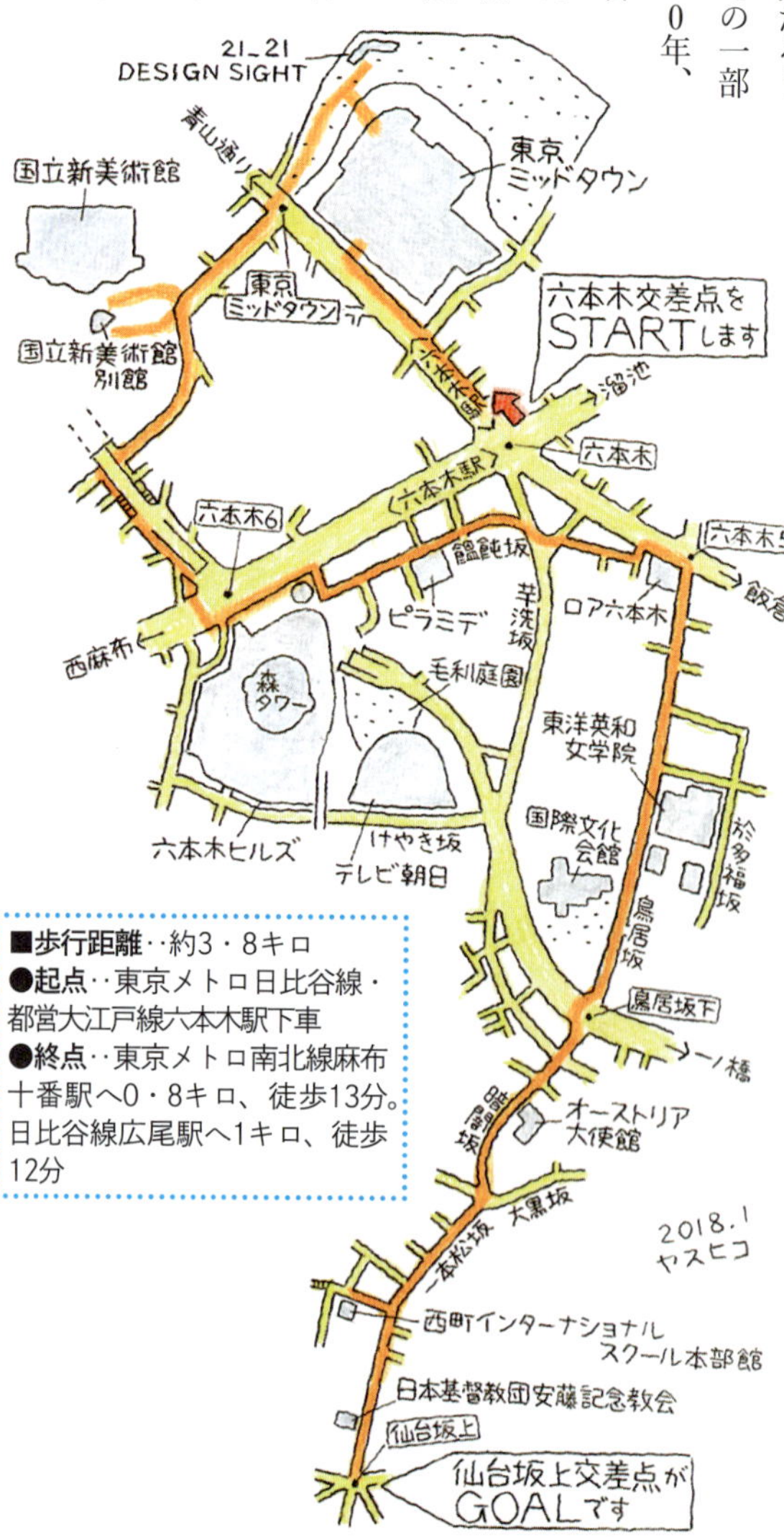

■歩行距離‥約3・8キロ
●起点‥東京メトロ日比谷線・都営大江戸線六本木駅下車
●終点‥東京メトロ南北線麻布十番駅へ0・8キロ、徒歩13分。日比谷線広尾駅へ1キロ、徒歩12分

旧陸軍第一師団
歩兵第三聯隊兵舎の一部を保存した
『国立新美術館別館』は兵舎として
初めての鉄筋コンクリート造りだったとある

ろう。風にゆれるスクリーンのような壁面に引込まれて中へ入ると、裏側ではまた別の感興があり設計者の意図を体感する。新美術館の出現で新たな美術ファンがたくさんできたというが、ここへ来るとそれが分かる気がする。そして外に出ると目の前に『国立新美術館別館』(旧陸軍第一師団歩兵第三聯《れん》隊《たい》兵舎、1928、第一師団経理部/部分改修2006、黒川紀章・日本設計)がある。

この一帯はかつては広大な陸軍練兵場で、射撃場があり兵舎があった。母の実家が旧青山2丁目にあって下町の自宅よりも空気のよい郊外ということで、しばしば青山へ連れて来られたぼくは、この軍事施設を「青山の三聯隊」、射撃場の土手を「鉄砲山」と呼んだ記憶がある。現在の『青山葬儀所』は射撃場の跡で、この敷地が青山霊園にくい込んでいるのは射撃場より後で墓地ができたためだ。歩兵第三聯隊は1936年の二・二六事件で雪の中を出動した部隊だが、そういった兵士たちの宿舎の一部がいま別館として保存されているのだ。南面は兵舎当時のまま、北面が本館と同時に設けられた部

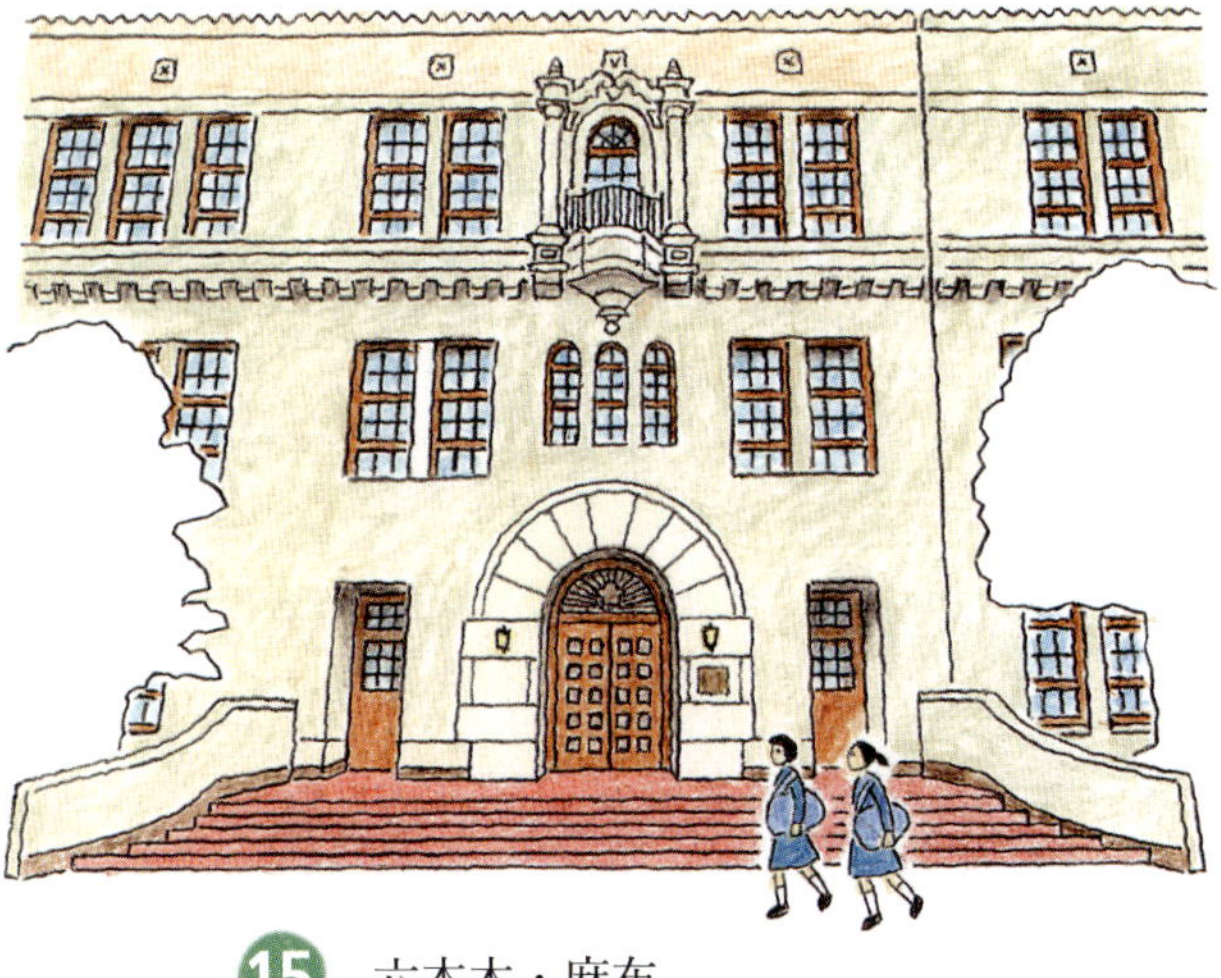

威厳や誇りを表す一方で
優しさ温かさをも感じさせる
『東洋英和女学院』の校舎

分なので、両面を比べてみると興味深い。兵舎の一部として保存された玄関の石畳のスロープに、軍靴の響きを感じた。

六本木6丁目交差点を地下歩道で『六本木ヒルズ』(2003、森ビル、コーン・ペダーセン・フォックス・アソシエイツ、ジャーディ・パートナーシップ、槇文彦)へ向かう。六本木のランドマークである『森タワー』や『テレビ朝日』(2003、槇文彦+竹中工務店)をも含むこの建築群は六本木だけでなく東京の都市形成に大きく関わったと思う。『毛利庭園』はかつてここにあった長府毛利家上屋敷の大名庭園の一部をもとにつくられたものだ。

裏通りに入ると『ピラミデ』(1990、山下和正)が見つかる。ガラスピラミッドのある中庭を囲む空間が、この界隈で珍しい余裕ある場所のような気がして、ぼくはできた時から好きだった。饂飩坂《うどんざか》を下り芋洗坂を横切って表通りへ出て『ロア六本木』の角を曲ると、『東洋英和女学院中学部・高等部』(1933、ヴォーリズ建築事務所、後に建替え)前にいたる。中高部校舎は1996年に建替えられたが、ヴォーリズの意匠が残っている。学校らしい威厳を示す様式建築である一方で優しさを感じるのは、スパニッシュ様式であるのと温かい色の壁面のせいではないか。建物は新しくなったが意匠は再現されたのだ。そして江戸初期に東側にあった鳥居丹波守の屋敷に由来する鳥居坂を下る。

坂の途中右手に『国際文化会館』(1955、坂倉準三・前川國男・吉村順三)がある。かつてこの地には多度津藩京極壱岐守の屋敷があり、後に三菱4代目社長・岩崎小彌太が鳥居坂本邸を建設した場所だが、戦後は日米文化人の交流の場所として「インターナショナルハウス」が建ち『国際文化会館』が生まれた。レストランやティーラウンジを利用すれば見ることができる庭園は〝植治《うえじ》〟こと7代目小川治兵衛の作庭で知られる。この池泉回遊式庭園をぼくは実際に回遊したことがあって、山あり谷あり滝あり、まるで小ハイキングコースだと思ったのを覚えている。

松方正熊邸として1921年に建てられた洋式住宅建築が現在は『西町インターナショナルスクール本部館』となっている

均整のとれた美しい姿で
見る者に感銘を与える
『日本基督教団安藤記念教会』

鳥居坂下を過ぎて直進し、暗闇坂《くらやみざか》にかかる。坂の名は大名屋敷の屋敷林のせいで昼でも暗かったことに由来するとあり、狭い急坂を上ると、いまもその雰囲気が残っているのに気付く。その坂の途中に『オーストリア大使館』（1976、槇文彦）が現れる。外の暗闇坂と内なるユーゲント・シュティール時代の家具調度に適応するという難しい条件を巧みに生かした建築とのことだが、ともあれ外観だけでも観賞しよう。

暗闇坂を上り切ったら左に下る大黒坂を見送って一本松坂を上り、右に折れて『西町インターナショナルスクール本部館』（1921、ヴォーリズ建築事務所）にいたる。飾りの少ないシンプルなアメリカ式住宅とみえるこの物件は当初、松方正熊の私邸として建てられ家庭教師による自宅学習の場となり、そこから学校への道が開けたとある。スクールの創立者・松方種子や元駐日アメリカ大使・ライシャワー夫人となった松方春子もこの家で育ったという。1940年代以降は各国公使館、大使館に使われ、1965年以後はインターナショナルスクールの教室、教職員室として使用されたとのこと。なおこの建物の周辺にもスクールの新しい建物が見つかり、どれも興味深いので観賞しよう。

仙台坂上方向に少し行くと、小規模ながら端正な姿の『日本基督教団安藤記念教会』（1917、吉武長一）

東京タワーの近くに
静かにあるこの邸宅は
『オランダ王国大使館』である

が見つかる。大谷石（一部に小松石）を用いたことで知られる教会堂は出入口のある塔屋、ゴシックアーチ窓、重厚なバットレスと様式をふまえてみえるが、細部をあらためて見ると意匠が単純化されシンプルな美を生んでいるのに気付いて感心する。

前面ともう一つ北面にもある見事なステンドグラスは教会堂の価値をさらに高めるもので作者は小川三知。小川は日本のステンドグラスのパイオニアといわれる人で大正、昭和初めに多くの作品を残している。

そして仙台坂上交差点で散策はゴールとなるが、ここで付録として3物件を紹介する。

『オランダ王国大使館』（1927、J・M・ガーディナー）は、東京タワーに近い屋敷林の中に白壁と緑の鎧戸が目立つ、いかにもヨーロッパの王国の大使館にふさわしい建物だ。地下鉄神谷町駅から徒歩約10分。

『東京慈恵会医科大学附属病院2号館』（1932、野村茂治・赤石真・奥村清一郎）は、左右対称で端然と格調を示す様式を残した昭和初期の大型建築。関東大震災後の復興期に皇室下賜《かし》金と寄付により建設されたとある。地下鉄御成門駅から徒歩約8分。

『蔦珈琲店』（1959、山田守）は、建築家・山田守が自邸として建設した建物で、独自の作風で注目された建築家の自邸だから必見。南青山5丁目、地下鉄表参道駅から徒歩12分。

左右対称の格調ある様式建築は『東京慈恵会医科大学附属病院2号館』

『蔦珈琲店』の建物は1959年に建築家・山田守が自邸として設計した

16

歴史の舞台となった近代建築を鑑賞

横浜 山手・関内

神奈川県

横浜の始まりを1859年（安政6）7月1日の開港日とすると、その歴史は今年（2019年）で160年である。これは町の歴史としては短い。けれども、この160年間は日本の近代史そのもので、その証拠は横浜の町に刻み込まれていて、これが横浜のすごいところだ。特にこれから歩こうとする山手、関内の地は近代史の舞台であり続けた場所だから、ここで何があったのかと当時に思いをはせながら歩くことになる。今回の建築散歩は、そんな覚悟で出かけよう。

旧横浜正金銀行本店本館
神奈川県立歴史博物館

散策のスタートはJR石川町駅だ。駅を出たら大丸谷坂を上り、『山手イタリア山庭園』へ向かう。『ブラフ18番館』は関東大震災後の山手外国人住宅の典型だ。明治の頃は露出していたベランダ（西欧人が考えたアジアの高温多湿対策）がガラス窓の内側に引っ込んだのは、日本の冬が案外寒いと身にしみたからだ。

『外交官の家』（旧内田定《さだ》槌《つち》邸／1910）は東京・渋谷の南平台から移築した明治の西洋館だ。東京にあった頃、この家は某広告制作会社が丸ごと借りており、八角平面の突出し部分が、いまは亡き堀内誠一氏の仕事場だった。雑誌『ポパイ』『ブルータス』などのデザイン的な生みの親である氏は雑誌づくりに関しては不世出の名人で、ぼくは『外交官の家』を密かに「堀内誠一記念館」だと思っている。ちなみに横浜の山手には、移築を除くと明治の西洋館は一棟もない。それは1923年（大正12）の関東大震災のせいで、震源地に近い横浜は東京よ

■歩行距離：約8.5キロ
●起点：JR根岸線石川町駅下車
●終点：JR根岸線関内町駅下車

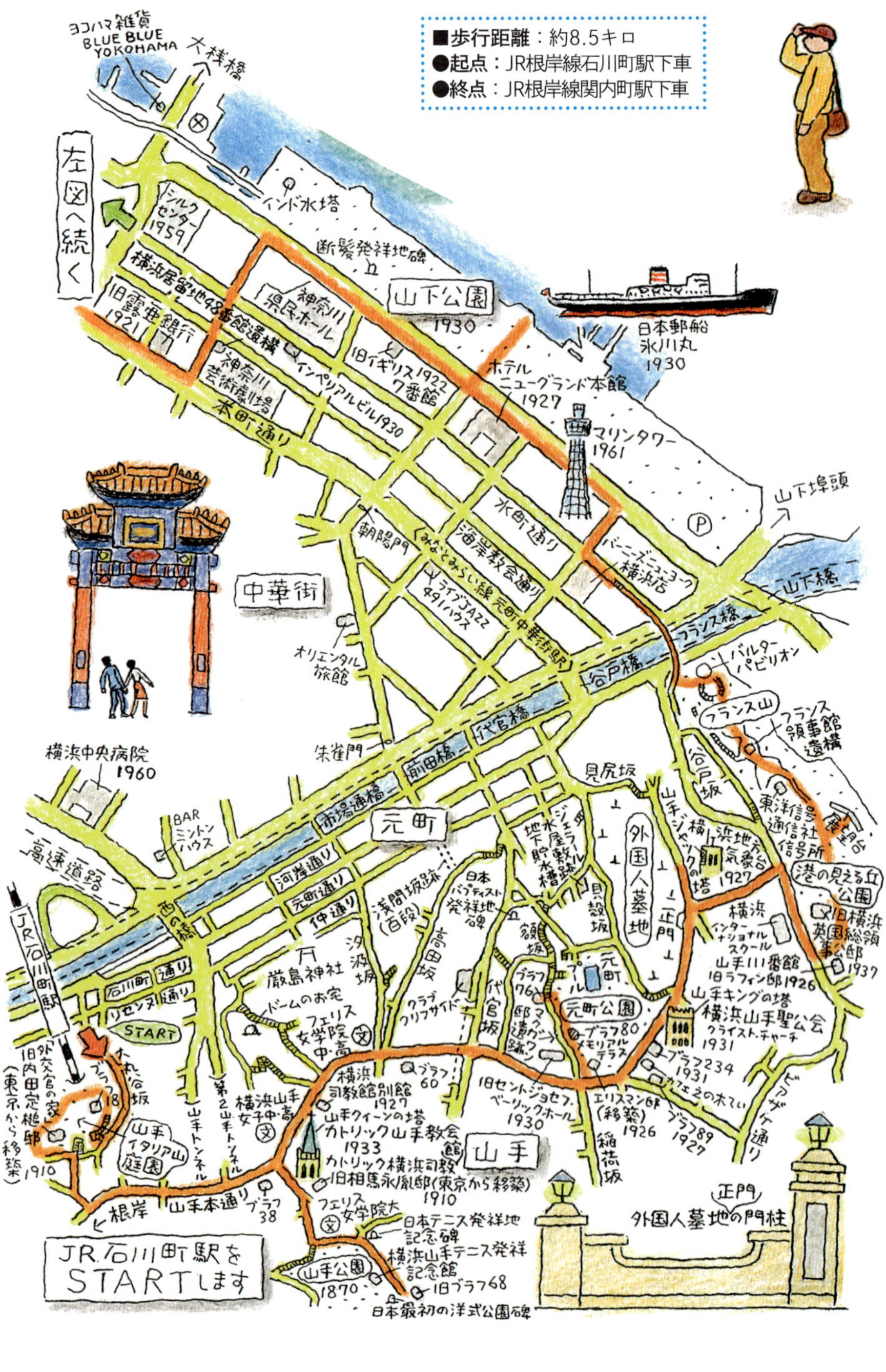

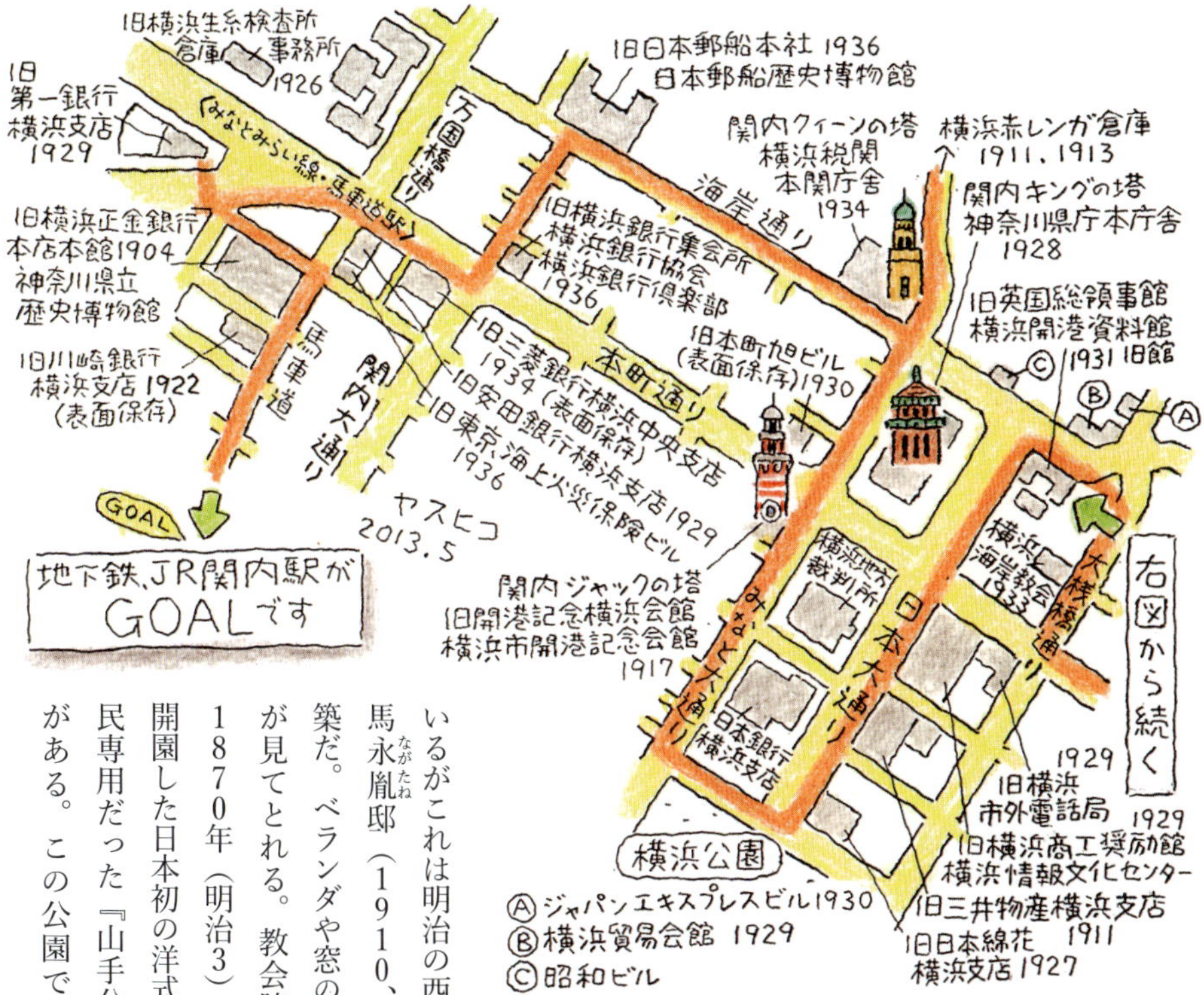

りも被害が大きく、特に山手は地震加速度が大きかったためだ。

『カトリック山手教会』（1933、スワガー）のゴシック様式の礼拝堂を眺めた後、その奥の『カトリック横浜司教館』に注目。改装されているがこれは明治の西洋館で、東京の相馬永胤《ながたね》邸（1910、妻木頼黄《よりなか》）の移築だ。ベランダや窓のひさしに〝明治〟が見てとれる。教会脇の道を進むと、1870年（明治3）に居留民の要望で開園した日本初の洋式公園で当初は居留民専用だった『山手公園』（1870）がある。この公園で1876年（明治9）に日本で初めてテニスが行われており、その碑と記念館を見ていこう。

山手本通りに戻って東へ向かうと、イギリス人商人ベーリックの自邸だった山手最大の洋館『旧セントジョセフ・ベーリックホール』（1930、モーガン）が公開されている。セントジョセフというのはご当地の学校名だ。このあたりは関東大震災後の昭和初めに続々と建てられた外国人住宅が点在するので、当時の平均的な洋式住宅を見ることができる。『横浜山手聖公会クライスト・チャーチ』（1931、モーガン）の砦《とりで》のような鐘塔は中世英国のノルマン様式とある。石造りに見える外壁は実は石貼りで一部に空襲時の疵痕がある。

横浜山手のシンボルのような『外国人墓地』は、日米和親条約が調印された1854年（安政元）のペリー2度目の来日時に、軍艦のマストから落下死した水兵ウィリアムズの埋葬に始まる。老中

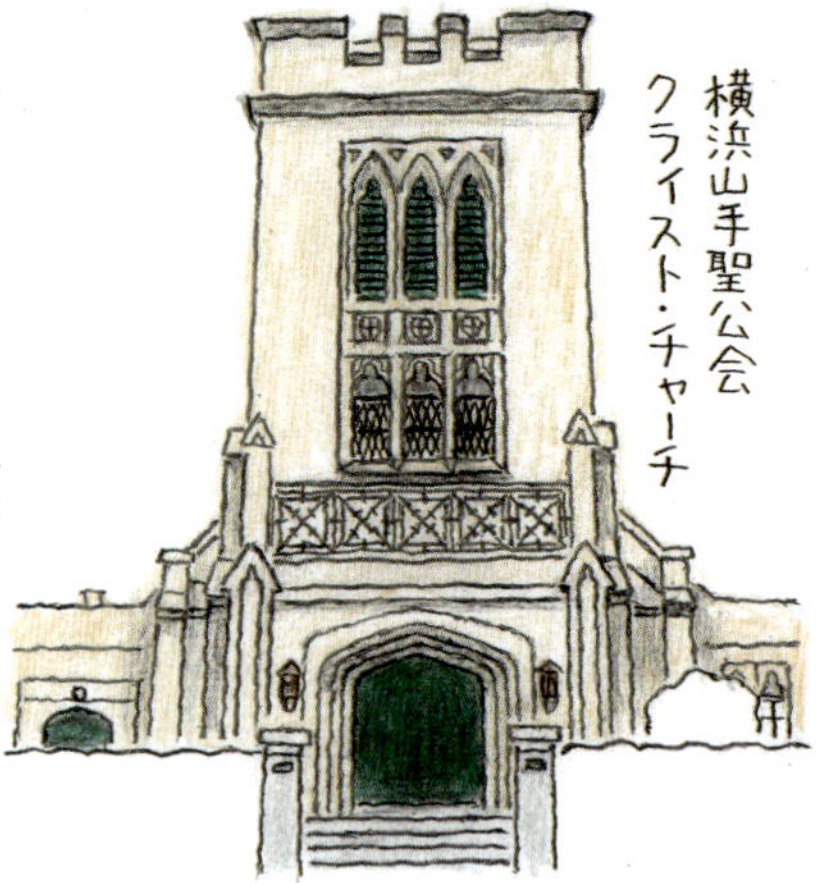

横浜山手聖公会　クライスト・チャーチ

阿部正弘は山手の麓《ふもと》にあった『増徳院』の墓地の使用許可を与え、これが前述の山手公園設置のもとになった1866年（慶応2）の幕府と外国公使団間の「横浜居留地改造及競馬場墓地等約書」でさらに拡大解釈されて、このように大きくなったのだ。

外国人墓地に沿って山手本通りをそれると『横浜地方気象台』（1927、繁野繁造）がある。この施設は、昭和2年の設計で昭和初期モダニズムにあふれていて実におもしろい。また2007年（平成19）増築の第2庁舎は対照的に現代建築だがこれが旧庁舎と意外に折り合いがよく、こちらの設計者は安藤忠雄とある。有名な関内の3塔に対してぼくは山手の3塔を考えており、『クライスト・チャーチ』（キング）、『カトリック山手教会』（クイーン）、そしてジャックはこれまで『横浜雙葉学園』の塔としてきたが今回は改めて、この『横浜地方気象台』の塔を選んだ。よろしく。

『港の見える丘公園』を抜け、『フランス橋』を渡ったところの山下町は初期からの居留地だ。その名残はいまはわずかで『旧イギリス7番館』（1922、不詳）と、『横浜居留地48番館遺構』（神奈川県指定重要文化財）だけになった。『旧露亜銀行』（1921、バーナード・M・ワード）は、関東大震災に耐えたいかにも頑丈な銀行建築に見える。このあたりに大正末期から昭和初めのおもしろいオフィスビルが何棟もあったと思うが、いつの間にか消えた。『旧英国総領事館（現横浜開港資料館旧館）』（1931、イギリス工務省）がある場所は1854年の日米和親条約調印の地といわれる。日本大通りを行くと興味深い建物が続くが、日本最初の全鉄筋コンクリート建築で現代建築の先駆的作品といわれる『旧三井物産横浜支店（現三井物産ビル）』（1911、遠藤於菟《おと》）は、やはり丹念に見てしまう。現在の正面玄関は関東大震災後の増築部分とあるので、本来の玄関は狭い通りに面した方

旧日本綿花横浜支店の玄関が美しい

曳家して保存されている
旧第一銀行横浜支店

だろう。

そしてこのあたりで何より見たいものは、『旧日本綿花横浜支店』（1927、渡辺節）の正面入口の装飾だ。ぼくは建築に付随する装飾にはあまり惹かれることがないが、この入口の飾りものは寄ったり離れたりしてしつこく鑑賞してしまうほどすばらしい。建物自体はスクラッチタイルの地味で小ぶりなビルだが、上端のロンバルド帯が渡辺節らしい。見どころは、やはり入口まわりのアラベスク模様だ。小さなペガサスはだいぶ風化が進んでいると見た。

『旧日本郵船本社（現日本郵船歴史博物館）』（1936、和田順顕）の16本の列柱は、改めて見事なものと感心する。関内大通りの目止りになっているのはその一部で、左右にどのくらい続くかわからないと思わせる。それから海岸通り東端の小さいビル群を忘れてはいけない。昭和初めモダニズムの商業ビルは各地にあっても、これは横浜の海岸通りにあるから特別なのだ。『ジャパンエキスプレスビル』と『昭和ビル』の設計者・川崎鉄三という人については謎が多いとのこと。それならどんな人か、なお知りたくなる。

『旧第一銀行横浜支店』（1929、西村好時）は当初、馬車道との交差点にあり、鋭角コーナーの古典主義様式が、ぼくは理由もなく好きだった。すぐ脇にあった歩道橋に上ると、玄関部分にあたる鋭角コーナーを上から見ることになり、これがまたよい眺めだった。その後、大規模工事が始まって鋭角コーナーが消えてしまった！　と思ったら、コーナー部分だけが鉄枠をはめられて曳《ひ》かれていくではないか。そして2003年（平成15）、復元工事が終って往年の姿がようやくいまの場所でよみがえった。それですっかりもと通りになったけれど、何か物足りないのはなぜだろう。

狭い馬車道を圧倒するような大ドームとジャイアントオーダー、『旧横浜正金銀行本店本館（現神奈川県立歴史博物館）』（1904、妻木頼黄《よりなか》）は、やはり関内の王様だ。馬車道を往く人をネオ・ルネサンス？　いや、ドイツ・バロックが見下ろしているのだ。このパワーがなかったら横浜の近代建築は淋しくなってしまうだろう、などと考えながら馬車道を駅に向かった。

17

軽井沢

避暑地の歴史を語る山荘と教会を巡る

長野県

昭和初期までの夏の軽井沢は、横浜や神戸の外国人、外国公館の人たちが高温多湿の日本の夏を避ける移住の地だったという。また、日本人でも政治家や資産家、華族など上流階級の家族が山荘で暮らして、外国人家庭と近隣の交際を楽しむ特別な場所だったとか。今回はそうした昔の軽井沢の山荘生活を偲ぶ建築散歩をしようと思う。

旧軽井沢ロータリーをスタートして北へ向かい、旧ゴルフ通りへと左折するとすぐ右手に『片岡山荘』（旧鈴木歯科診

■**歩行距離**：約5キロ
●**起・終点**：旧軽井沢ロータリーへは北陸新幹線軽井沢駅から1.6キロ、徒歩20分

『浮田山荘』は
1922年にこの地に建設された

療所／1936、ヴォーリズ）の質素な建物がある。ヴォーリズは1905年(明治38)、キリスト教伝道者として来日した年に軽井沢に来て以来当地に縁が深く、建築設計家としても多くの仕事をしており、これもそのひとつだ。三笠通りをさらに北へ辿ると一本松交差点で、ここを右折して少し行くと左手に簡素な建物がある。これが『カトリック板橋教会聖アントニオの家』（不詳）で、カラマツ林にとけ込むような旧軽井沢らしい教会堂だ。突き当たりを右折すると、変わった形の塔が目立つ『軽井沢聖パウロカトリック教会』（1935、A・レーモンド）がある。設計者は米国人だがボヘミア（チェコ）出身で、この礼拝堂の塔はチェコの隣国、スロバキアの地方的特徴を模したものとある。教会の前の「水車の道」を戻り、旧道（中山道）に出て左折するとすぐ左手に『日本聖公会軽井沢ショー記念礼拝堂』（1895、A・C・ショー師）が見つかる。英国聖公会派遣の宣教師ショーは1888年、ここに避暑用の別荘を建設した。それを再現したのが礼拝堂裏手の『日本聖公会ショーハウス記念館』（1888、A・C・ショー師、1986新築復元）だ。ショーハウスは軽井沢で最初の洋風別荘だったため、避暑地軽井沢を開いた人としてその名が残った。

芭蕉句碑の角を左へ入り大宮橋で右折、矢ヶ崎川左岸の「お気持の道」を行く。左手に2階建下見板張りで1・2階に後から追加したガラス窓付きのベランダを持つ美しい邸宅を見て、その先の角を左へ。緩い上り道を10分ほど行くと、左手に上のイラストのような小さい山荘がある。これが『浮田山荘』（1922、ヴォーリズ）だ。石積みの暖炉が目立つ山荘はその小さいことが設計の意図で、必要最小限の生活を試みるために設計された山荘なのだ。設計者はこれを「九尺二間《くしゃくにけん》の山荘」と称した。昔の日本の〝九尺二間の棟割長屋〟（六畳ひと間の長屋）からとった名で、最小のリビング、2段ベッドの部屋、キッチンとトイレで六畳よりは広いが山荘としては最小に違いない。その後、西側部分が増築されたが、当初の大きさはわかる。矢ヶ崎川まで戻って橋を渡り、『室生

『旧スイス公使館（深山荘）』は
第二次世界大戦中の各国外交機関の
疎開に際して臨時のスイス公使館が
おかれた建物だ

犀星記念館』の案内に従って右折して小路を辿ると、記念館の向かいにカフェ『涼《すず》の音』（旧松方家別荘、1927頃、不詳）がある。ベランダや石積み暖炉、土管の煙突を備えたこのスタイルの山荘を「軽井沢バンガロー」というのだそうで、よく観察すると軽井沢の古い山荘にこのスタイルが多いのに気づく。大正から昭和初期までは富豪の別荘であってもこのように質素で野趣を感じさせるもの（和式でいえば草庵風）が多かったのだ。

『軽井沢集会堂』（1922、ヴォーリズ）もその向かいの『軽井沢ユニオン教会』（1918、ヴォーリズ）も、また道の向こうの『軽井沢会テニスコートクラブハウス』（1930、ヴォーリズ）も同じ設計者で、この辺りをぐるりと回ればヴォーリズが軽井沢の建築を多数手がけていることがわかる。ショー通りから軽井沢本通りを経由して

昭和の戦前に3度にわたり首相を務めた近衛文麿が
別荘としていた『旧近衛文麿別荘（市村記念館）』

1911年に「軽井沢郵便局」として
旧軽井沢に建設された『明治四十四年館』

旧軽井沢ロータリーに戻り散策は終わるが、この後特別付録の物件を紹介しよう。

ロータリーから三笠通りを北へ2キロほど行くと右手に『旧三笠ホテル』（重要文化財、1905、岡田時太郎）がある。スティックスタイルという木造の美しいホテルは長い間軽井沢のシンボルで、内部も公開されている。そこから100メートルほど戻った左手に『旧スイス公使館（深山荘）』（1942、不詳）がある。これが「前田郷」（貸別荘地）の中で最大の建物『深山荘』で、戦時中の各国外交機関の疎開に際して臨時のスイス公使館として使われた建物だ。同時に日本外務省も旧三笠ホテルに出張事務所を置き、公平な情報を持つ中立国スイスとの交流を考えたと伝わる。建物はシンボル部分から東西にウイングが延びる独特のもの。軽井沢駅から三笠行きバスを利用。『旧三笠ホテル』も同じ。

離山《はなれやま》公園に足を延ばすと『旧雨宮邸母屋《おもや》』『旧雨宮邸新座敷』（ともに不詳）がある。雨宮敬次郎は明治の実業家で軽井沢を愛し、火山性の不毛の地だった当地でワイナリーや牧畜には失敗したが、700万本のカラマツの植林に成功した。A・C・ショー師が最初の別荘を建てる前のことで、いまの軽井沢で風景の中心をなす広大なカラマツ林はこの雨宮の植林による。その事務所となった「母屋」と迎賓館である「新座敷」が保存されているのだ。また2棟の西に『旧近衛文麿別荘（市村記念館）』（大正時代、あめりか屋）がある。あめりか屋は洋風別荘を多数建設したが、その1棟を3度の内閣で首相を務めた近衛が別荘にし、場所は現在も「近衛レーン」と呼ばれる通り沿いにあった。細部の凝った造りが見どころで、こちらも公開されている。以上3棟とも軽井沢駅から町内循環バスで図書館前下車。

「軽井沢タリアセン」には『明治四十四年館』（旧軽井沢郵便局、1911、不詳）がある。木造下見板張りペンキ塗の姿がどこかユーモラスな郵便局舎は、旧軽井沢から1996年に移築されたものだ。

『堀辰雄1412番別荘』は
1941年にアメリカ人宣教師
から譲り受けたものだ

タリアセンの対面の「軽井沢高原文庫」に『堀辰雄1412番別荘』（不詳）が移築されている。かねて気に入りのこの別荘を作家は米国人宣教師から1941年に購入した。外壁スギ皮張り、ベランダ、石積み暖炉、土管煙突と「軽井沢バンガロー」の条件が完璧に揃った別荘だ。タリアセン、高原文庫ともに軽井沢駅から町内循環バスで塩沢湖下車。

最後の物件は軽井沢町の南、佐久市中込にある『旧中込学校』（1875、市川代治郎）だ。浅間山を背景に白漆喰が輝いて美しい校舎の中込学校だが、この校舎が明治初期の各地の学校と違うのは矩形平面の短辺に正面がある点で、ベランダ付きの正面よりヨロイ扉が並ぶ側面の方が長い。しかし開口部のアーチはいかにもヘンだし、列柱の頭も土台も仏教寺院のようで、そんな所が擬洋風といわれる所以だが、この学校が明治8年にここに完成した時の地元の人たちの感激を思うと擬洋風で結構と思ってしまう。建設費用は地元の人々の寄付によるとある。しなの鉄道小諸駅で小海線に乗換え、滑津駅下車、徒歩約5分。

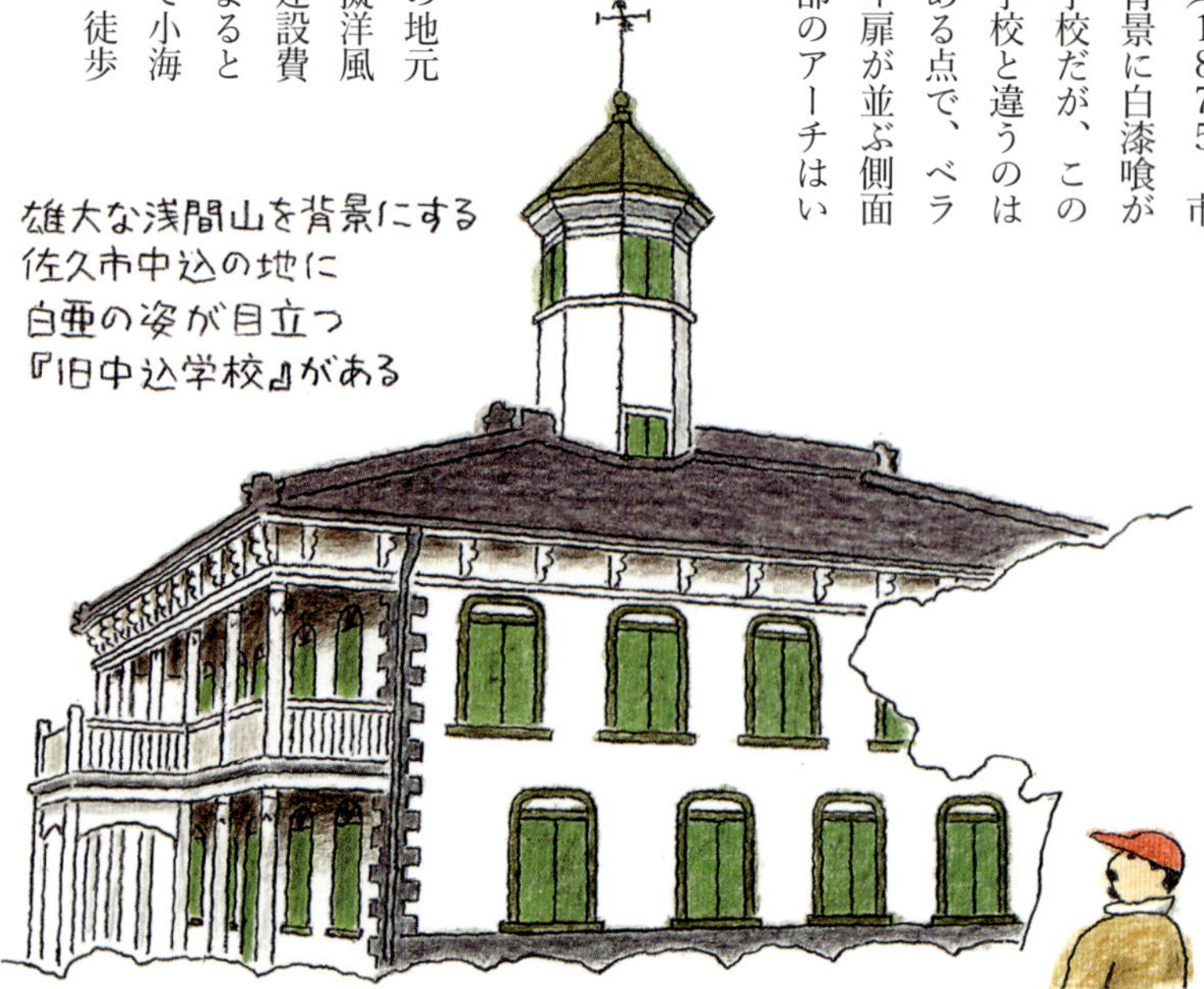
雄大な浅間山を背景にする
佐久市中込の地に
白亜の姿が目立つ
『旧中込学校』がある

18

北アルプスを望む街の風景に溶け込んだ建物

松本

長野県

長野県中信地方の城下町・松本はほとんど戦災を被らなかったこともあって、建築散歩の対象になる物件が実に多い。それも『松本城』と『旧開智学校』を除くと有名な建物はあまりなく、大正から昭和初期の商業建築、医院、役場や私鉄駅といった控え目なものばかりで、どれも街の風景の一部として人々に親しまれてきた建物だ。そんな松本の建築散歩を『旧開智学校』（1876、立石清重／2019年国宝指定）から始めよう。JR松本駅前からは市内周遊バス（タウンスニーカー）北コースに乗り「旧開智学校」で下車する。

明治9年に文明開化のかけ声のもと、人々の期待を担って堂宮大工《どうみやだいく》の棟梁《とうりょう》・立石清重が東京や横浜へ学習旅行までして図面を描いた〈西洋風校舎〉が開智学校だ。のちに〈擬洋風〉といわれてしまう建物は、いま見れば荒唐無稽でどこが西洋風なのかわからないが、文明開化がここからスタートしたのだと思えば歴史的価値は高い。隣の『松本市旧司祭館』（1889、クレマン神父）は『カトリック松本教会』の司祭宿舎だった。高温多湿に備えた高床式で、ベランダは信州の冬に対応してあとからガラス窓を設けたのだ。

『松本城』（1593頃）に向かうと神社の角で湧水に出合う。山に囲まれた松本市内にはほかにも無数の湧水がある。『松本城』は藩政時代の天守がいまも残る全国で12の城のひとつで、5つしかな

初めて見る人は あっと驚く
『旧開智学校』の中心部分

い国宝の天守のひとつでもある。なのでこの際、五層六階の天守に上ってみることにしよう。城を出ると『松本市立博物館』があり、城との共通券で入場できる。

松本城公園を北へ出て『カトリック松本教会』や北門大井戸を経て堀端の道を行く。『旧青木医院』（1934、須藤設計事務所）はスクラッチタイルの昭和初期モダンである。隣の『宮島耳鼻咽喉科医院』（1914、佐野貞次郎）はもっと古く、『神戸医院』として建設されたとある。さらに進むと『上條医院』（1924、設計者不詳）の立派な洋風建築があり、松本の医院はどこも建築を重視しているのに気づく。上土《あげつち》通りの東門の井戸がある丁字路に立つと、昔はここに松本の商業地区の中心があったのだと思う。擬洋風の玄関ポーチが目立つ『松本ホテル花月』（不詳）や『想雲堂』（不詳）のおもしろい構え、『松本市下町会館』（昭和初期、設計者不詳）は南隣にあった『旧青柳化粧品店』の装飾の多いファサードを生かしたとあり、ほかにも『白鳥写真館』（1924、設計者不詳）ほか見どころの多い街角なので、ここでしばらく休んでいこう。松本が市民文化の街といわれる理由が、少しわかった気がした。

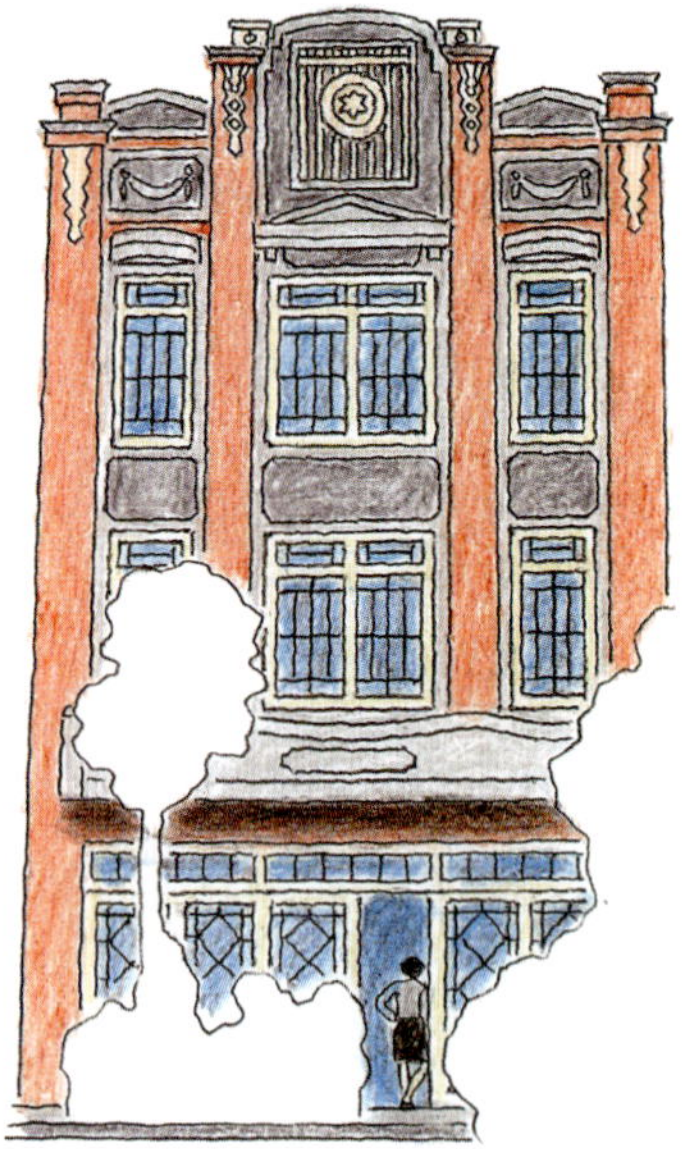
『松本市下町会館』は『旧青柳化粧品店』表側部分を保存して建設された

西へ向かうと、右角にレンガ壁の一部が見つかる。以前この角には相当に古いレンガ造り2階建ての医院があり、筆者は通りかかる度に確かめ、ある時は撮影させてもらったが、今回来てみたら建物が消えて、レンガ壁の一部が記念碑のようになっていた。建物は2011年（平成23）の長野県中部地震の被害で解体されたそうで、印象の強い建物だったので喪失感がある。大名町通りで左折すると以前銀行だった建物が『アルモニービアン』というレストランに変容して、それがまた案外似合っているので、建物の不思議を感じた。

■歩行距離：約5.2キロ
●起点：JR松本駅から松本周遊バス17分、旧開智学校下車
●終点：あがたの森公園から松本周遊バス東コース10分、JR松本駅下車

松本の医院は凝った建物が多い
『かわかみ建築設計室』も
旧松岡医院の見どころの多い建物を
受け継いでいる

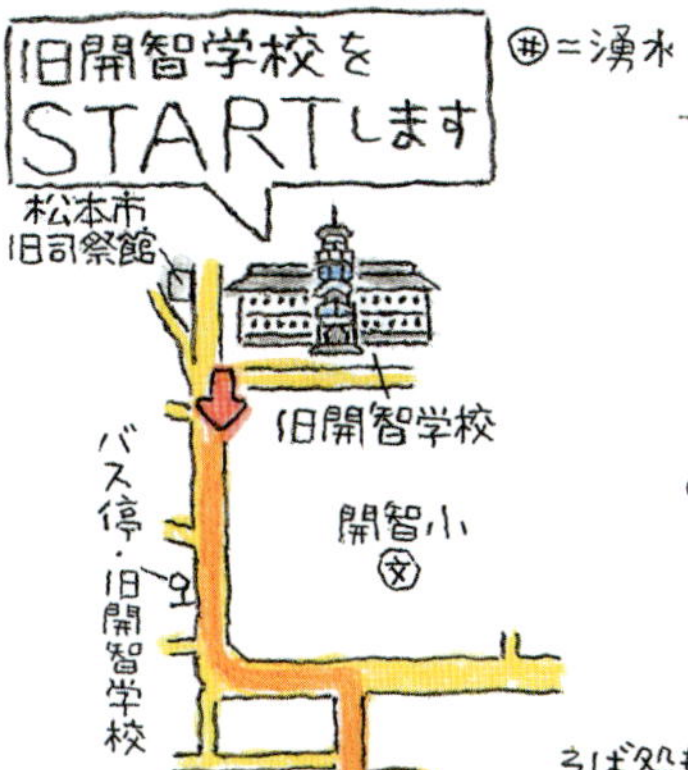
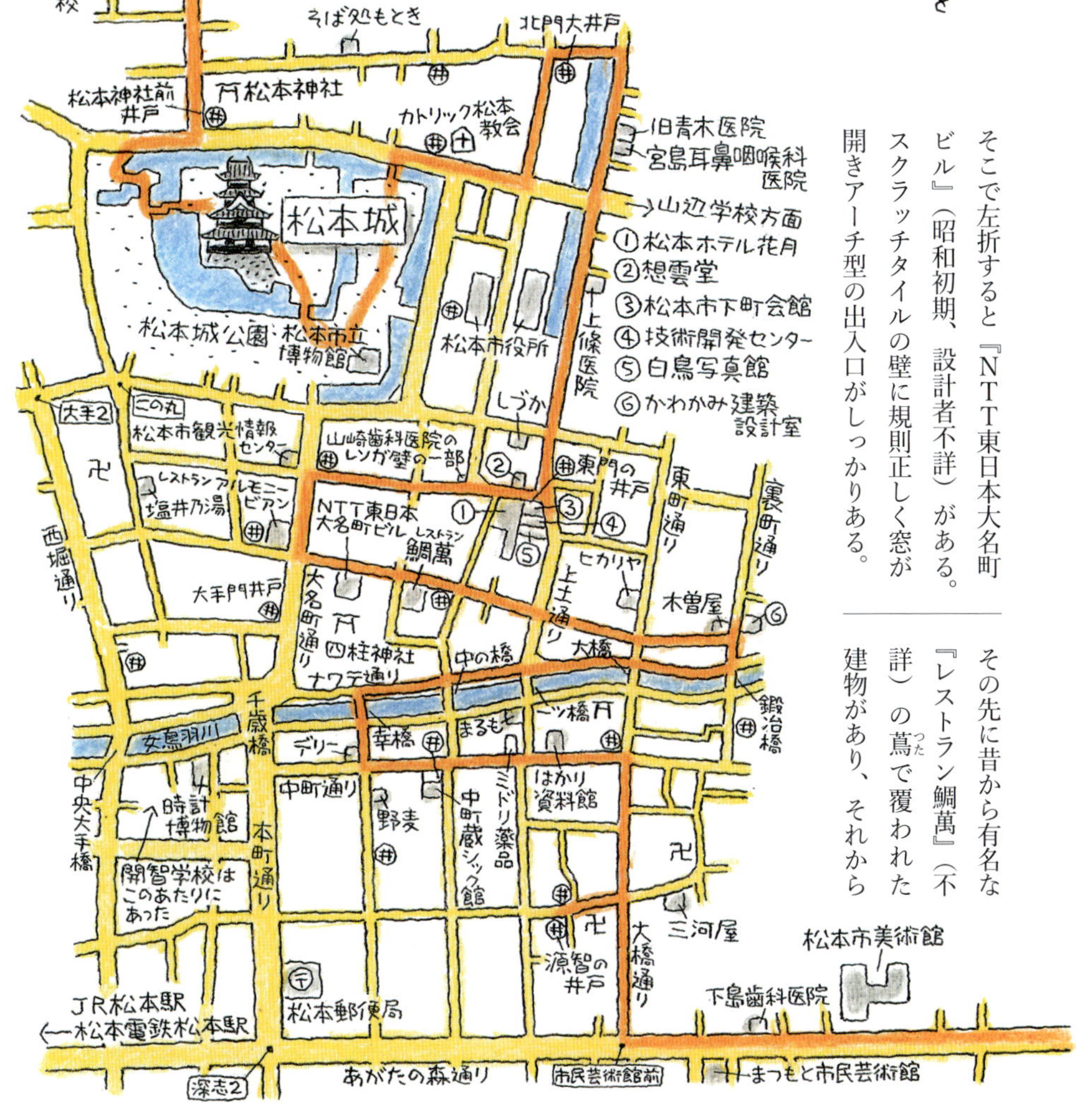

そこで左折すると『NTT東日本大名町ビル』（昭和初期、設計者不詳）がある。スクラッチタイルの壁に規則正しく窓が開きアーチ型の出入口がしっかりある。

その先に昔から有名な『レストラン鯛萬』（不詳）の蔦《つた》で覆われた建物があり、それから

『あがたの森文化会館』は
旧制松本高等学校本館と講堂を使っている

ずっと直進して『田楽木曽屋』の角に至る。『かわかみ建築設計室』（１９２６、渡辺節）は『松岡医院』として建設されたとあり、渡辺節の仕事が松本にあったので驚いた。松本の医院は建物を重視するという説を、これは充分に補強する物件にちがいない。細部も念入りにできており、玄関欄間のステンドグラスが好ましく、花と幾何学模様に時代色を感じてしばらく眺めた。

女《め》鳥《と》羽《ば》川畔の道を西へ向かう。『四柱神社』に近づくと片側に仮設店舗があり、これがナワテ通りの参道商店街だ。神社に参拝したら幸橋を渡り、形のよい黒塗り店蔵《みせぐら》の『デリー』の角を曲がると中町通り、曲がらず直進すると蕎麦の『野麦』がある。久しぶりに中町通りに来てみたら驚くほど観光地化が進んでいた。土蔵造りが多いのは昔からだが、さらに徹底した土蔵の街へと修景が行われ、それを楽しむ旅行者がぞろ歩いているので、その中のひとりになって歩いた。『ミドリ薬品』（１９２７、設計者不詳）のように土蔵造りでない店がかえって目立っている。通りを外れて珈琲『まるも』（築年不詳）でひと休みし、木造３階建て部分（旧旅館）が健在なのに安堵した。大橋通りで右折、源智の井戸で西洋人のふたり連れが水を汲んでいるのに出会い、大橋通りに戻り、あがたの森通りに出て左折する。

『まつもと市民芸術館』は「サイトウ・キネン・フェスティバル松本」で知られるが、２０１５年からは総監督・小澤征爾氏の名をつけた「セイジ・オザワ松本フェスティバル」と名称を変えた由。あがたの森通りの突き当たりの森が今回のゴール『あがたの森公園』だ。

ゴールインの前に、公園内にある『あがたの森文化会館』（１９２０、１９２２、文部省営繕）へ。ここは旧制松本高等学校の本館、講堂として建てられたものだ。明治時代に開校した一高から八高までの旧制高等学校が国家の威信を示す厳格な正面玄関や左右対称ウイングつきの構えなのに比べて、大正時代開校の松本、新潟、山口といった地名を冠した旧制高等学校は、ここに見るようにコーナーに玄関を設けたりして大正の自由主義が感じられる。特に〝松高〟は北アルプスを控えて山好きの学生が多かったとあり、ここに学んだ北杜夫の『どくとるマンボウ青春記』などを参考に公開部分を覗いてみよう。

　ちなみにぼくの母方の伯父のひとりが〝松高〟卒業生でまさに山好きであり、

木造洋館の『旧波田町役場』は美しく懐かしい

そのひとの山の話からぼくは〝山〟のイメージをもらったと思い感謝している。

　ここで〈特別付録〉として3物件を案内する。

『山辺学校歴史民俗資料館』（1885、佐々木喜重）は開智学校と基本設計は似ているが、こちらは洋風をおさえ従来の和式主体である。窓も障子だったので開智学校の「ギヤマン学校」に対して「障子学校」と呼ばれた由。松本バスターミナル北から入山辺線大和合行バスで里山辺出張所前下車。

『旧波田町役場』（1925、設計者不詳）は木造下見板張、塔屋、玄関ポーチとベランダ、上下窓と大正時代の美しい洋館が整備よく保存されていて必見だ。松本電鉄波田駅から徒歩5分。

松本電鉄『旧新村駅』のユニークな駅舎が新駅舎と並んで保存されていた
2017年に解体された 残念！

　松本電鉄『旧島々駅』（1921、設計者不詳）は木造下見板張、上下窓で、新島々駅が開業するまで終点駅だった島々駅の駅舎だ。終点にふさわしく姿のよい駅舎がこれも整備よく新島々駅前に保存されている。波田駅、新島々駅へは松本駅から松本電鉄上高地線を利用。

松本電鉄『旧島々駅』の好ましい駅舎は新島々駅の向かいに保存されている

19

城下町ならではの近世・近代建築史散策

金沢

石川県

加賀百万石の城下町・金沢は戦災に遭わず大規模都市改造もなかったので、藩政時代そのままの建物や明治の西洋館、大正から昭和初期のモダン住宅、戦後の現代建築と、近世から近代の建築史を実物で見ることができ、これほど建築散歩向きの町は珍しい。

浅野川大橋をスタート。浅野川に架かる美しい3連アーチの橋を渡り、ひがし茶屋街へ入る。1820（文政3）年に加賀藩公認で生まれたこの茶屋街は、石畳の通りに紅殻格子のお茶屋が軒を連ね、いまは重要伝統的建造物群保存地区。茶屋街ができた年に建てられた茶屋建築をそのまま公開している元お茶屋の『志摩』（1820）は、国指定重要文化財で、粋な造りの中にも格調を感じる。

浅野川を中の橋で渡り返して、もうひとつの茶

■**歩行距離**：約10.6キロ
●**起点**：JR金沢駅から金沢周遊バス10分、橋場町下車
●**終点**：片町から北鉄バス17分、JR金沢駅下車

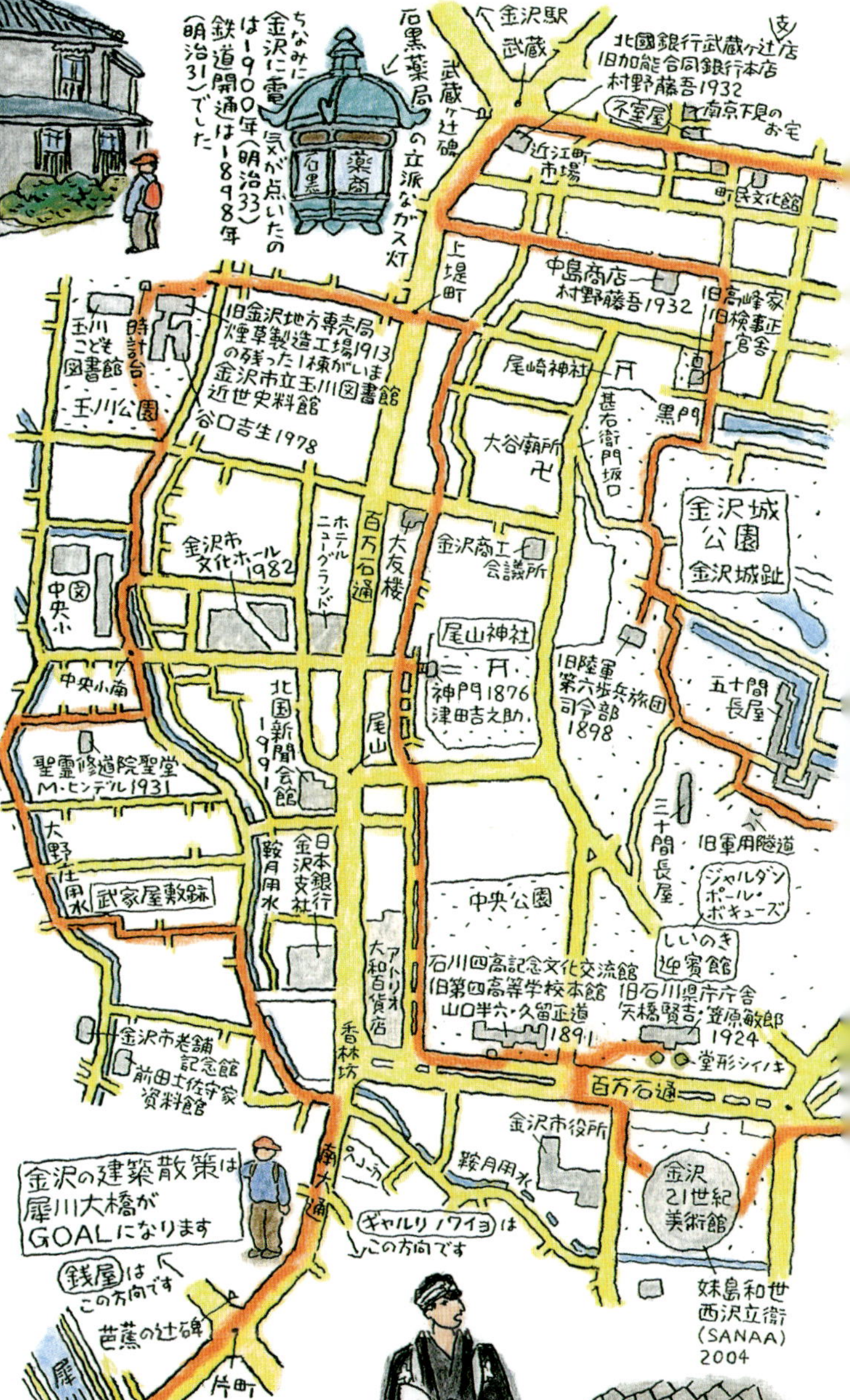

屋街・主計《かずえ》町茶屋街へ。川の畔というロケーションが情緒満点で気分のよい主計町だ。検番の角を曲がると「暗がり坂」で、それを上ると『久保《くぼ》市乙剣宮《いちおとつるぎぐう》』の境内。作家・泉鏡花はこの町の生まれで、生家跡に『泉鏡花記念館』がある。

百万石通（尾張町通）へ出ると『ギャラリー三田』の印象的な建物がある。金沢を訪ねてここを通るときに必ず存在を確かめるこのビルは、正面の角を丸めた

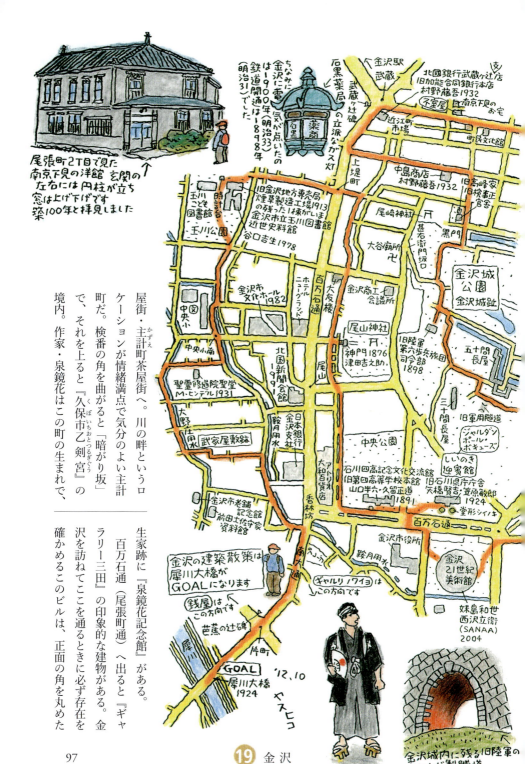

部分に、バルコニーを中心に様式主義の意匠をまとめてバロック風に見せ、ほかはスクラッチタイルのシンプルな壁面で、楽しい建物だ。

ガス灯の角を入って行くと右側にT氏邸（１９３２、坂本宇吉）がある。ポーチの柱、窓枠、門灯、階段、腰の色タイルなど、昭和7年のモダニズムが溢れるようだ。次の角を右折すると、同じ施主のT医院の建物が現れ、こちらは自邸とは別の趣向だが施主の好みがわかる。

茶屋『志摩』

一巡して戻ると、『ギャラリー三田』の裏手の『旧村松商店』（１９２８）とある建物が、また別のモダニズムを大胆に採用。昭和初め頃のこの界隈が想像できるのだ。

百万石通を武蔵ヶ辻へ向かうと、土蔵造りの老舗や棟に塔屋をのせた商家などが多く、立派なガス灯のある『石黒薬局』の隣の『石黒ビル』が、武田五一設計だ。

その先の『町民文化館』（１９０７）は旧金沢貯蓄銀行で、鯱《しゃちほこ》ののった城郭風の大屋根や土蔵造りの和式の外観に内側は洋式の銀行で、裏に赤レンガの倉庫という金沢の威勢を表す珍しい建物なのだ。また北側の麩の名店『不室屋』の裏に明治の洋館と思われる建物があり、筆者はこれが気になっている。

そして武蔵ヶ辻の交差点に面して昭和初期モダニズムの傑作に数えられる村野藤吾設計の北國銀行武蔵ヶ辻支店（１９３２）の建物が、いまはランドマークにもなっていて、内部も必見だ。この銀行に感心して、この建築家にぜひと頼んだ建物が十間町《じっけんまち》の『中島商店』（１９３２、村野藤吾）だ。

黒門から『金沢城跡』へ入る。ここは１８９８年（明治31）に陸軍第六歩兵旅団がおかれ、現在、二の丸にあるのがその『司令部庁舎』（１８９８）だ。その後、『旧第九師団司令部』がおかれ、以後、金沢は城を中心に１９４５年まで

ギャラリー三田（旧三田商店・1930）
丸めた角のバロックふうのバルコニー

第九師団の〝軍都〟となった。

石川門を出て『兼六園』に入ると南東の隅にある『成《せい》巽《そん》閣《かく》』（国重文／1863）は、文久3年に加賀藩の御用職人たちが最後の大仕事として残した、金沢の工芸遺産だ。

小立野通を南へ進むと『北陸学院』内に、アメリカ人宣教師、T・C・ウィンが設計した自邸『旧ウィン

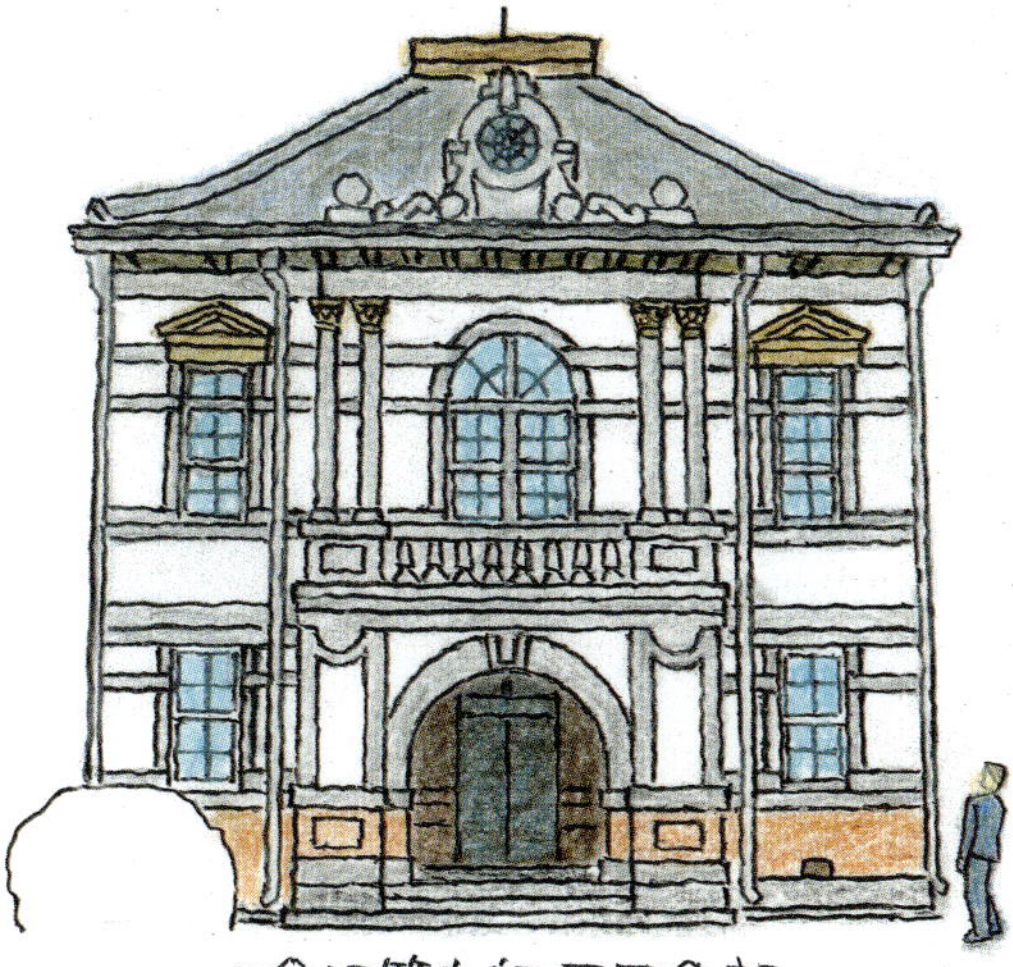

旧金沢第九師団司令部

館』（1888）がある。下見板張りのいわゆるベランダ・コロニアルで、冬対策として2階ベランダにガラスをはめたところまで典型的な初期宣教師住宅だ。『旧ウィン館』の先に旧石川県立金沢第二中学校校舎が『金沢くらしの博物館』（1899）として活用保存されている。3つの塔があるので「三尖塔校舎」として親しまれたというこの建物は、明治32年築の木造二階建て洋風校舎としては保存もよく、ゴシック風の細部やコロニアル意匠、尖塔や棟飾りなど見事な工作に驚く。金沢建築散歩のハイライトだ。

『石川県立歴史博物館』は、旧第九師団兵器庫の赤れんがの大型建物3棟を利用した施設だ。明治期の1棟（1909）、大正期の2棟（1913、1914）、どれも旧陸軍省の基本設計だ。それで3棟を比べると、大正期の方がバットレス（外壁の付柱）が軒に達するほど大きく、小屋架構のクイーンポストトラスは、ずっと堅固で完成度が高いとのこと。明治期は鬼瓦、大正期は青銅の飾りと時代の違いが明確だ。

赤レンガ3棟の近くに『成巽閣』前から移築された『旧第九師団司令部』（1898）と『旧偕行社《かいこうしゃ》』（1909）がある（『東京国立近代美術館工芸館』として2020年開館予定）。前者は城内にある『旧陸軍第六歩兵旅団司令部』と同年の築で、全体のプロポーションも玄関のペディメント（破風）などもそっくりで素朴な印象である。また、明治42年築の『旧偕行社』はそれに比べて手の込んだ様式を採用し装飾も多く、洋風建築に習熟したことを示すが、屋根の反りやドーマーの雲形模様に和風が残っており、この2棟の比較はおもしろい。

『石川県立美術館』へ向かい、美術館を過ぎた所で『広坂別館』（1922）に出合うと、この建物が旧第九師団長官舎を利用したものだ。以前、青森県弘前市

旧第四高等学校の玄関ポーチ

で『旧第八師団長官舎』を見たが、両者の造りが酷似しているので、たぶんこれも基本設計ありと見た。共通するのはハーフティンバー風の意匠や両開き窓、れんがの煙突など相当にしゃれた洋風建築を師団長が楽しんでいることだ。

『金沢21世紀美術館』は現代アートをだれでも身近に感じて楽しめるものにしたという点で、金沢というより日本の新名所となった施設だ。

向かいに『旧石川県庁庁舎』(1924、矢橋賢吉・笠原敏郎)の保存部分に新しい建物を合わせた『石川県政記念しいのき迎賓館』があり、各種イベント、貸施設として利用されている。

ようやく旧第四高等学校本館の『石川四高記念館』『石川近代文学館』(石川四高記念文化交流館/1891、山口半六・九留正道)に到着。何度もやってきては外から眺め、階段を上り下りし長い廊下を歩いているが、電気も鉄道もない時代の金沢に、この清明で格調ある学校が建ったのは実に大きなことだと思う。

擬洋風建築の例に必ず登場する『尾山神社神門』(1876)。設計者は津田吉之助という棟梁で国重文である。

『旧金沢地方専売局煙草製造工場』(1913)の建物は1棟だけ残って『金沢市立玉川図書館近世史料館』となっている。改めて見ると赤れんがの旧煙草工場は端正で美しい。この後、工場というのはもっと機能一辺倒の建物になってしまうのだ。後からできた現代建築の『市立玉川図書館』(1978、谷口吉生)とつながってよくなじんでいるのが、すばらしいと思う。

鞍月用水、大野庄用水と流れに沿って行き、『聖霊修道院聖堂』(1931、M・ヒンデル)を見て長町武家屋敷跡の小路を歩き、香林坊からワーレントラスの懐かしい犀川大橋で金沢の建築散歩は終わりだ。

旧石川県立第二中学校校舎
玄関ポーチの軒下飾り

20

近江商人の街に残るヴォーリズ建築

近江八幡

滋賀県

織田信長が築いた安土城が焼失して3年後の1585年（天正13）、豊臣秀次（秀吉の甥）が八幡山に城を築き、信長が安土に集めた商人たちを城下に移住させ商業都市を計画したのが近江八幡の始まりだ。間もなく徳川の天下になって近江八幡は天領になる。幕府の通行手形を持って全国に商いを広げた八幡商人は、日本三大商人のひとつといわれた近江商人の中核となった。現在の近江八幡の旧市街、重要伝統的建造物群保存地区（以下「伝建地区」）にはそれに由来する商家が軒を並べ往時を偲《しの》ばせる。

時は下って文明開化の明治初期、伝統的町並みの中に西洋風を真似た学校や役所が出現する。本物の洋風を知らなくても、棟梁が考えた〝洋風建築〟が人々を驚かした。

1905年（明治38）に英語教師として米国から近江八幡の滋賀県立商業学校に赴任してきたW・M・ヴォーリズは、キリスト教青年会（YMCA）活動の拠点として、明治40年に『近江八幡YMCA会館』（現アンドリュース記念館／1907）の建築設計を自分で行い完成させた。ヴォーリズは建築に興味を持っていたものの専門的教育を受けたことはなく、設計図面も描けなかったが臆することなく会館を竣工させた。この後、ヴォーリズは近江のミッション（近江基督教伝道団）を設立、建築のほかにも各種事業を起こし教育、医療機関の創設運営などを全国的に行ったが、その中心はいつも近江八幡にあった。

そんな近江八幡の「建築散歩」はJR近江八幡駅北口から近江鉄道バス・市内循環線で行く「小幡上筋《おばたかみすじ》」停留所をスタートする。まず出合うのが

『アンドリュース記念館』は“ヴォーリズ建築”の第1号とされる

『八幡小学校本館』（1917、田中松三郎）で、築年のわりに様式が古めかしいが木造白亜の輝くような校舎だ。次の角を右折するとレンガ塀ごしに見える建物は『石橋家』（旧近江家政塾／1935）のものだ。ヴォーリズの「近江ミッション」が近江八幡

ヴォーリズ建築事務所が手がけた『旧八幡郵便局』は
現在は「一粒の会」事務所として使われ内部見学ができる

■**歩行距離**：約3.1キロ
●**起点**：JR近江八幡駅から近江鉄道バス4分、小幡上筋下車
●**終点**：鍛冶屋町から近江鉄道バス15分、JR近江八幡駅下車

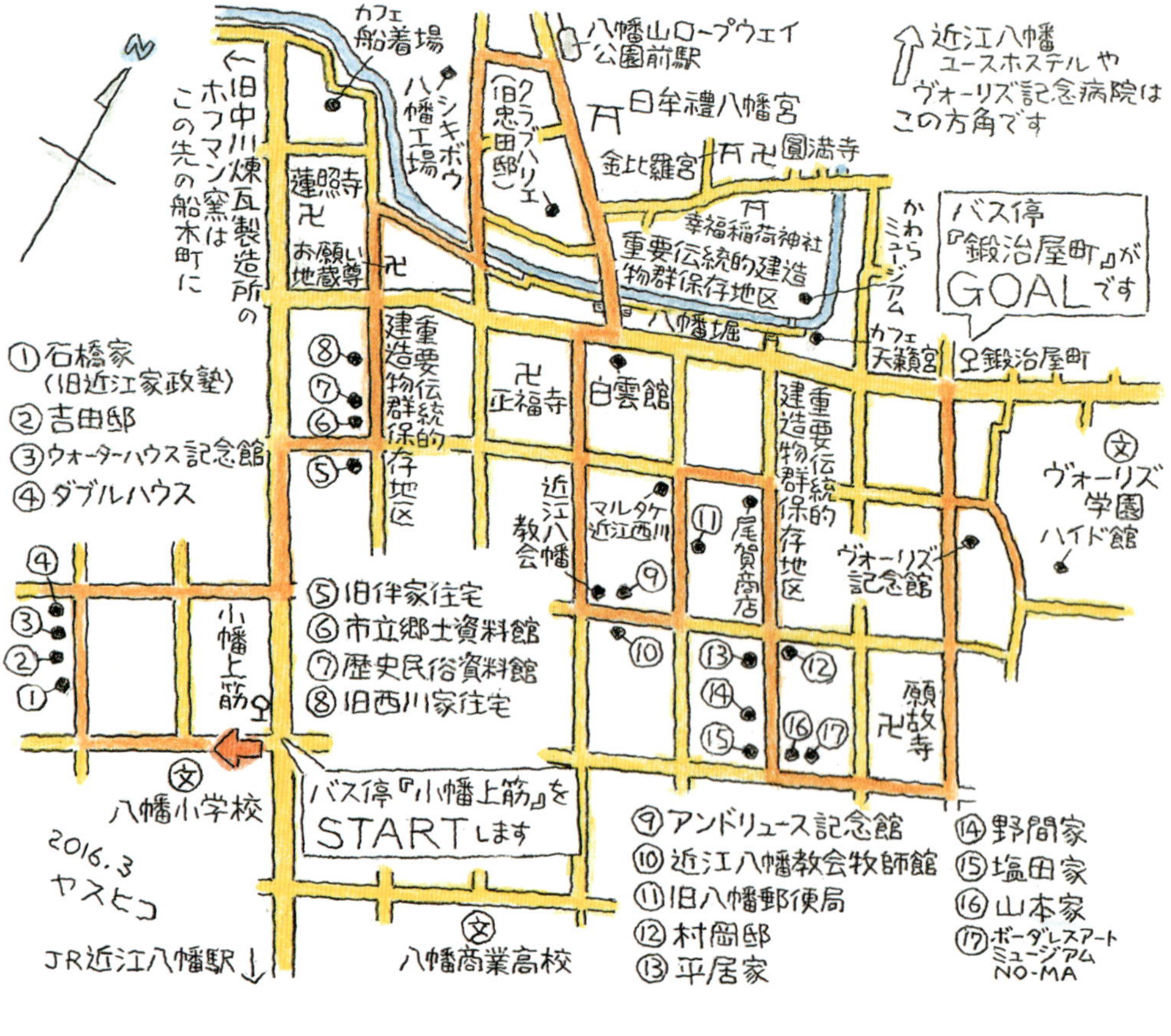

池田町に計画したのが『吉田邸』（1913）、『ウォーターハウス記念館』（旧ウォーターハウス邸／1913）、『ヴォーリズ記念館』（旧ヴォーリズ邸／1914、1976年に解体）、『ダブルハウス』（1920）からなる『近江ミッション住宅』で、そこの住人三家族の婦人を中心にキリスト教精神に基づく洋風生活普及のためにつくられた「近江家政塾」の教室が昭和前期にここに置かれた。

『白雲館』は1877年(明治10)に「八幡東学校」として建設された

建物に共通するのは米国コロニアル様式で、これこそヴォーリズがキリスト教伝道とあわせて日本に普及させたいと考えた米国の典型的な住宅様式だった。従来の日本民家はいかにも暗く不衛生で病気の原因ともなる。それを改めるために米国の住宅のように空気や日光をよく採り入れた明るい衛生的なものに替えるべきだ——ヴォーリズの建築設計の根本はそこにあり、これが同じ頃来日した外国人建築家たちと異なる点だ。

新町へ入ると『旧伴家住宅』（1840／八幡教育開館）を北に折れて、『市立郷土資料館』（旧近江八幡警察署／1886、1953改築）、『歴史民俗資料館』、『旧西川家住宅』（1706／国指定重要文化財）と続き、この通りは八幡でも大店の商家が建ち並んで昔の風景そのままといわれる。板塀ごしに見える枝ぶりのよい松が大店のシンボルときいた。

北へ進み、八幡堀を右へ。途中、八幡堀の対岸へ渡り、八幡の名のもとである『日牟禮《ひむれ》八幡宮』に参拝する。八幡堀南岸へもどると道の突き当りが『白雲館』（旧八幡東学校／1877、田中松三郎）だ。以前ここへ来た時は荒廃がひどくて心配な状態だったが、いまは復旧整備が進んで明治初期の学校建築を偲ぶこ

築100年を過ぎても健在な和洋折衷の建物の『近江八幡ユースホステル』である

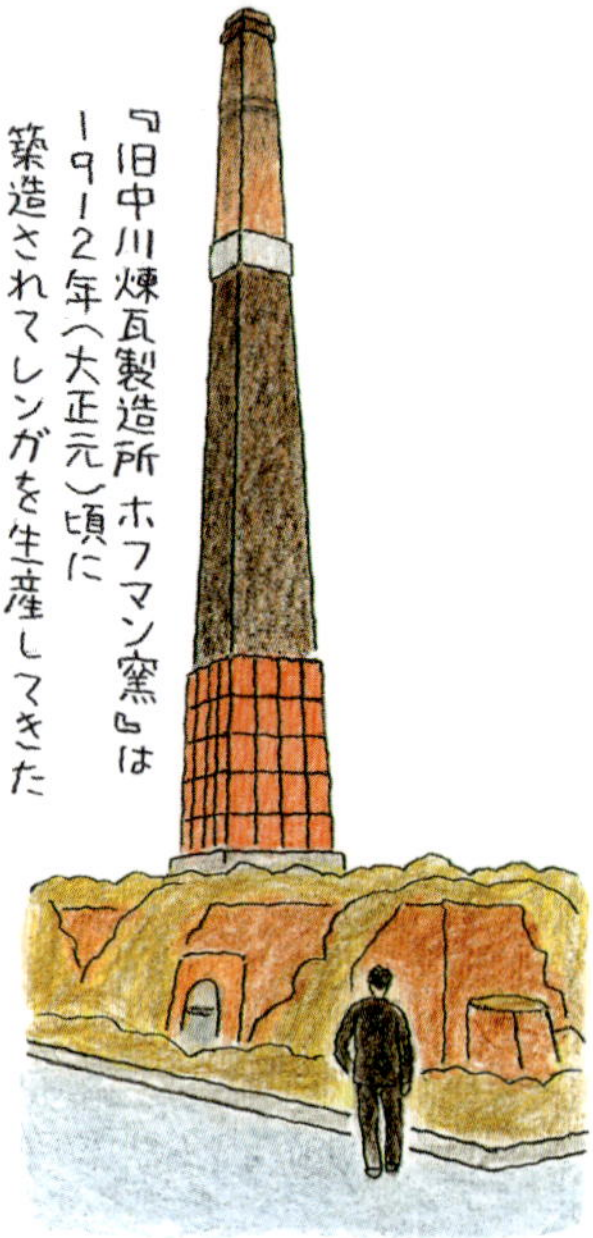

『旧中川煉瓦製造所ホフマン窯』は
1912年（大正元）頃に
築造されてレンガを生産してきた

『旧安土巡査駐在所』は
1885年（明治18）に建設されて
現在は「近江風土記の丘」にある

とができる。およばずながら洋風を精一杯採り入れ、残りを贅沢な和風で飾ったといった擬洋風建築である。

さらに南へと歩くと左手に見えてくるのがこのあたりのランドマーク、『近江八幡教会』（1907、1983再建）。そして隣の『アンドリュース記念館』（旧近江八幡YMCA会館／1907、ヴォーリズ）がヴォーリズ建築第1号として知られ、ヴォーリズ建築を知る上で大切な建物だ。その対面に『近江八幡教会牧師館』（旧近江兄弟社地塩寮／1940、ヴォーリズ）の目立たない建物がある。

『旧八幡郵便局』（現ヴォーリズ建築保存再生運動一粒の会事務所／1921、ヴォーリズ）は旅行者に人気のある建物なので、失われていた玄関部が復元されてよろこばしいことである。郵便局時代は2階に電信電話交換室があって、電信電報を扱うなど住民の皆さんになじみ深い建物だったとか。それから次の通りへ行くとここがまた伝建地区で、立派な構えの伝統的建造物が昔のまま両側に並んでおり、時が止まったように錯覚する。

『ヴォーリズ記念館』（一柳《ひとつやなぎ》記念館、旧ヴォーリズ自邸／1931、ヴォーリズ）は以前、記念館の方の案内で建物を見学した。その時に内外ともに質素なつくりながら、応接室などところどころに設計者のメッセージが込められていると思われる部分が見つかった。記念館を出たら近くの『ヴォーリズ学園』を外から観賞し、バス通りに出て近江鉄道バス「鍛冶屋町《かじやちょう》」停留所でゴールとなるが、ここで特別付録として5物件を紹介する。

①『近江八幡ユースホステル』（旧蒲生郡勧業館／1909）は和の強い和洋折衷の木造2階建て大型建造物だ。左右

対称の建物で中央に唐破風《からはふ》の玄関が若者を歓迎しており、内部では大階段が立派で、ともかくパワーのある建物だ。

JR近江八幡駅北口から近江鉄道バス「長命寺行」に乗り「ユースホステル前」で下車し目の前。②『旧中川煉瓦《れんが》製造所ホフマン窯』（1912頃）はレンガ造りの窯と大煙突だ。画期的な発明だったホフマン窯はかつて国内に50基もあったそうで、いま残る4基中の1基がこれだ。

1876年（明治9）に建てられた『柳原学校』は現在は安土町下豊浦の「近江風土記の丘」に移築されている

レンガ造りの角型大煙突が迫力ものだ。煙突はやはりレンガだ。地図（102ページ）左上の矢印の方向へ徒歩約10分。
③『旧安土巡査駐在所』（1885、水原正二郎＝地元大工）は明治18年に安土駅近くに建てられた土蔵風の駐在所。斜めに切った隅が出入口で警察徽章《バッジ》つきの三角破風と隅の切石積み、両開き窓と軒《のき》蛇腹《じゃばら》など洋風が目立って美しい。明治の駐在所遺構は貴重とある。JR安土駅から徒歩約25分の「近江風土記の丘」にある。④『旧柳《りゅう》原《げん》学校校舎』（1876）は「近江風土記の丘」に移築された塔屋つき木造2階建ての校舎だ。もとは現在の滋賀県高島市新旭町にあった建物で、ガラス窓、ベランダ、出入口のアーチなどを採用した擬洋風建築にさらに和館が付属しており、いま見れば奇妙な校舎だ。⑤『魚友楼洋館』（旧八幡警察署武佐《むさ》分署庁舎／1886、堤平兵衛、木子勝太郎＝県技師）は下見板張りペンキ塗り。正面玄関部分が2階建てで、これに両ウイングがつく。小さくても立派で権威的な西洋館だ。サッシ化が残念だが現地保存は貴重なので拍手しよう。旧中山道武佐宿のまん中にある。
JR近江八幡駅から近江鉄道八日市線でひとつ目の武佐駅下車。駅前の旧中山道を東へ徒歩約10分。

八幡警察署武佐分署庁舎として建てられたこの建物は現在は『魚友楼洋館』となっている

21

京大構内の建築と東山界隈の疏水施設

京大～蹴上

京都府

銀閣の名で有名な『観音殿』(1489)、池に面した二層楼閣の下は住宅、上が禅宗様の仏堂は、足利義政が隠棲所《いんせいじょ》となる山荘の造営を行う中、最も遅れて竣工《しゅんこう》した。今は多数の拝観者に囲まれて一段と際立つ楼閣のたたずまいに、簡素と静寂の東山文化を実感する『銀閣寺』(慈照寺)。出口近くに創建当時の楼閣の彩色塗装を復元した展示があり、これは見ておくとよい。

『銀閣寺』前をスタートして、今回の建築散歩を始める。白川通から住宅街へ入り、『京都大学人文科学研究所附属東アジア人文情報学研究センター』(1930、東畑謙三・武田五一)に着く。この建物はスパニッシュ・ミッション様式で、中へ入ると中庭があり回廊をめぐって各室が並んでいるというが、外からは見ることができない。

『京都大学農学部正門』、『門衛所』(1924、ともに森田慶一)はポインテッド・アーチ(尖りアーチ)と日本瓦のコンビがおもしろい。そしてこれを入った先に、『京都大学湯川記念館』(1952、森田慶一)と『京都大学農学部旧演習林事務室』(1931、大倉三郎・関原猛夫)がある。事務室の方はベランダをめぐらせたバンガロー風の楽しい建物で、スペイン瓦を用い、柱や庇《ひさし》の持送りや窓枠に飾り彫りが丹念に施されて見どころが多い。

京都大学吉田キャンパスに入り『工学部建築学教室本館』(1922、武田五一)へ。この建物は、1920年創設の京都大学建築学科で主任教授となった武田五一自らが設計したものだ。玄関上の丸みや茶褐色タイルの外観が当時新鮮な印象だったとある。107ページのイラストは、正面(南面)玄関まわりの細かい装飾が描き表せないので、北

京都大学医学部E棟玄関

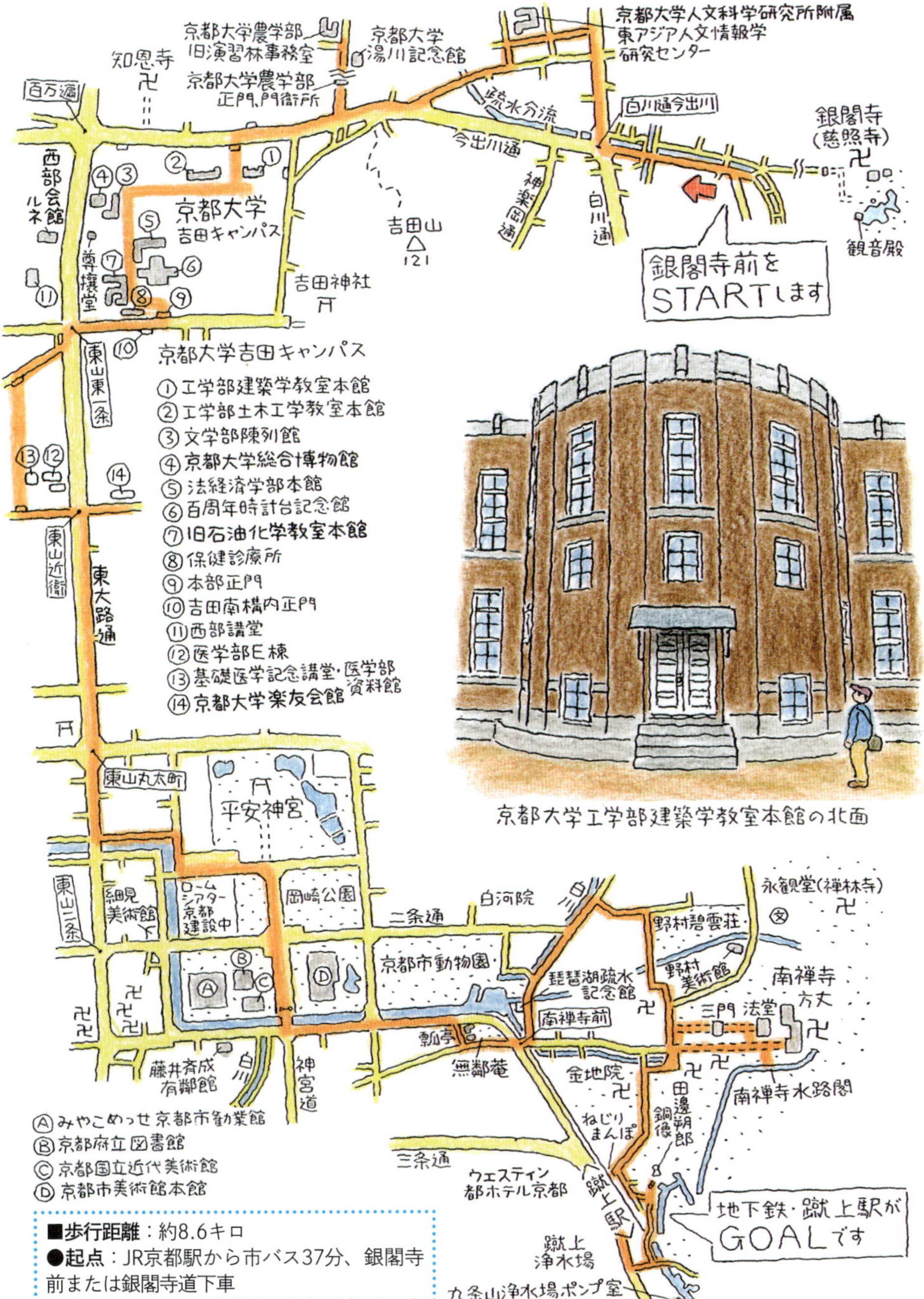

京都大学工学部建築学教室本館の北面

■**歩行距離**：約8.6キロ

●**起点**：JR京都駅から市バス37分、銀閣寺前または銀閣寺道下車

●**終点**：蹴上駅から市営地下鉄東西線7分、烏丸御池駅で烏丸線に乗換えて5分、京都駅下車

面を描いた。『工学部土木工学教室本館』（1917、山本治兵衛・永瀬狂三）はレンガ造り2階建てで左右対称だ。『文学部陳列館』（1914、山本治兵衛・永瀬狂三）も石造りに見えるが、れんが造り2階建てで、玄関ポーチがポイントだ。『京都大学総合博物館』（1986、川崎清・京都大学川崎研究室）は大学所蔵の資料を保管、展示する博物館である。

　吉田キャンパスの中で特に目立つ『法経済学部本館』（1933、大倉三郎）は、建物を一周して観賞するのがよいと思う。そして京都大学のシンボル、旧本部本館の『百周年時計台記念館』（1925、武田五一・永瀬狂三・坂静雄）へとやって来た。この建物の基本は伝統的な官庁形式だが、タイル貼りの図案は『建築学教室本館』よりも大きく華やかに見えるし、たしかに武田五一の代表作だと思う。

『旧石油化学教室本館』（1889、山本治兵衛）は旧物理学、数学教室とあり、歴史を感じる建物だ。正面から左側に回ると中庭に入ることができ、この中庭に立ってみて、現代建築にはこうした空間がないように思った。『保健診療所』（1925〜1936、武田五一・永瀬狂三・大倉三郎・内藤資忠）は、前を通りかかって入口のアーチの昆虫のような飾りに気付いて足が止まり、あらためて眺めたら見どころの多い建物なので驚いた。

『本部正門』（1893、山口半六・久留正道）ができた明治26年にはまだ『京都大学』はなかった。すなわちこの門は同22年開校の『第三高等中学校』（同27年から『第三高等学校』）のものだった。しかし同30年に創設の『京都帝国大学』に場所を譲って『第三高等学校』は南隣の敷地に移り、戦後の学制改変で京大教養部になった。『吉田南構内正門』（1897、真水英夫〈推定〉）が明治30年に新しい敷地に移った『第三高等学

京都大学保健診療所の入口

京都大学保健診療所の一部分

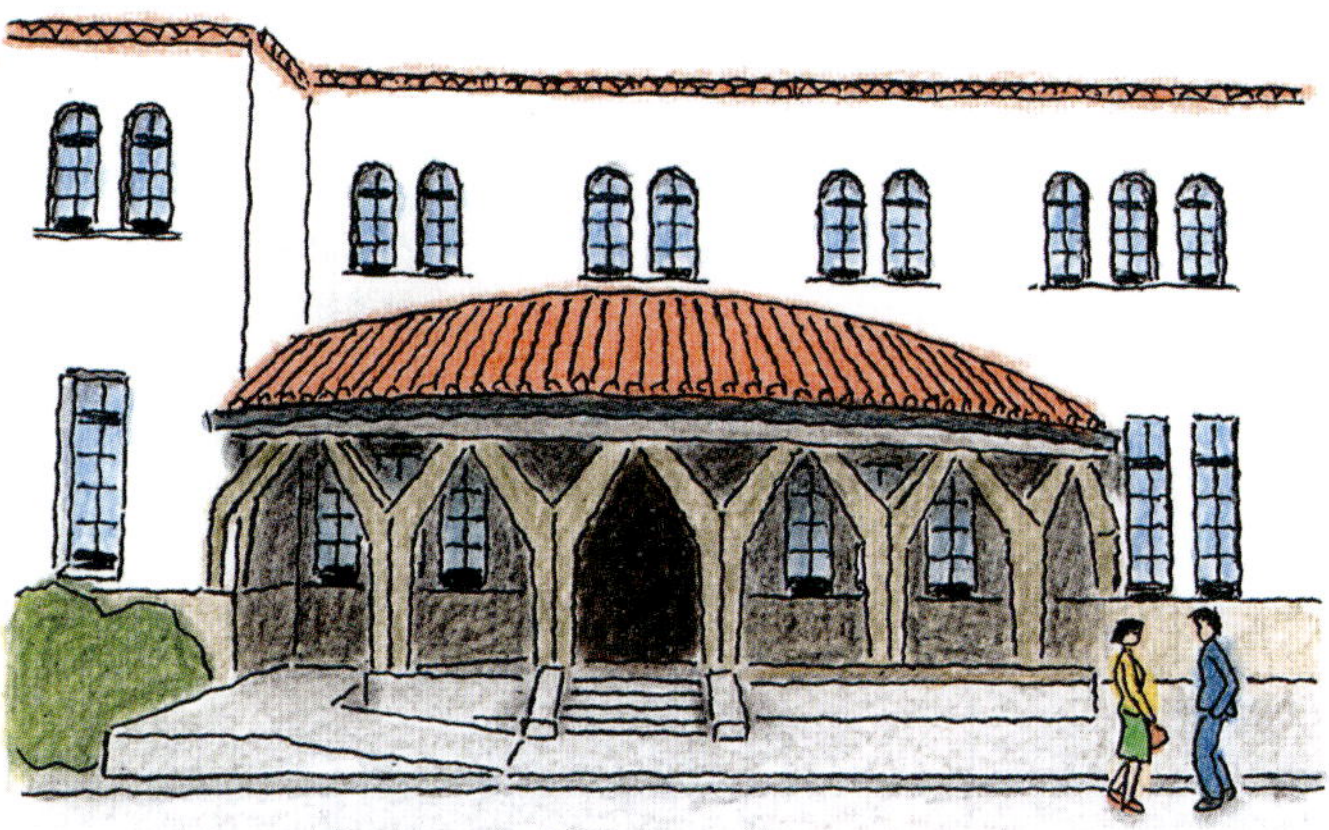

京都大学 楽友会館

校』の門で、どちらも120年前後の歴史ある門なのだ。

東大路通から少し引っ込んだ位置にある『西部講堂』（1937）が健在で、安堵した。疾風怒震の1970年代にさまざまなドラマの舞台になったここは、当時の京都がおもしろくて頻繁に京都にやって来たぼくらの記憶に残っており、大屋根に書かれたアルファベット4文字を思い出す。

『西部講堂』を後に医学部構内に入り、『医学部E棟』（1928・1931、永瀬狂三・大倉三郎）を見てその玄関部分に感心した。丸みのついたテーパー煙突は、今も新鮮に感じられる。隣の『基礎医学記念講堂・医学部資料館』（1901、山本治兵衛）は『旧医学部解剖学教室講堂』とあり、復元工事が終わって新築のように見えるが歴史的な建物だ。東山近衛交差点を東へ向かうと、左手に『京都大学楽友会館』（1925、森田慶一）がある。90年前に設計された建物だが、半円形の玄関ポーチとY字形の柱は、今なお初めて見る者を驚かす。

　東大路通を南へ向かい、『平安神宮』（1895、木子清敬・伊東忠太）へ。平安遷都千百年紀念祭の紀念殿として『平安京内裏大極殿』を模造する計画が着工後に神社建設へと伸展して、近代社寺建築の傑作といわれる『平安神宮』が完成した。神苑の作庭は小川治兵衛である。神宮参道を下ると、『京都府立図書館』（1902、武田五一）がある。ウィーン分離派の影響が大きいといわれるこの作品は、ファサード保存により残った。その向かいの『京都市美術館本館』（1933、前田健二郎・京都市営繕課／閉館中、2020年春「京都市京セラ美術館」としてリニューアルオープン）は遠目で帝冠《ていかん》建築と思って敬遠していたのだが、あらためて近寄り内部を見て見どころが多いのに驚いた。

『南禅寺』へ向かう途中で、『無鄰菴《むりんあん》』（旧山縣有朋別荘の洋館＝1898、新家孝正）に立寄る。この洋館は土蔵造りに見えるがれんが造りだ。1階内部は土蔵風で窓も土蔵式、2階内部は壁一面の

ねじりまんぽ（東口）

日本画以外は洋風で折上格天井《おりあげごうてんじょう》、窓も洋式という和洋折衷建築だ。庭園は小川治兵衛作庭で、傾斜地を生かした上下2段なのがおもしろい。『無鄰菴』からは白川沿いの道を上り、右折して『野村碧雲荘』前を通って『南禅寺』へ。

臨済宗南禅寺派大本山『南禅寺』は「京都五山の上《じょう》」という寺格で、国宝の『方丈』、『方丈庭園』などを拝観できるが、琵琶湖疏水《そすい》分流を境内に通すために建設された『南禅寺水路閣』（1890、田邊朔郎）はぜひ見たい。レンガ造りの13の橋脚と、流れる先の水路トンネル口まで見ておこう。『南禅寺』を退出して『金地院《こんちいん》』前から蹴上《けあげ》に向かうと、疎水利用の水運に使った傾斜鉄道・インクラインの下を抜けるトンネル〝ねじりまんぽ〟がある。線路に対してトンネルが斜交しているのと、強度を増すため螺旋状にレンガを積んだのが〝ねじりまんぽ〟だ。

琵琶湖疏水や水力発電施設の設計者・田邊朔郎の銅像を経て、九条山の疏水トンネル口が見える橋に立つと、遠くに洋風建築が見つかる。これが『九条山浄水場ポンプ室』（1912、片山東熊《とうくま》・山本直三郎）だ。『旧御所水道ポンプ室』ともいわれるように、疎水を利用して『京都御所』へ防火用水を送る施設で、『紫宸殿《ししんでん》』の屋根より高い所へ水を送るためここにポンプ室が置かれ、設計も宮内省内匠寮《たくみりょう》で宮廷建築家の片山東熊の作品が九条山に建てられた。2018年からは、ここが「びわ湖疏水船」の乗下船場となっている。そしてそのポンプ室の遠望を最後に、地下鉄・蹴上駅でゴールインとしよう。

九条山浄水場ポンプ室の一部
（旧御所水道ポンプ室）

22

明治新時代に生まれた学都の建築を巡る

京都御所周辺

京都府

どこからも鐘楼が目立つ『クラーク記念館』は同志社のシンボル的存在といわれる

今の京都からは想像もできないが、1869（明治2）年に東京遷都があり、天皇の車駕東幸《しゃがとうこう》で京都御所周辺に多かった公卿《くぎょう》屋敷や藩邸はすべて空き家になり、その後は草地や竹藪《たけやぶ》や畑になって暗い夜道は恐ろしくて歩く者もいなかったという。けれどもその空閑《くうかん》地《ち》は新時代に向けての学校建設に役立ち、1876年（明治9）に御苑北側の薩摩藩邸跡に『同志社英学校』（現・同志社大学）、1880年に御苑東側に『医学校』（現・京都府立医科大学）、1895年に御苑西側に『平安女学院』、1901年に御苑東側に『京都法政学校』（現・立命館大学）と『京都府立第一高等女学校』（現・京都府立鴨沂《おうき》高等学校）というように教育施設が御所周辺に立地し、『第三高等学校』、『京都帝国大学』（ともに現・京都大学）と相まって学都・京都といわれるようになった。「建築散歩・京都御所周辺」はまさにその辺りを歩くわけで、まずは烏丸丸太町交差点から烏丸通を北に向かってスタートする。

出発してすぐに出合うのが『大丸ヴィラ』（旧下村正太郎邸／1932、W・M・ヴォーリズ建築事務所）で、木骨が露出するハーフティンバーという外壁が美しい。これは英国のチューダー王朝期（15〜17世紀）に由来する「チューダー・ゴシック」という建築様式だそうで、それにちなんで〝中道軒〟とも呼ばれていた。少し行くと『日本聖公会聖アグネス教会聖堂』（1898、J・M・ガーディナー）の立派な教会堂建築に足が止まる。精巧なレンガ造り、3種の窓が縦に並ぶ塔、3つの切妻屋根と見どころが多く、ステンドグラスも素晴らしい。隣の平安女学院『昭和館』（1929、J・V・W・バーガミニー）は外壁にさまざまな意匠がち

シンプルで美しい『同志社 礼拝堂』

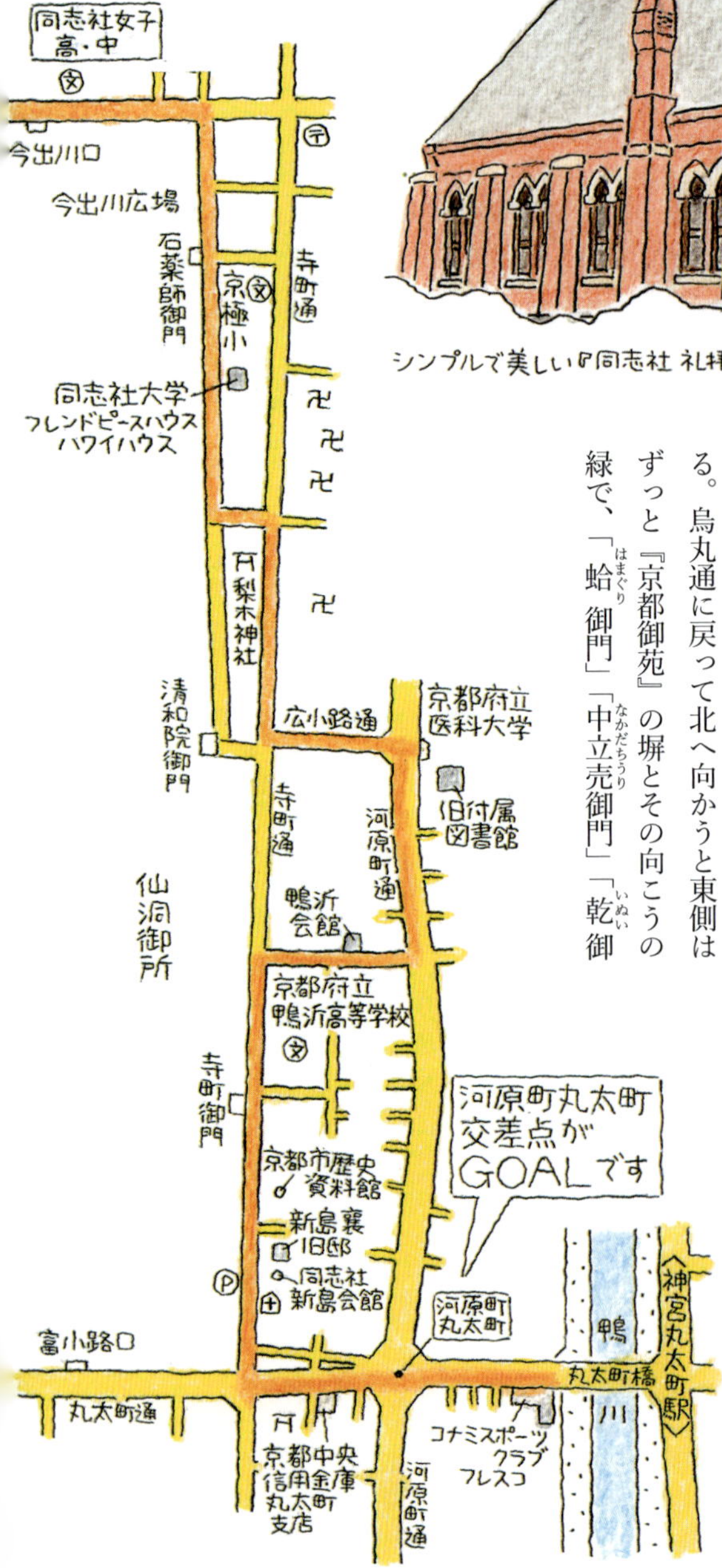

りばめられていておもしろい。先ほどのチューダー・ゴシックのハーフティンバーも一部に見つかる。

下立売通を西へ行くと『京都府庁旧本館』（1904、松室重光）前にいたる。並木道「釜座《かまんざ》通」の突き当りに堂々とあるのだが、そのわりには威丈高でなく、逆に優雅な感じさえする。松室は京都生まれで京都府技師として活躍した人とある。烏丸通に戻って北へ向かうと東側はずっと『京都御苑』の塀とその向こうの緑で、「蛤《はまぐり》御門」「中立売《なかだちうり》御門」「乾《いぬい》御門」と門構えを見て『同志社大学』へ向かう。

『同志社大学』は米国から宣教師として帰国した新島襄が1875年（明治8）に創立した『同志社英学校』に始まる。新島は日本の近代化にはキリスト教精神に基づく人物の育成こそ必要と考え、アメリカン・ボード（米海外伝道組織）の資金援助を受け、寺町丸

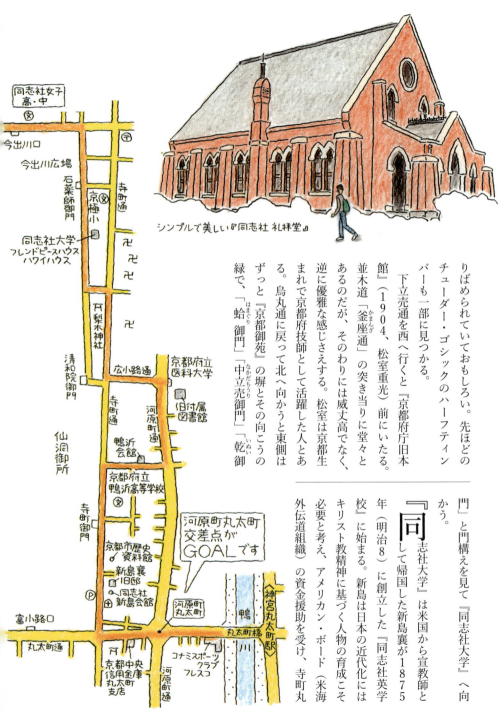

太町下ルの仮校舎で開校。1876年9月に現・今出川キャンパスの場所に移転した。今その地に西門から入ろうとしているが、学校の敷地に入るのだから門衛所で許可を得て構内へ。入るとすぐ左手にある『彰栄館《しょうえいかん》』（1884、D・C・グリーン）の設計者グリーンは宣教師で同志社の教師だが、施工は大工棟《とう》梁《りょう》の尾滝菊太郎だったから、外観はアメリカン・ゴシックでも工法は和式とある。その先の『同志社礼拝堂』（1886、D・C・グリーン）も施工が大工棟梁の三上吉兵衛だが、シンプルで美しく、祈りの世界にふさわしい建築だ。内部では鋏《はさみ》小屋組《こやぐみ》がよく見え、これは棟梁の洋式技術の修得を表すとある。『ハリス理化学館』（1890、A・N・ハンセル）は新島が同志社を日本初の私立総合大学に発展させるために理学部創設を構想、米国の実業家J・N・ハリスの資金援助で実現、建設された。ハンセルは神戸居留地を中心に仕事をした英国王立建築家協会正会員の建築家。この建物は英国式、レンガもイギリス積みだ。

米国の資産家クラーク夫妻の寄付金で建てられた校舎が『クラーク記念館』

『日本聖公会聖アグネス教会聖堂』で教会堂建築を観賞する

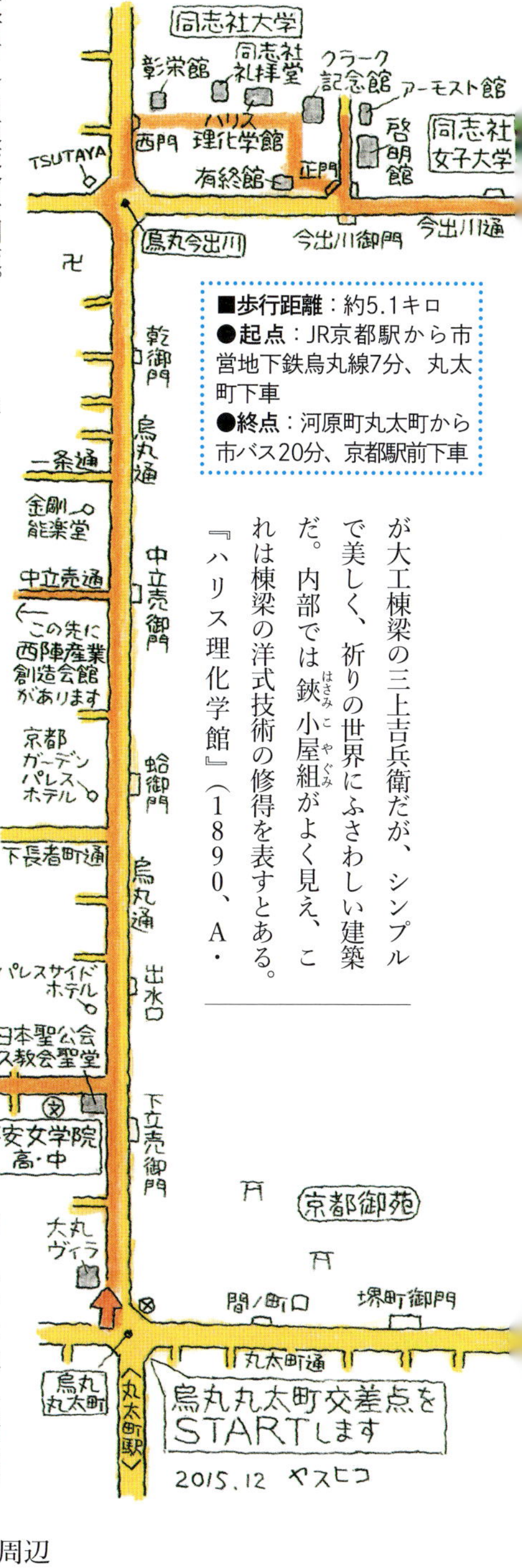

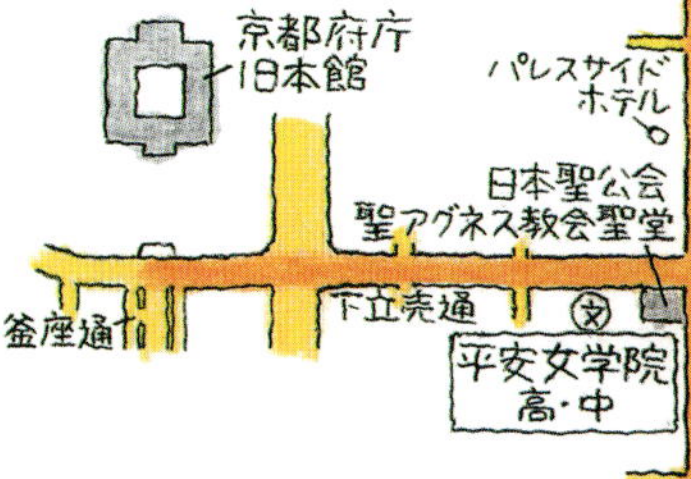

■**歩行距離**：約5.1キロ
●**起点**：JR京都駅から市営地下鉄烏丸線7分、丸太町下車
●**終点**：河原町丸太町から市バス20分、京都駅前下車

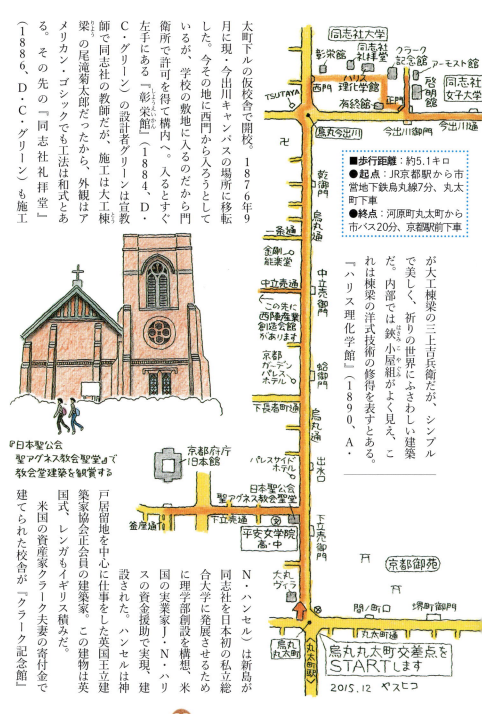

大型の現代建築に囲まれた『京都府立医科大学 旧付属図書館』には何か安堵するものを感じる

（1894、R・ゼール）で、キャンパス内のほかの建築との違いがわかるドイツ式の高い鐘楼はどこからもよく見えて同志社のシンボルといわれる。ゼールは東京の官庁街集中計画で招聘されたエンデ＝ベックマン事務所の筆頭技師を務めたドイツ人だ。

『有終館《ゆうしゅうかん》』（1887、D・C・グリーン）は「書籍館」（図書館）として竣工した建物で、レンガの装飾貼りが見どころだから、遠見のあと近くで子細に見る必要がある。正門を出た先の『啓明館《けいめいかん》』（1915、1920、ヴォーリズ建築事務所）は同じレンガ建築でも量感、重厚感を強調したものとみた。また北隣の『アーモスト館』（1932、ヴォーリズ建築事務所）は、設計者は同じでも一転して米国ニューイングランドの典型的なジョージアン様式だ。筆者は約40年前に男性雑誌の〝アイビー〟取材で米国東部のケープコッド辺りを旅し、そこで「このジョージアン建築は州指定の文化財云々」という標示のある民家に多く出合った記憶がある。

同志社キャンパスと別れて今出川通を東へ（同志社女子大学正門前の信号で京都御苑側の歩道に渡っておくとよい）、

眺めて楽しい建物の『鴨沂会館』

御苑に沿って右折してしばらく行ったところに、かつて『同志社大学フレンドピースハウス、ハワイハウス』という木造下見板張りペンキ塗りで1、2階にベランダがつく建物があった。宣教医ジョン・C・ベリー邸で大学施設として利用されていたが、2018年解体された。

『京都府立医科大学旧付属図書館』（1929、京都府営繕課）はまわりを大型の現代建築に囲まれて1棟だけ孤独にあり、そのために一層この時代の建築のよさがわかる建物だ。『鴨沂会館』（1935、京都府営繕課）は、これはまた昭和初めモダンで楽しく、しばらくは立去り難い建物で、玄関右手のタイル貼りの円柱がいいなと思った。『新島旧邸』（1878、新島襄）は、これもベランダつきコロニアル風といえるのだろうか。同じ頃に欧米人教師や宣教師、技師といった人たちのために多く建てられたベランダつきコロニアル風住宅とは違うように見えるのだが。『京都中央信用金庫丸太町支店』（1927、西村好時）の設計者・西村は、旧第一銀行系の設計家で知られるが、これはまたとてもまじめで几帳面な建物だと思った。

　そしてこの先の河原町丸太町交差点が散策のゴールだが、ゴールインの前に鴨川に架かる丸太町橋まで行くと、そこに『旧京都中央電話局上分局』（1923、吉田鉄郎／現在はスーパーマーケットとスポーツクラブ）がある。このように屋根が反り上がっているのはドイツのカントリー風と聞いているが、それが屋根窓になると巨人の眼のようである。そういうものを電話局という大型建築にのせるのは大胆だ。吉田はあの東京中央郵便局の設計者だが、これはそこにいたる前の仕事とある。

まじめな建物という印象の『京都中央信用金庫 丸太町支店』

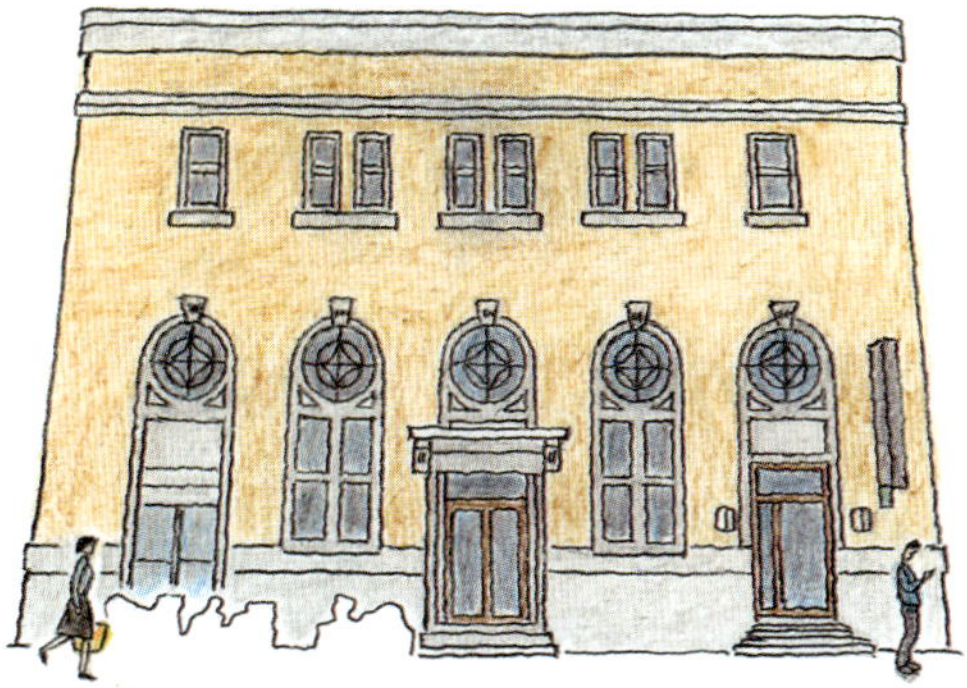

　最後に付録物件を記す。それが『旧西陣電話局』（現西陣産業創造會館／1921、岩元禄）で、烏丸通から中立売通へと入り約500メートルほど行った左側にある。正面をよく見ると外壁に裸婦（トルソー）が置かれ、ほかにも裸婦のレリーフが正面と東面軒天井に並んで、モダンな建物に異風を漂わせる。建築史上の記念碑的作品とされるこの建築の設計者・岩元は逓信省建築部の一人だったが、29歳で夭折した。

いまから95年前に試みられた新建築『西陣産業創造会館』

23

京都七条通

東西の本願寺を結ぶ
昭和初期の繁華街

京都府

京都の七条通は、戦前までは京都きっての商業地であったと聞いている。その始まりは京都駅が開設された１８７７（明治10）年ということで、京都の表玄関を控えた商業地なので、金融機関も七条通に続々と支店を開設した。１９１２（大正元）年には道路の拡幅が行われて商店街の体裁も整ったという。大正の御大典《ごたいてん》（大正４年）には日本最大規模の駅舎（鉄道院時代の渡辺節の設計。１９５０年焼失）が新築され、新駅舎は旧駅舎より南寄りに建設されたので、駅前広場はこのときに生まれた。

ところが戦後、京都の繁華街は四条通へ移った。百貨店も金融機関も四条通へと集中。いま七条通に残る昭和初期の銀行建築やタイル貼りの建物は、繁華街時代の名残なのだ。

七条通の北側は東・

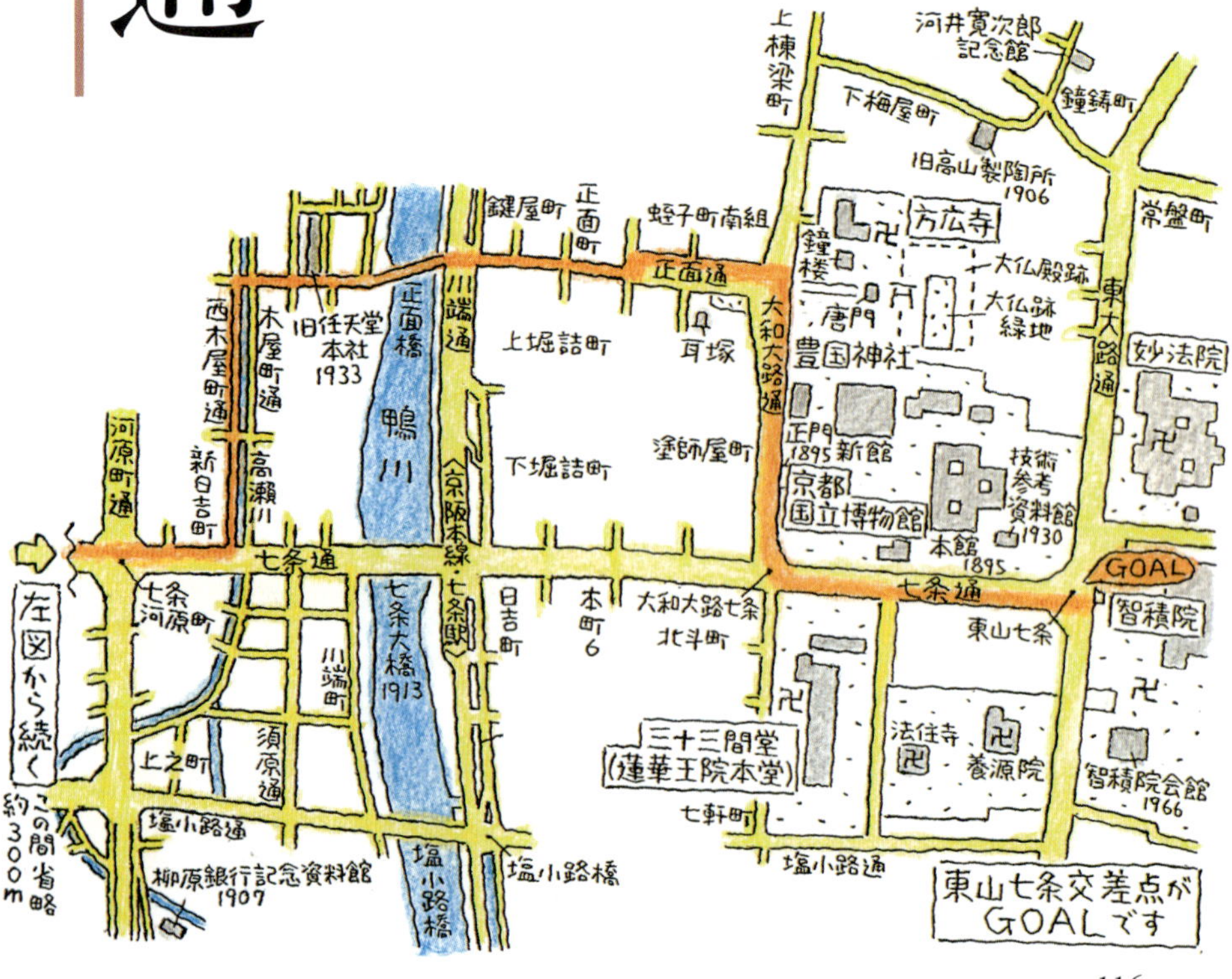

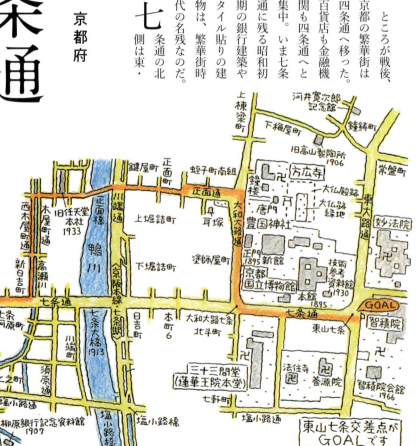

龍谷大学本館は明治初めの擬洋風建築を代表するもの
といわれる　また正面に立ってみると強く威厳を感じる
建物である

西の本願寺の寺域が広く、その他にそれぞれ門前町があって仏具店や信徒が泊まる旅館が軒を並べるので、七条通には本願寺の門前町というもうひとつの顔がある。両本願寺は大規模な伽藍《がらん》が有名だ

■**歩行距離**：約6キロ
●**起点**：JR京都駅から市バス10分、七条大宮京都水族館前下車
●**終点**：東山七条から市バス10分、京都駅前下車

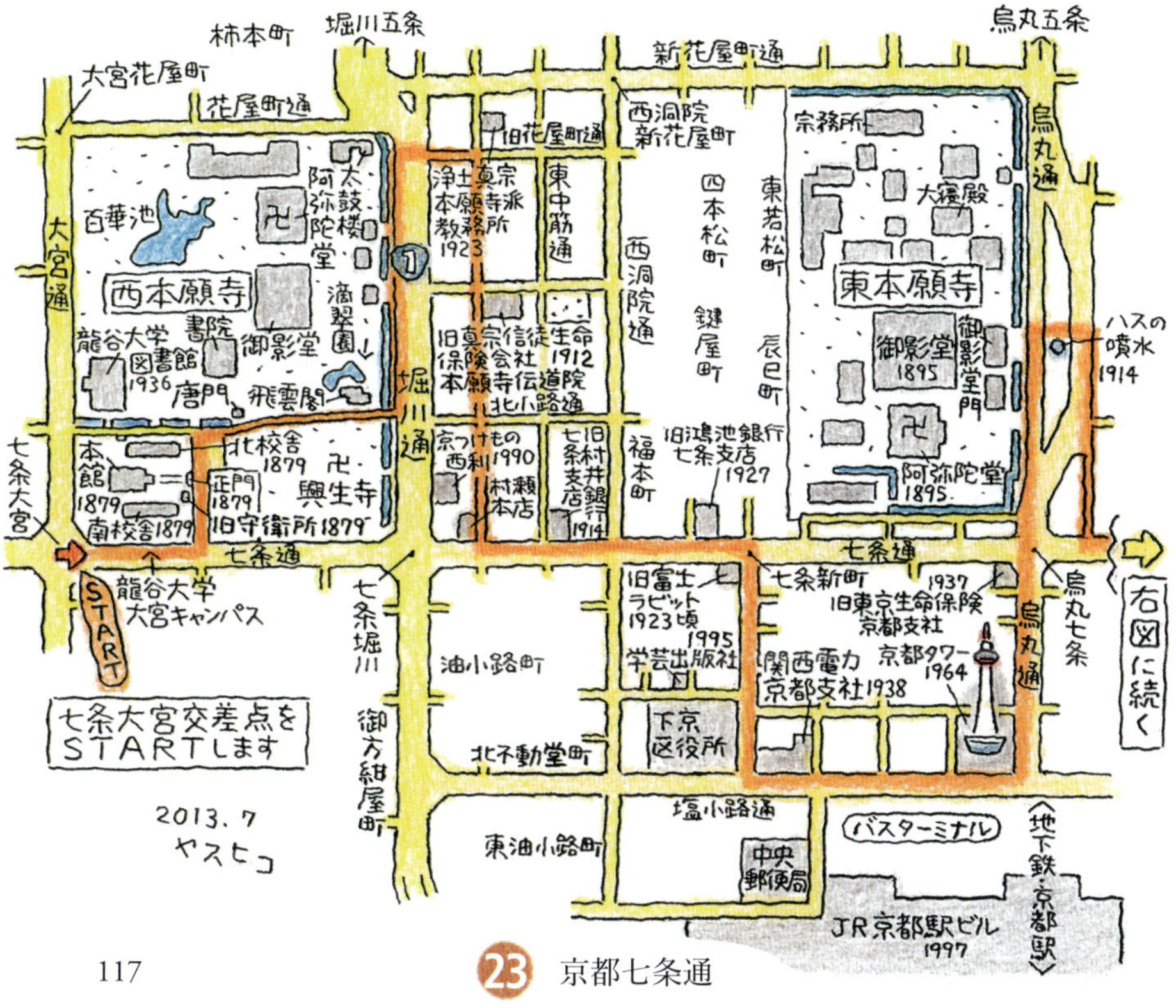

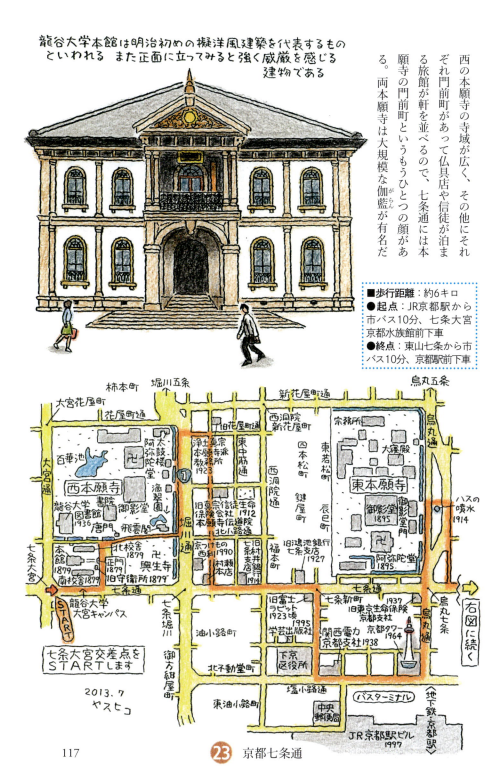

が、明治以降はそこに付属する施設、学校や金融機関が設けられたので、七条通周辺の近代建築はそういったものも多い。この散策は、以上のような地域の建築を見ていくことになる。

七条大宮交差点をスタートするとすぐに、『龍谷大学』大宮キャンパス（本館＝1879）がある。まず正門の門柱の柱頭飾りの異形に目を見張り、次には左手の旧守衛所のれんが造りを観察し、そして正面の本館の前に立つ。強く威厳を感じるこの本館は実に立派な建物という印象だが、近寄って細部を見れば玄関ポーチ上のペディメントは古典主義様式とは相当に異なる。柱頭飾りは擬宝珠《ぎぼし》の模様に似ており、軒の持送りは寺社の木《き》鼻《ばな》のようだ。つまり和風の伝統が各所に表れて、この建物がいわゆる擬洋風建築の典型として有名なのに納得する。すなわち明治初期に新時代の学校にふさわしい校舎を建設すべく優れた棟梁が考えた洋風建築がこの建物なので、そんな意味での見どころが多いし、同時期の南北校舎も同じだ。

旧真宗信徒
生命保険会社
本願寺伝道院

本願寺伝道院の外に石彫の
霊獣霊鳥が多数ある
つばさのある象
霊鳥の一種

『西本願寺』南門に突き当たって右折するとすぐに、絢爛豪華な装飾に仰天する唐門《からもん》（国宝）がある。桃山時代建立の御成門形式とあるこの門は前後に唐破風《からはふ》が付き、全体に黒漆塗りをベースに極彩色の彫刻で飾っている。空想の動物は様式的だが、現実の動物はリアルな表現というのがおもしろい。

『西本願寺』は正しくは『龍谷山本願寺』。浄土真宗本願寺派の本山で、本堂の阿弥陀堂と御影堂のふたつの巨大木造建築が中心だ。南東隅の滴翠園《てきすいえん》（庭園）内の飛雲閣（国宝／2020年3月まで修復工事中）という建物が写真で見るとおもしろそうなのだが非公開だ。

北端の太鼓楼を見てから堀川通を渡って東へ。『浄土真宗本願寺派教務所』は正面玄関三連アーチの唐草模様や鉄扉が見どころだ。玄関前を南へ向かい、散策前半のハイライト『本願寺伝道院』へ。

青銅色のイスラム風ドーム、蟇股《かえるまた》に花頭窓《かとうまど》、そこに高欄が付き、その塔屋を赤れんがの躯体が支える。玄関先では石彫の霊獣霊鳥が訪問者を出迎える。『本願寺伝道院（旧真宗信徒生命保険会社）』（1912、伊東忠太）は設計者独自の和洋インド中東の折衷様式が見る者を不思議な世界へと連れて行く。狭い通りに面しているので全体を見るために周囲を巡ると、南東隅の小塔やパラペットなど見どころが多く、どこまでも不思議な建物であるけれど存在感はすごいのだ。

七条通を東へ向かうと左側に旧銀行の建物が二棟ある。『旧村井銀行七条支店』（1914、吉武長一）は重々しいドリス式のジャイアントオーダーを構える小さいながらも立派な銀行建築で、いまはカフェとレストランになっている。使われていない西側の出入口がとてもよい。このような建物は古都の町並みにほどよい変化と厚みを与えるので、大切だと思う。次の『旧鴻池銀行七条支店』（1927、宗建築事務所、大倉三郎）は銀行には珍しいアジア風の意匠で、おもしろい建物だ。近目には正面玄関ひさしの装飾で縄が下がったり輪になったりしているのが、何かいわくがありそうに思える。現在は結婚式場として活用保存されている。

七条通の反対側ににぎやかな建物があり、これが『旧富士ラビット』（1923頃）だ。正面中段にギリシャの戦車やプロペラを捧げた天使、かと思えば入口ひさし下にはタイヤをモチーフにしたステンドグラス、その左右にも自動車や工場をモチーフにと、戦前ポップの商店建築らしい多彩な装飾がおもしろく、見どころが多い。いまは飲食店になっている。

『旧富士ラビット』の角を曲がって塩小路通に出ると、そこに『関西電力京都支社』（1938、武田五一）がある。関西にたくさんの作品を遺した武田の、これは特にモダンな仕事に見える。京都駅に向かう角が丸いので、この角を駅に向けたとわかる。細部では西側入口左右の照明が見どころ。

『東本願寺』は正しくは『真宗本廟』で、真宗大谷派本山。広

旧村井銀行七条支店

大な伽藍を構えて、本堂の阿弥陀堂と、かつて大師堂と呼ばれていた御影堂は特に大規模な木造建築だ。2015年に平成の大修復が完了した。御影堂門の前に武田五一設計のハスの噴水がある。

　七条通へ戻って東へ。高瀬川沿いの道に入り正面通で右折して『旧任天堂本社』（1923）にいたる。世界の任天堂のかつての本社屋がこれかと思ってしみじみ見れば、これは表現派時代にそれを基調にして設計されたとわかる。玄関周り、窓周り、腰壁と各々別のデザインで飾ってありおもしろい。奥行きが実に長い建物で、これも京都らしい。

　『正面橋』を渡り、正面通を東へ向かい『豊国神社』へ。正面通の正面とは豊臣秀吉がここに建立した『方広寺』大仏殿が正面に当ることに由来する。1586（天正14）年から造営を始め、建立したその大仏は高さ6丈3尺（約19メートル）で奈良東大寺の大仏より大きく、大仏殿も高さ約50メートル、南北約90メートル、東西約55メートルという巨大なものだった（現在の『豊国神社』はその大仏殿とほとんど同じ場所にある）。地震や火災で失った後、豊臣秀頼がさらに大きい大仏殿を三たび建造したが、その脇の梵鐘《ぼんしょう》の銘文に徳川家康が言いがかりをつけたのは大坂冬の陣につながる有名な事件だ。その梵鐘は神社北側の『方広寺』境内にいまもあり、周りに大仏殿の遺物が置いてある。なお『豊国神社』の唐門（国宝）はこれも桃山時代のもので、派手ではないが見事な装飾の美術品だ。

　『豊国神社』の南隣が『京都国立博物館』（1895、片山東熊）で、フランス・ルネサンスを基にした片山の力作である本館（明治古都館。重要文化財／免震改修計画中で非公開）と正門（重要文化財）を見ようとしたのだが、この取材時（2013年）には工事中で立ち入ることができなかった。

　そこで『三十三間堂』の長大な建物を鑑賞したあと東山七条でゴールとなったが、その前にかねて聞きおよんだ『妙法院』の庫裏《くり》（国宝）を訪ねた。庫裏は梁《はり》間《ま》12間（1間は約1・8メートル）、桁《けた》行《ゆき》11間の巨大木造建築。その小屋組を見て驚き、感服しつつ、京都七条通の旅を終えた。

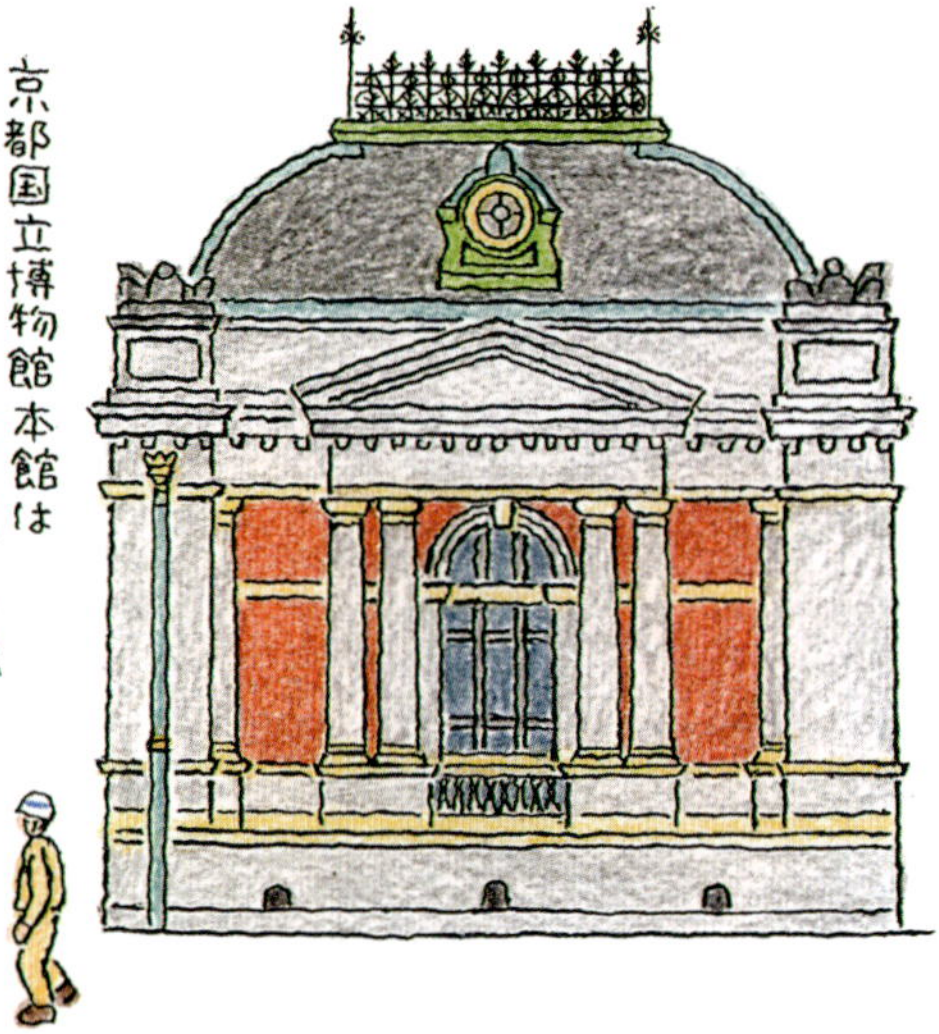
この時工事中で入れず
外から描いてみた

24

天平から和洋折衷まで 奈良公園周辺の建築散歩

奈良

奈良県

古建築に交じって近代建築もたくさんある京都に比べて、奈良にはそれが少ない。その少ない中のひとつが『奈良国立博物館・なら仏像館』（旧帝国奈良博物館本館、1900年から奈良帝室博物館／1894、片山東熊、宗兵蔵）なのだが、明治27年にネオバロックとされるこの建物が出現したときは古都の景観に不調和との悪評がしきりだった。そこで県は「奈良は我が国美術の粋ともいうべき古建築の淵叢《えんそう》であり人々は似て非なる西洋建築を嫌厭《けんえん》しているのでこれからは日本建築の優れたところを採るべし」と決め、奈良は公共建築を中心に内部は洋風でも外観は和風という和洋折衷で設計されることが主流になった。建築散歩で奈良市内を歩くとそうした例を見ることが多く、それが奈良の建築的特徴でもあるとわかってくる。そういったところで、まずは『近鉄奈良駅』をスタートしよう。

『奈良女子大学』に向かう途中に、だれが見ても昔の交番とわかる小建築があり、これが『旧鍋屋交番きたまち案内所』（旧奈良警察署鍋屋連絡所／1928、設計者不詳）だ。小さくても昭和初期の特徴を示すデザインの街角のアンティークだ。そしてその先に明治後期の学校らしい正門と守衛所があり、『奈良女子大学記念館』（旧奈良女子高等師範学校本館／1909、山本治兵衛）がある。正門と守衛所を見てから正面奥のトンガリ屋根の塔屋、屋根窓、木骨真壁造りで漆喰壁《しっくいかべ》に板模様という明治の学校建築を鑑賞する。山本治兵衛は文部省技官で『京都大学』の初代建築部長を務め、明治期の京大キャンパス計画をリードした人とある。文部省は明治期に木造ゴシッ

『旧鍋屋交番きたまち案内所』は街角のアンティークだ

クの学校を多く建設していまも一部が残り、建築散歩でもいくつも見てきたのを思い出す。

『奈良県庁』の脇を抜けて『興福寺』へ。『北円堂』(鎌倉時代/国宝)は天平時代創建時の姿をよく再現しているとのこと。『五重塔』(室町時代/国宝)は奈良でもっとも高い和様の塔で、景観的に奈良のシンボルだ。『東《とう》金堂《こんどう》』(室町時代/国宝)は寄棟造りの屋根や柱間が中央に寄るほど広い構造となる点が古式に倣《なら》うとあるので確かめてみよう。

猿沢池、荒池と古都の眺めを楽しむうちに『奈良ホテル』(1909、辰野片岡建築事務所)にいたる。前述の歴史的景観との調和を考えた和洋折衷建築の好例で、大棟には鴟尾《しび》をのせ内部では階段やギャラリーに高欄風手すり、シャンデリアや暖炉《だんろ》にも和風装飾があって、いつもの辰野式はまったく見られない。現場監督は河合浩蔵とある。

高畑町交差点を南へ下り『奈良教育大学』構内にある旧陸軍の遺構を見る。学校の中にあるので守衛所で許可を得て『旧陸軍歩兵第53連隊糧秣《りょうまつ》庫』(現学術情報教育センター教育資料館/1908、設計者不詳)へ。玄関まわり以外は旧態がよく管理保存されているのに感服した。『旧弾薬庫』はキャンパスの南西隅にあり、こちらも管理保存が行き届いて新築と見ちがえるほどだ。

『新薬師寺』、『志賀直哉旧居』を経て『春日大社』へ。大社の創建は奈良時代後期の768年(神護景雲2)という平城京の守護神で、南門を入ると拝殿、中門とあり祭神を祀《まつ》る本社本殿はその奥で切妻屋根妻入りの春日造りで有名な本殿が4棟並んでいる。本社南側の若宮本殿は本社本殿と同じ造りで拝殿からよく見えるので、春日造りはこちらで拝観できる。

『仏教美術資料研究センター』の建物は明治35年に「奈良県物産陳列所」として建てられた 正面車寄せ部分を描いた

『春日大社』表参道を西へ向かうと、参道北側に『仏教美術資料研究センター』(旧奈良県物産陳列所/1902、関野貞)がある。ぼくはこの建物の存在に気付いたときの印象がいまも鮮やかだ。木造真壁造りの和洋折衷だが、左右対称に両翼が伸びているのでこれは特別な建物なのだと思った。そして正面2階の中東かインド風の窓が目立つので伊東忠太の作品かと思ったがそれはないと考え直し、あとで調べて前述の古都の景観に合わせた建築であるのを知った。設計者の関野貞は片山の『帝室博物館』が不評となった時期に奈良県技師として赴任した建築史学者、建築家で、古社寺建造物修理保存に功績

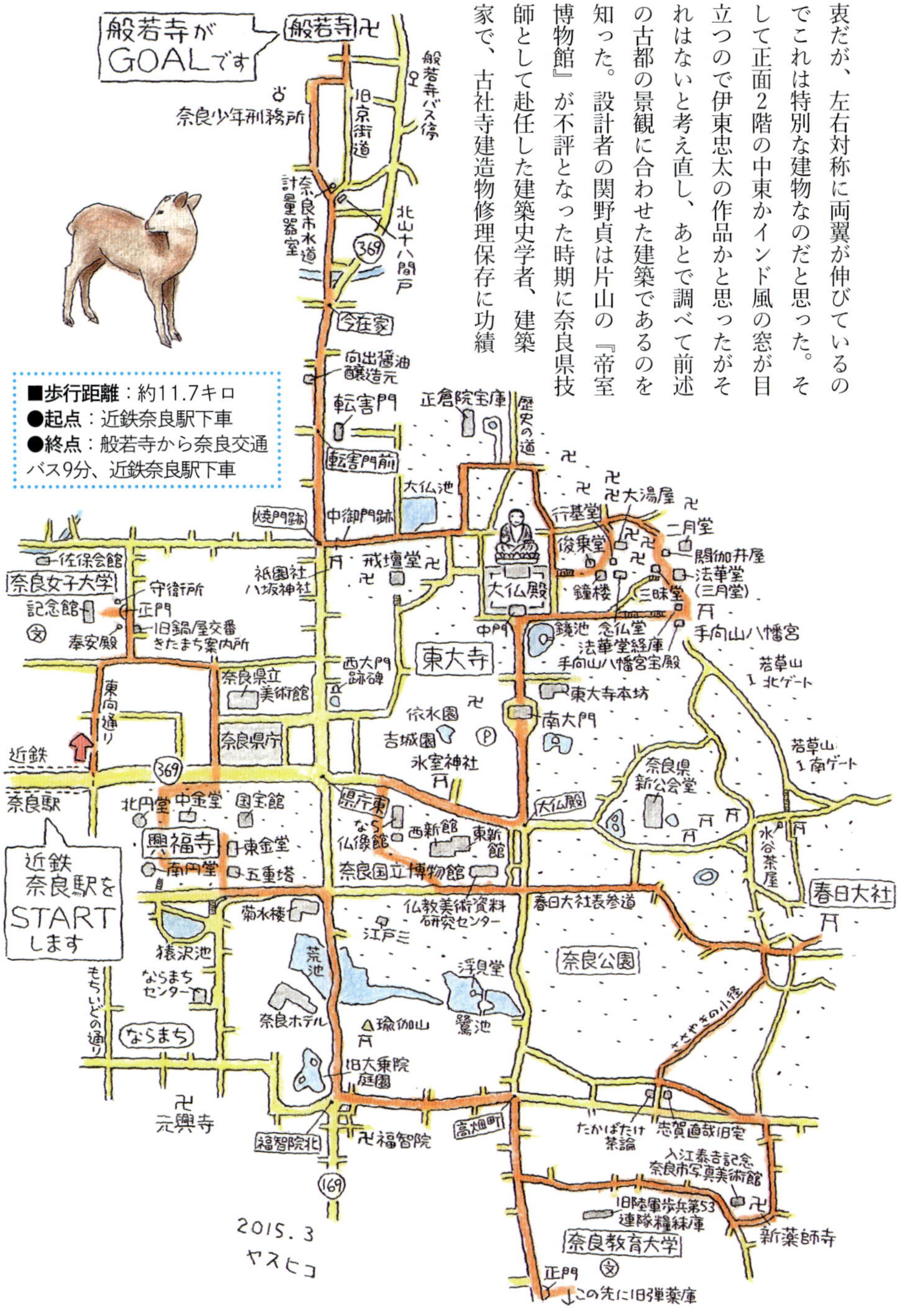

■**歩行距離**：約11.7キロ
●**起点**：近鉄奈良駅下車
●**終点**：般若寺から奈良交通バス9分、近鉄奈良駅下車

天平時代の建築である正堂(左)と
鎌倉時代に再建された礼堂(右)がつながり
成り立っている東大寺『法華堂(三月堂)』

のあった人とわかったが、立派に現存するこの建物はもっと知られてよいのではないかと思う。

さてそこで前述の『奈良国立博物館・なら仏像館』である。いまではこの西洋建築はすっかりこの地に納まって、だれも古都の景観と不調和とはいわないし、この建物のために奈良に和洋折衷建築が多数生まれたことも知らない。

そこで、改めて古都の景観との相性を考えてみよう。

『南大門』（1199／国宝）を軒の組物に感心しながら過ぎ、大仏殿参拝のあとは『手向山《たむけやま》八幡宮』へ、そして『法華堂（三月堂）』（天平時代、鎌倉時代／国宝）にいたる。法華堂は天平時代に建てられた寄棟造りの正堂（北棟）と1199年に俊乗坊重源《しゅんじょうぼうちょうげん》が再建した礼堂《らいどう》（南棟）をつなげたユニークな建物なのだが、それは西側から見るとよくわかる（上イラスト参照）。『二月堂』（1669／国宝）で舞台からの景色を楽しんだあと、『閼伽井屋《あかいや》』（鎌倉時代／国重要文化財）から焼門跡方面へと下る坂道は奈良ならではの好ましい小路だ。途中で『鐘楼』（13世紀／梵鐘《ぼんしょう》とも国宝）に寄り道し、週日だけ外観のみ鑑賞できる『正倉院宝庫』（奈良時代／国宝）で校倉造りを見る。

ようやく『転害門《てがいもん》』（天平時代／国宝）へやって来た。天平時代創建当時の姿をいまにとどめる切妻造り八脚門本瓦葺《かわらぶ》きの堂々たるこの門をぼくは理由もなく好きで、奈良を訪れたときは必ずここへやって来る。変わった門の名は、『手向山八幡宮』の転害会《てがいえ》で神《み》輿《こし》の御旅所《おたびしょ》になったことからつけられたとのこと。

今在家から旧京街道を北へ辿《たど》ると、分岐の角に『奈良市水道計量器室』（1922、設計者不詳）の楽しいデザ

東大寺『転害門』は天平時代創建時の姿を
いまにとどめてすばらしい

インの小建造物と、その前に『北山十《きたやまじゅう》八間戸《はちけんど》』（伝江戸時代／国史跡）が見つかる。十八間戸は18室の棟割長屋で、江戸時代にハンセン病患者を居住させた救済施設とある。分岐を左に向かうと左側にレンガ塀が続き、その先に『奈良少年刑務所』（旧奈良監獄／1908、山下啓次郎ほか司法省営繕）のあっと驚く正門がある。絵本にある西洋の城砦のような門で思わず見とれるが、門の奥にも同じレンガ造りの本館や八角形塔屋の医務所があり、ただし普段は非公開だ（2017年廃庁、重要文化財指定。ホテルなどの複合施設開業計画中）。

「水」の字の図案に大正11年(築年)の時代色を感じる『奈良市水道計量器室』の正面

『奈良少年刑務所』の正門は印象強烈である

旧京街道に面して『楼門』（鎌倉時代／国宝）を構えた『般若寺』へとやって来た。飛鳥時代に慧灌《えかん》法師が開山した『般若寺』の名は、735年（天平7）に聖武天皇が平城京の鬼門を守るために「大般若経」を基壇に納めて塔を建てたことに由来する。平安時代は学問寺で学僧千人がここに学んだとある。12世紀の南都焼討ちに遭ったが、鎌倉時代に再建された。『楼門』から見ると『十三重石塔』（鎌倉時代／国重要文化財）と『一切経蔵』（鎌倉時代／国重要文化財）が一線上に並び、その間を季節の草花が埋めつくす。そんな『般若寺』が散策のゴールである。

簡素に見えるが均整がとれて姿の美しい『般若寺楼門』内側から見て描いた

25

商都を象徴する見所多数の商業ビル群

大阪城・船場

大阪府

商業建築でみるなら、大阪は日本一の建築博物館ではないかと思う。特に船場は大正から昭和戦前の頃に建てられた商業ビルの宝庫で、しかもそれは建築ファンを喜ばせるおもしろい作品ばかりだ。そういった民間の建物に比べて大阪は官営の建物が少ないといわれるが、かつて大阪には『造幣寮』（現独立行政法人造幣局）、『造兵廠《ぞうへいしょう》』（後に大阪砲兵工廠）、『堺紡績所』という三大官営工場があった。その『造幣寮』と『砲兵工廠』の名残が大阪城周辺にあるので、〝官〟の建物

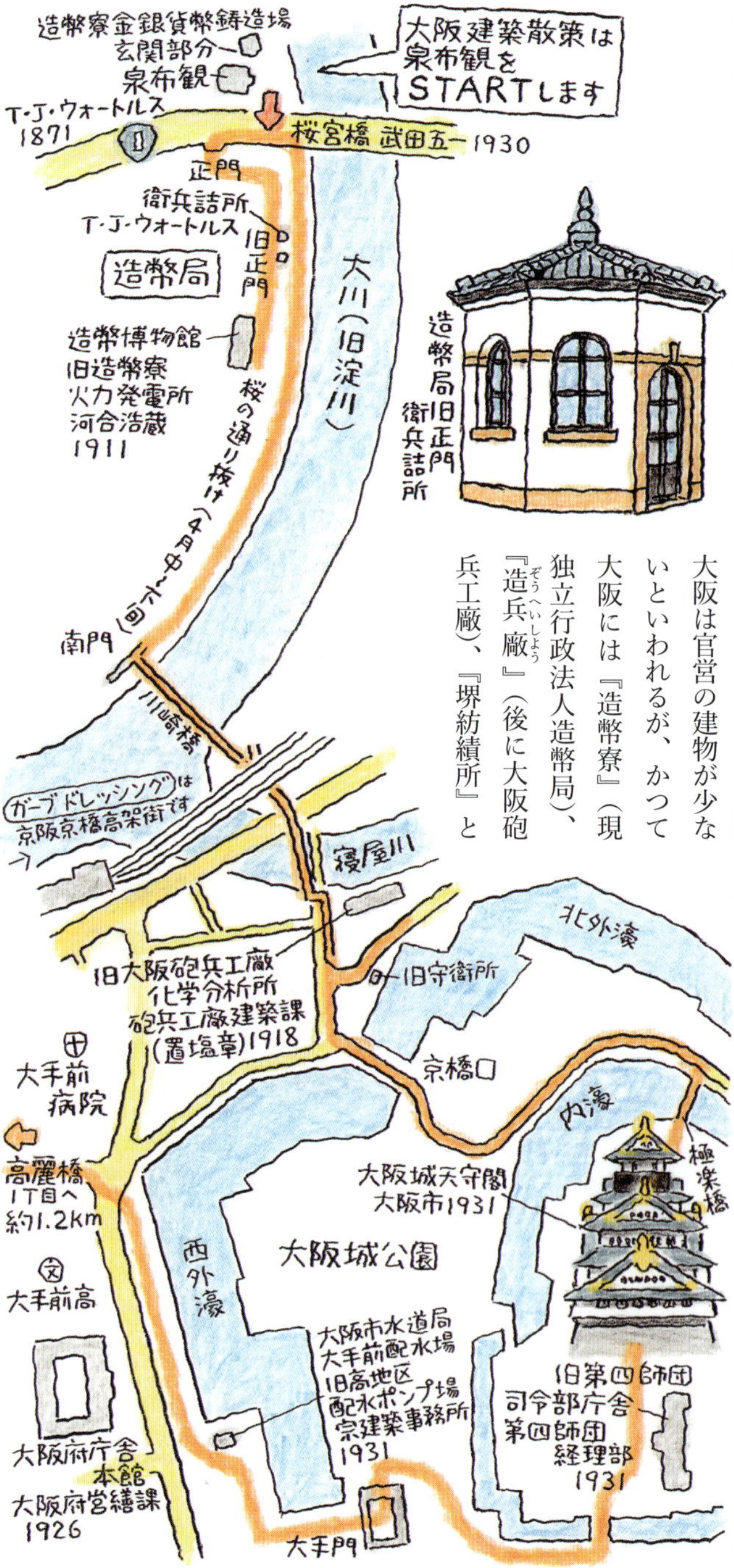

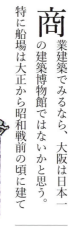

を見てから〝民〟の建物、そして中之島へと歩くことにしよう。

『泉《せん》布《ぷ》観《かん》』（1871、T・J・ウォートルス）とは建造物らしくない名だが、1872（明治5）年に行幸された明治天皇の命名とある。この建物はその前年にT・J・ウォートルス（アイルランド出身の土木系技術者。後に東京・銀座煉瓦《れんが》街を手がけた）が『造幣寮』の応接所として設計監督した。まず目立つのが周囲に巡らせたベランダで、これは西洋人技師がインドや東南アジアで基本設計にしてきた定番だ。加えてここは貴賓を迎えるので古典様式の列柱を採用している。

後で『造幣博物館』のジオラマを見て驚いたことに、『造幣寮』の規模は実に大きく、新興日本が貨幣の鋳造をどれほど重視したかわかったが、発足時に『泉布観』の隣にあった『中等洋人館』『下等洋人館』には思わず笑ってしまった。

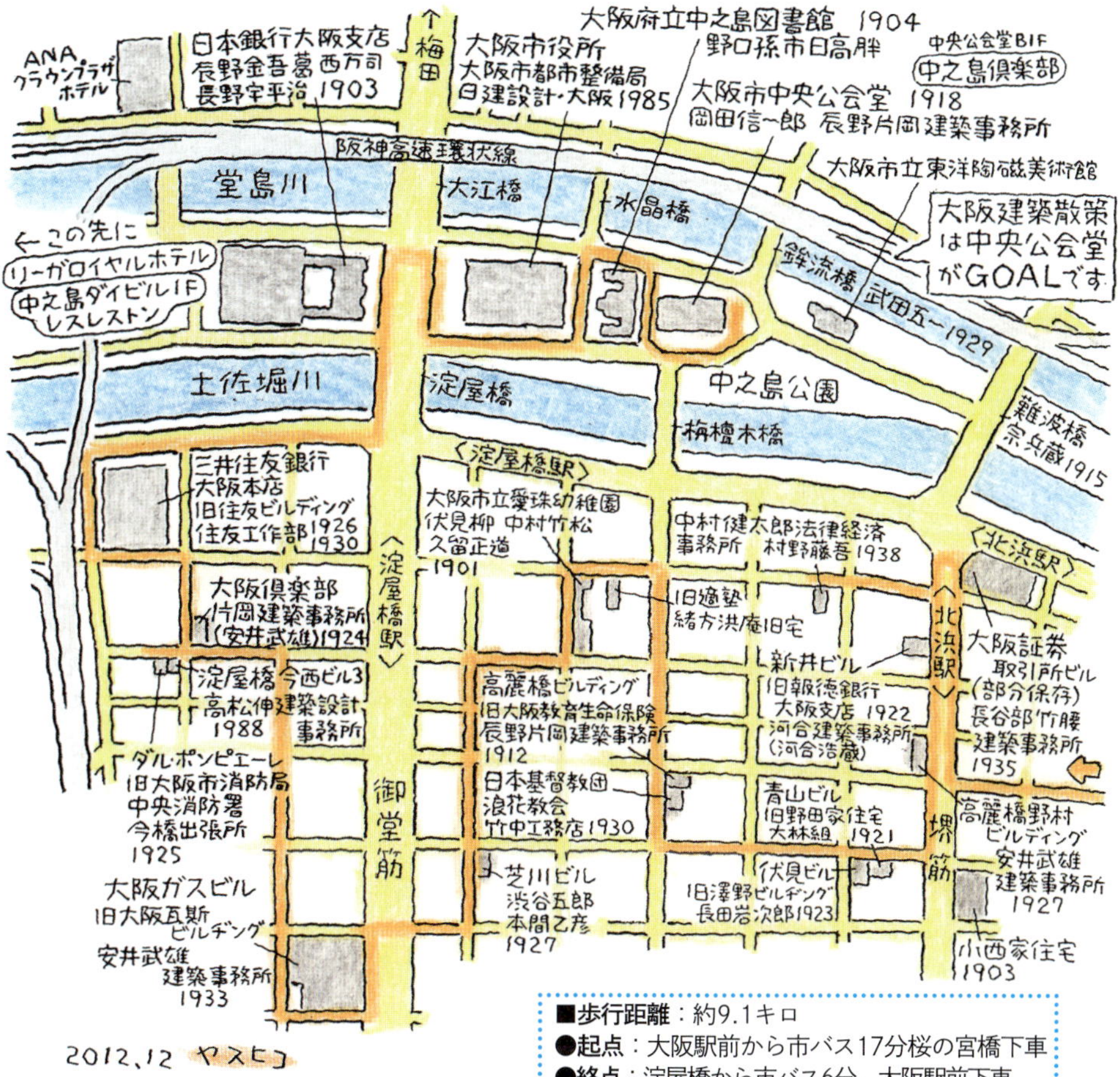

■**歩行距離**：約9.1キロ
●**起点**：大阪駅前から市バス17分桜の宮橋下車
●**終点**：淀屋橋から市バス6分、大阪駅前下車

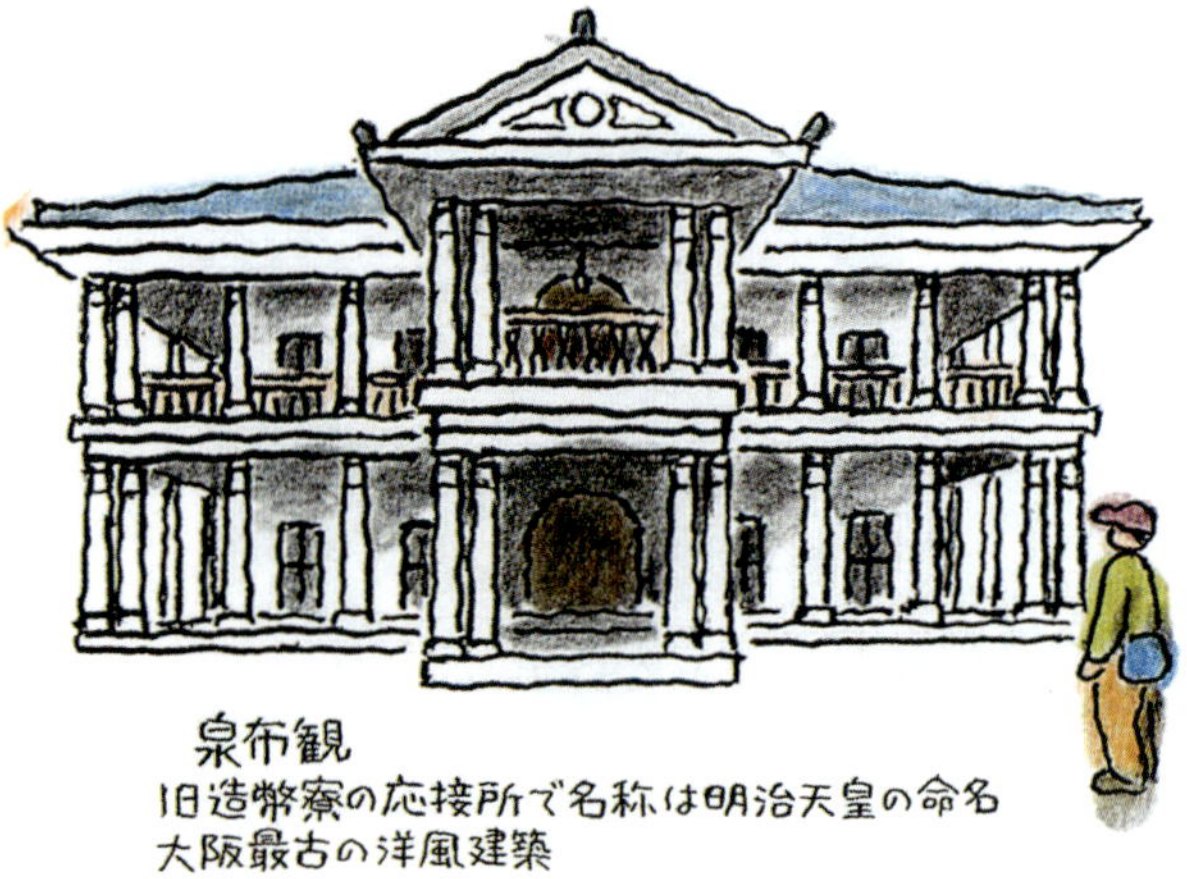
泉布観
旧造幣寮の応接所で名称は明治天皇の命名
大阪最古の洋風建築

『中等洋人館』の方は鹿児島に現存する『紡績所技師館』（1865〈慶応元〉年頃、ウォートルス）にそっくりだ。

『泉布観』の脇に、ジオラマにもあった『造幣寮金銀貨幣鋳造場』の玄関で古典主義様式の破風と列柱を備えた大仰な部分だけが移築保存されている。うしろの建物が小さいので不釣り合いでおかしいが、これも造幣がどれほど国家的大事業だったかを示すものだろう。それにしても列柱のシルエットがあまりに急細り過ぎないかと、シロウトのぼくらでも気になる。ほかにも古典主義様式の設計上の誤りや構成力不足が目立ち、本格的建築が土木系技師・ウォートルスには無理であったというのもうなずける。

『泉布観』から『造幣局』へ。『造幣博物館』へ入ると、前述のジオラマや貨幣鋳造初期に功績のあった外国人技師に関する展示が興味を惹く。その中に「日本アルプス」の命名者、W・ガウランドがいて、そういう人だったのかと驚いた。

『造幣局』を出たら近くの『桜宮橋《さくらのみやばし》』に注目する。橋の設計は大阪市土木部だが意匠指導が武田五一とある。『桜宮橋』は銀色のアルミ塗料で塗られ、〝銀橋〟と地元の人は呼ぶ。あっと驚いたのはアーチの頂点のヒンジで、こんなのを初めて見た。そして橋の端にある階段棟がいい感じで、さすがと感心した。

川をふたつ渡ると、『大阪城』の北外濠の近くに『旧大阪砲兵工廠化学分析所』の赤レンガの建物がある。様式のわりにシンプルで、直立不動の兵隊のようなキリリとした建物だ。けれども荒れ放題で、歴史的価値のある建物は活用保存してほしいと具申したい。ついでに、入口にある荒れ果てたレンガ小屋も何とかしたい。アーチの迫り持ちレンガが崩れそうなのだ。

終戦まで、『大阪城』は陸軍の要塞のようだったと聞いている。それなら、いま空家になっている『旧第四師団司令部庁舎』（1931／2017年にレストラン・商業施設「ミライザ大阪城」開業）は、その中心だったに違いない。天守閣と同じ昭和六年の建設だから、城郭のつもりで建てたのではないか。屋上に銃眼があり、正面両角にウォッチタワー

高麗橋野村ビルディングは
近くで見ると不思議なものに出合う

といかめしい。

大手門を出たところの『大阪市水道局大手前配水場』（1931、宗兵蔵《そうひょうぞう》）も天守閣と同じ年の完成だが、宗兵蔵設計と聞いたのでぜひ見たいと立ち寄った。ところが厳重にフェンスで囲まれ、中がよく見えない。宗兵蔵の作品だから見やすくしてもらえないものかと思う。金網に目を近づけて見ると全面タイルでテラコッタも使っている。しかしいつまでもうろついていると怪しまれそうなので、静かに配水場を後にした。

その後は一路、『高麗橋』を目指す。『高麗橋』は江戸時代は公儀橋で、高札場があったという。そんな『高麗橋』は、船場散歩の起点にふさわしい。

『高麗橋野村ビルディング』（1927、安井武雄）が最初に目につく。この建物のぼくの第一印象は〝土塀〟だった。しかし昭和初めのモダニズムに違いなく、またオリエンタルなものも感じた。以上が遠目で、近目には安井武雄の不思議な形象が見どころだ。中には動き出しそうなものがあり、奇妙な感覚がある。

『大阪証券取引所ビル』（1935、長谷部竹腰建築事務所、建替えは三菱地所設計・日建設計）は、建替えにあたって人々に親しまれたシンボル部分が独立して見えるように保存して新しい高層部分を建設した、というところに拍手したい。

『中村健太郎法律経済事務所』（1938、村野藤吾）は存在を知らなかったので、この散歩で初めて鑑賞した。遠目では見えないが、近づいてみて、入口の照明とそれを拡大した窓のガードと3階の小窓の繊細な装飾に設計者らしさがしっかり表れているので感心した。

『高麗橋ビルディング』（1912、辰野片岡建築事務所／現在は結婚式場）を、辰野式としては何か足りないと見ていて、やはり塔屋だと思った。けれどもこの辰野式は全体にゆるいので、塔屋がなくて

旧適塾 緒方洪庵旧宅は史跡保存

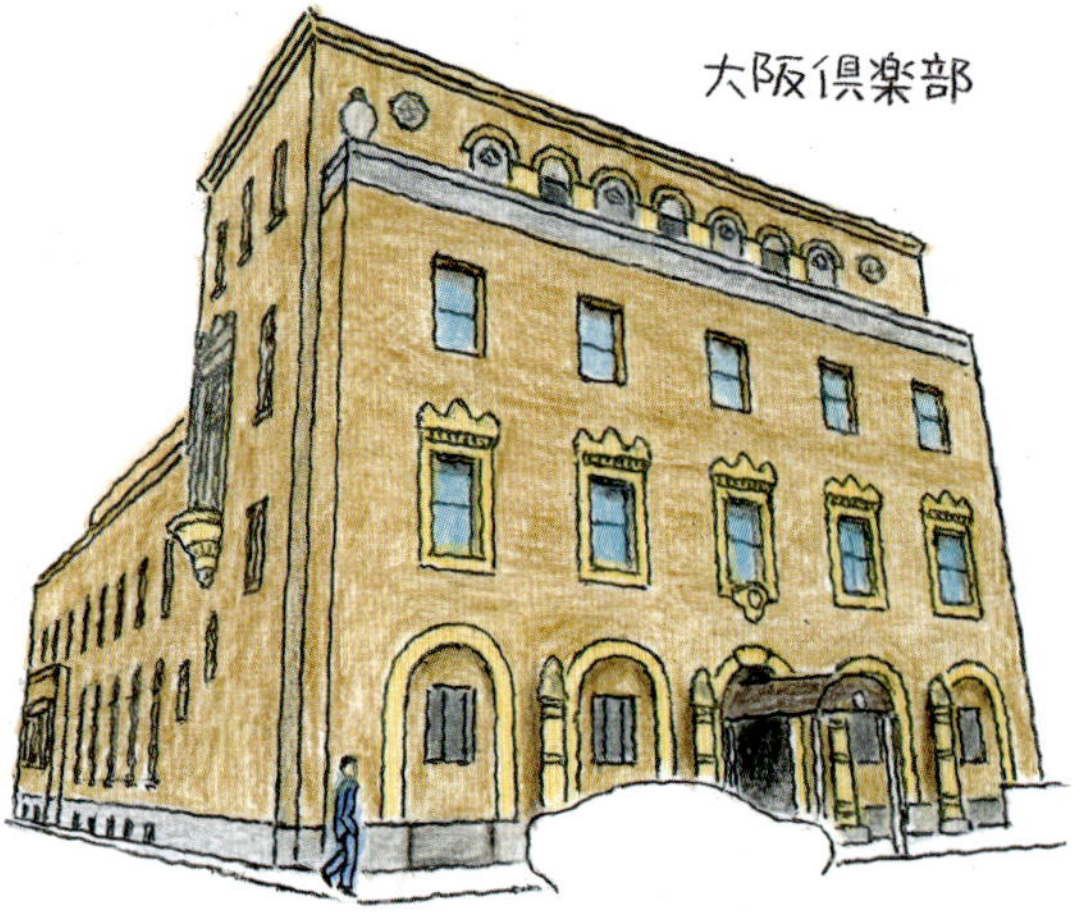
大阪倶楽部

もいいのかもしれないが。

そして楽しい『芝川ビル』（1927、渋谷五郎、本間乙彦）へとやってきた。このビルでは不思議な形象がいくつも見つかる。質の異なるふたつの壁面が押し合う妙な感じが、この建物の楽しさだ。

船場で最も有名な建物『大阪ガスビル』（1933、安井武雄）にやってきた。この建物はまず第一に、南東角の曲面がよい。写真も大概ここを中心に撮る。第二に、後から加えた北寄りの半分が全体をよくしていること。というところで、1階の曲面にカフェがあるので、ひと休みしよう。

『ダル・ポンピエーレ』のビル（1925）が、元消防署と聞いて仰天した。相当おしゃれな建物なのにと、意外だった。大阪は小学校がそれぞれ地元の後援で独自のやり方をしていたりするし、消防署も形式にはまらないのだろう。大阪は凄いなと思うことが多い。

そこで『大阪倶楽部』（1924、安井武雄）だ。大阪は凄いと思った始まりが、この建築の不思議な形象群だ。安井武雄の不思議は、大阪の不思議かもしれない。ともかく『大阪倶楽部』はおもしろいので、できたら内部も丹念に見せてもらうことをおすすめする。

中之島に入ると『日本銀行大阪支店』（1903、辰野金吾・葛西万司・長野宇平治）『大阪府立中之島図書館』（1904、野口孫市・日高胖）『大阪市中央公会堂』（1918、岡田信一郎・辰野片岡建築事務所）と大阪の表紙にあたる歴史的建築が並ぶ。

また『淀屋橋』『大江橋』『栴檀木橋《せんだんのきばし》』『水晶橋』『鉾流橋《ほこながしばし》』『難波橋』と、中之島は名橋ぞろいだ。だから中之島では歴史的建築をしっかり鑑賞し、時間があれば堂島川と土佐堀川に架かる名橋巡りにあてるのがよい。

芝川ビルで見た
不思議な装飾
ほかにも不思議なものがある

26

港湾都市ならではの歴史的オフィスビル

神戸海岸通

兵庫県

1868年1月1日（慶応3年12月7日）、『安政五カ国条約』に従って神戸港は開港した。条約では兵《ひょう》庫津《ごつ》となっていたが、人口密集地の兵庫津は問題が多く、それよりもはるかに港に向く神戸村の荒浜が選ばれた。そこは勝麟太郎（海舟）の建言によって設置された海軍操練所という挙国一致の海軍人材育成機関があったところで、坂本龍馬や陸奥宗光《むつむねみつ》など全国から日本海軍を志す者が集まっていた。しかし、倒幕分子が塾生にいたことから勝は失脚、操練所は1865（元治2年）年に閉鎖されていた。

けれども、艦長として各地を巡り、咸《かん》臨丸《りんまる》でサンフランシスコやリッチモンドを見てきた勝の観察眼は鋭く、操練所や製鉄所予定地のある広大な荒浜は優れた港の立地との判断で神戸港と決まり、その周辺が外国人居留地に転用された。

居留地行事局お雇いの英国人土木技師J・W・ハートの設計による整然とした街区、歩車道分離で並木やガス灯のある道路、地下埋設の電線、公園といった居留地のインフラは、灯台技師ブラントンが設計した横浜関内居留地と似ている。

しかし先進都市設計が実行されたとはいえ、居留地制度は日本の主権を脅かす不平等条約の結果である。長い間の努力の末、1899（明治32）年にようやく条約改正となってからは、居留地の跡は港湾都市らしく海運会社、貿易会社、内外の銀行、保険会社などが占めた。港寄りには明治から昭和の戦前まで貿易の花形となった生糸関連施設や税関、倉庫が立ち並んだ。この建築散歩は、そういった場所をコースに設定した。

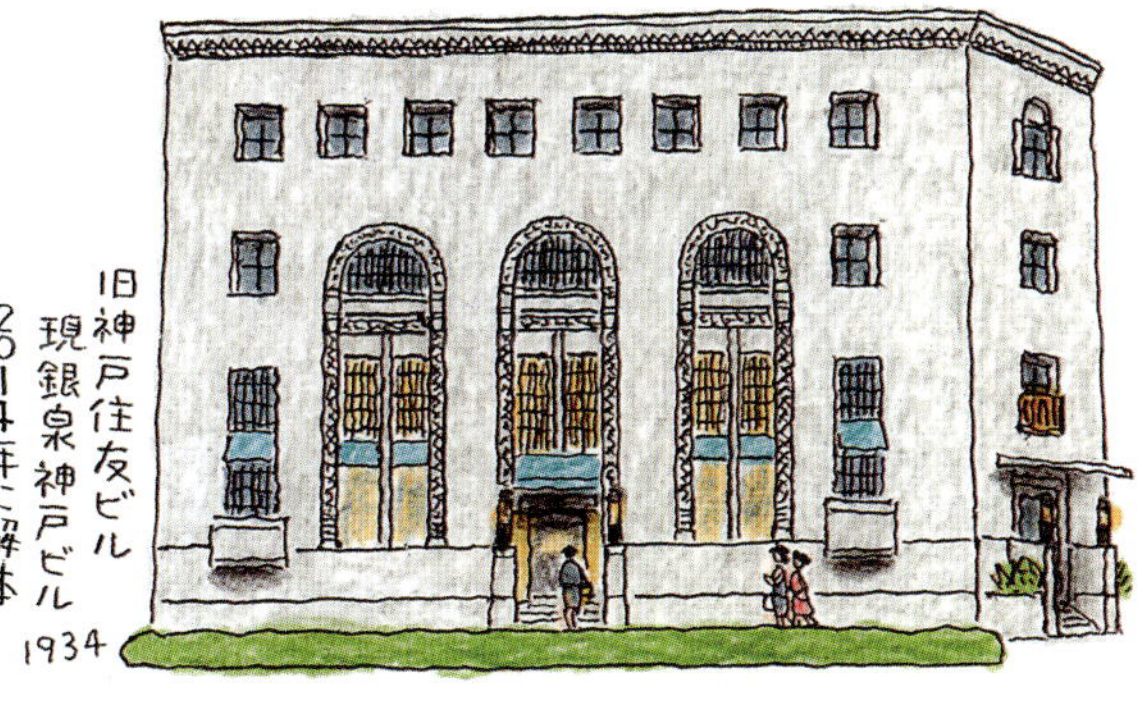

JR神戸駅をスタートして最初に出合うのが『旧三菱銀行神戸支店』（1900、曽禰《そね》達蔵／ファサード保存をしてザ・パークハウス神戸タワー）で、この端正謹厳な大建築は散策の最初にふさわしい。これを新古典主義建築の代表作とみれば、日本の近代建築は明治以来ここから順次、現代建築に至るまでの道を歩んできたわけで、そう思ってしっかり観察しよう。

しばらく行くと『旧帝国生命保険神戸出張所』（現フットテクノビル／1921、清水組）がある。復元工事がなされたので新築のように見えるから、20年代モダニズムを不思議に感じる。その先に赤れんがの『旧第一銀行神戸支店』（現地下鉄みなと元町駅／1908、辰野葛西建築事務所）の少し趣を変えた辰野式が戦災のためにさらに変形して存在する。表面保存なので玄関を入ると地下鉄入口、その先は駐車場だ。『旧横浜火災海上保険会社神戸支店』（現毎日新聞神戸ビル／1925、河合浩蔵）は1階の玄関周りだけの保存で、社章の星の跡が残っていたりする。河合の仕事はこの先にも2棟あるが、装飾の単純化が時代とともに進んでいるようにみえる。海岸通で出合う『旧兼松商店本社屋』（現海岸ビルヂング／１９１１、河合浩蔵）は河合の古い仕事だが、それでも単純化はすでに行われている。

いつも丁寧に作品を作りあげる曾禰・中條の仕事、『旧日本郵船神戸支店』（現神戸郵船ビル／１９１８年、曾禰中條建築事務所）を見る。正面アーチとその下の左右に伸びる蛇腹が見どころだろう。

メリケンロードを行くと、ぼくの好きだった『旧神戸住友ビル』（銀泉神戸ビル／１９３４、長谷部・竹腰建築事務所）があったが、２０１４年に解体された。設計者は大阪・北浜の『大阪証券取引所』をはじめ多くの仕事をしているが、これは別格だった。スパニッシュかイスラムかわからないのだが、おもしろい建物だった。

大きなカーブに沿って列柱が立ちあがる『旧神戸証券取引所』（現神戸朝日ビルディング／１９３４、渡辺節建築事務所）は新しいビルと思って通り過ぎるところだった。カーブの部分が取引所の場立ちの跡と、後で知った。次は新古典主義建築の見本のような『旧横浜正金銀行神戸支店』（現神戸市立博物館／１９３５、桜井建築事務所）。桜井小太郎もJ・コンドルの弟子で、後に英国に

■**歩行距離**：約5.5キロ
●**起点**：JR神戸駅下車
●**終点**：JR三ノ宮駅

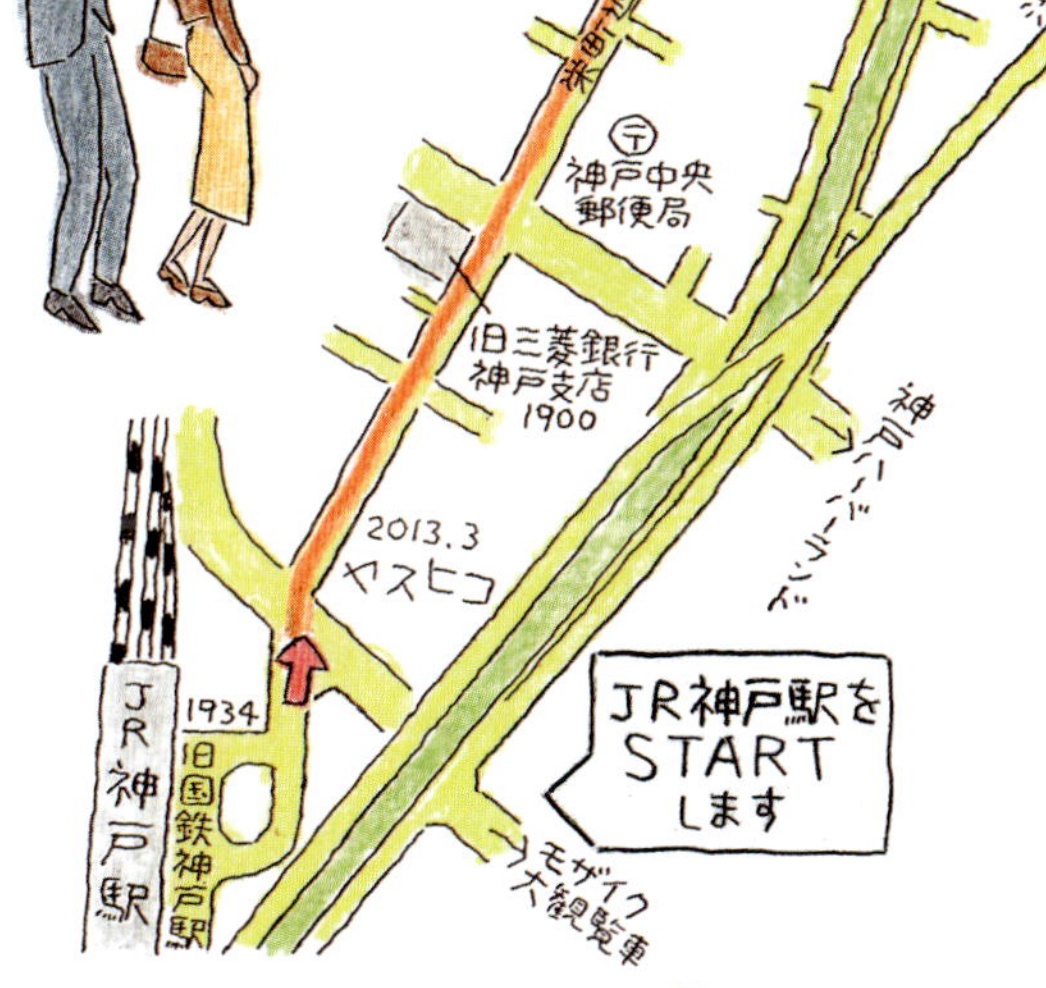

旧神戸居留地15番地

学び三菱に入って企業建築家として腕をふるった人とある。

そして『旧神戸居留地15番館』(1880、設計者不明/重文)にやってきた。初めて見たときはベランダにガラス窓がはまっていたと思うが、阪神・淡路大震災で倒壊したあと初期の姿に復元されている。旧居留地の建物で唯一現存、そして神戸の異人館中最古というので、これは失ってはならない建物だ。『旧三井物産神戸支店』(現海岸ビル/1918、河合浩蔵)は河合の前述2棟の中間期の仕事で、そう思って装飾を見ると、そんなふうに見える。入口扉の木彫りなどは特に興味深く見た。なお外壁に点々とある補修跡は戦時中の米軍機による機銃攻撃の弾痕で、当時この建物を海軍が使っていたためとか。

『旧大阪商船神戸支店』(現商船三井ビル/1922、渡辺節建築事務所)は、この海岸通の中心、ランドマークだ。渡辺らしく上手に飾られた華やかなビルはアメリカン・オフィスビルの典型だそうで、なるほどアメリカ的に軽快で明るい。丸めた角のシンボル部分を下から見上げていくと、渡辺の意図したところがわかる気がする。

『旧川崎汽船本社ビル』(現神港ビルヂング/1939、木下建築事務所)は塔屋の装飾に存在感を見出す。また、『旧チャータード銀行神戸支店』(現チャータードビル/1938、J・H・モーガン)は新古典主義様式の上に普通のビジネスビルをのせたのが見どころだ。イオニア式列柱が立派である。

さて、そこで『神戸税関前庁舎』(1927、大蔵省営繕課)だ。こういう官庁の見学は気遅れするものだが、守衛さんが見学を勧めてくれたので

海岸通の中心は旧大阪商船神戸支店
現商船三井ビルディング
1922

入ってみると、吹き抜けのロビーや階段室が意外におもしろく、見学可のところを全部拝見した。そこで税関の前に並ぶ3棟の建物だが、これがどれも見どころいっぱいで、この界隈は海岸通建築散歩のハイライトにちがいない。

どこもかしこも
おもしろい
旧新港相互館
現新港貿易会館
1930

『旧神戸市立生糸検査所』（現デザイン・クリエイティブセンター神戸〈愛称KIITO旧館〉、1927、市営繕課）の重厚な玄関の上のテラコッタは蚕の頭だとか。入るとそこはおもしろい階段室で、階段の親柱がまた不思議でよろしい。裏手にある『旧国立生糸検査所』（KIITO新館／1932、置塩章）はゴシックを単純化したようで、塔屋と出入口にそれが顕著でおもしろいと思った。

そして『旧新港相互館』（現新港貿易会館／1930、設計者不明）は全体的におもしろく見学させてもらった。まず建物が船を暗示しているようで、コーナーの窓や丸窓、各所の照明、ステンドグラスのアールデコ、階段、廊下のタイルや石貼りがおもしろかった。

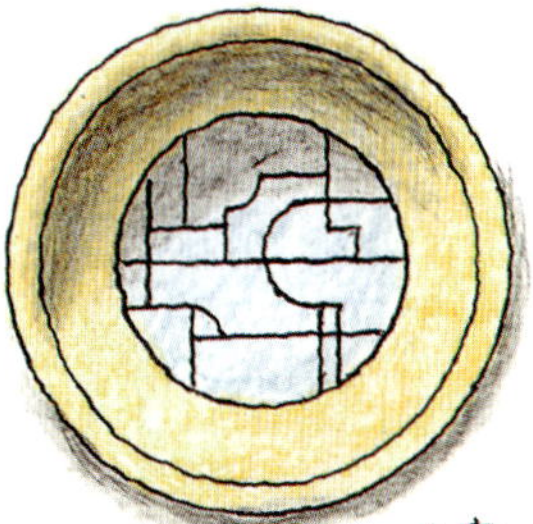
旧新港相互館の丸窓

旧神戸市立生糸検査所の玄関

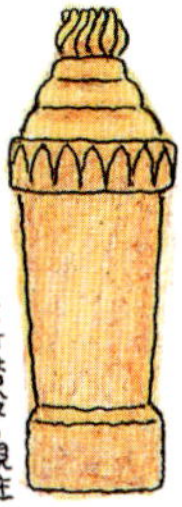
旧神戸市立生糸検査所階段の親柱

税関界隈で時が過ぎ、はや夕方。黄昏が迫る中、『神戸市庁舎1号館』を確かめ、『1・17希望の灯』を仰ぎ見ながらゴールのJR三ノ宮駅へ向かった。

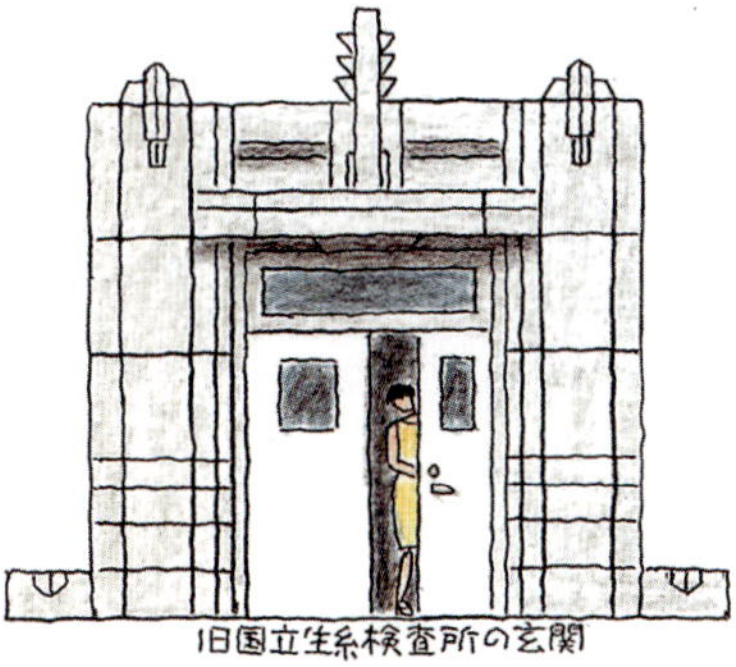
旧国立生糸検査所の玄関

27

神戸山の手の異人館巡り

神戸 北野・山本通

兵庫県

幕末期に結ばれた米国など諸外国との通商条約を受けて1868年（慶応3）にようやく開港した神戸は、居留地の造成が遅れて外国人の居住に間に合わず、仕方なく周辺の地に住むことが認められた。そこは地元の住民に交じって居住するので「雑居地」と呼ばれたが、今の北野町や山本通あたりもその一部に当たる。明治中期に山の手道路の整備が進むと好ましいロケーションのこの地には〝異人館〟といわれる洋式住宅が急増し、今残っている古い異人館はこの時期の建築と聞いた。

平均的な異人館とはどんなものかというと、それは木造2階建てで外壁は下見板張り、ペンキ塗り、おもに南側に開放ベランダを設け、東西にベイウインドウ（1・2階通しの床ぐるみの張出し窓）、窓は上下窓で鎧戸《よろいど》付き、暖炉《だんろ》とレンガ造りの煙突。屋根だけは洋式が難しいため日本瓦葺《にほんがわらぶき》が多かった。このような様式は西洋人が高温多湿のインドや東南アジアへ進出したときに工夫したものだから植民地様式《コロニアル》と呼ぶが、アジアの果ての日本へやって来てみると意外にもはっきりと四季があり、特に冬の寒さには驚いて急遽開放ベランダをガラス戸で覆った。今残る異人館のベランダは多くがそうなっており、家の中に鎧戸があったりするのもそのためだ。

異人館を平面図で見ると、おおよそ3型式に分けられる。中廊下型は建物の中央に玄関ホールと階段室を兼ねた廊下があり、その左右に各室を配する。片廊下

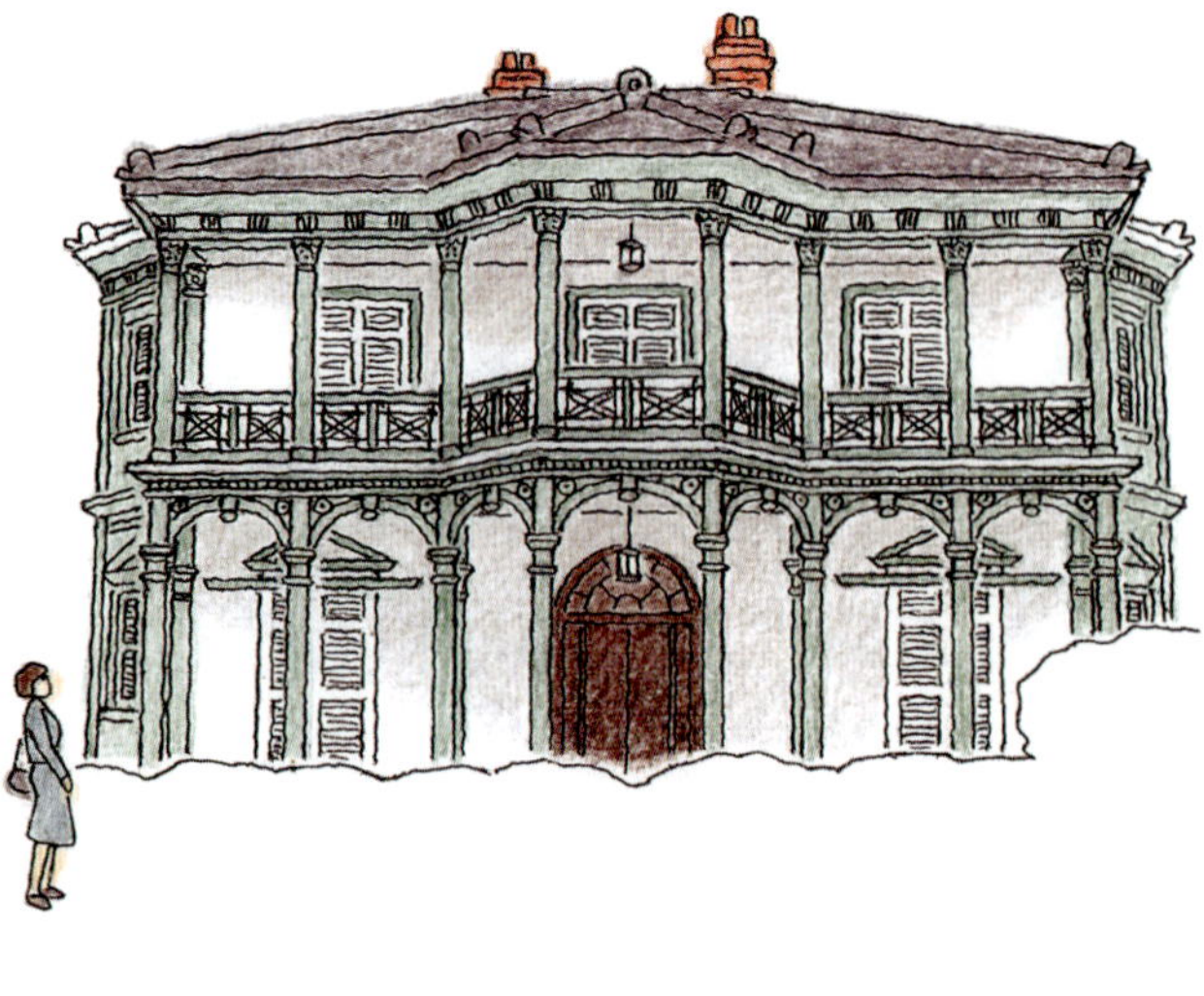

神戸の異人館の代表ともいわれる『旧ハッサム住宅』は北野町から『相楽園』へ移築されて健在である

型は主要な部屋が南側に並んで、その北側の廊下でつながる。ホール型は玄関ホール兼階段室が居間でもあって広く、ここから各室に通じる。以上のどの形式も居間や食堂は1階、寝室と浴室は2階で、厨房や使用人室は別棟というのが多い、とわかったところで異人館中心の建築散歩を始めよう。

北野通と不動坂の交差点を出発する前に、左手の石垣上に前述のようにベランダをガラス戸で覆った白い異人館、『旧ムーア邸』（1898）が見つかる。坂を上ると同じようなベランダの『旧サッスーン邸』（1892）、さらに坂の上には天然スレートを外壁に採用した建物が数棟あり、スレート葺きを「うろこ」と称しているのに気付く。おらんだ坂を下ったところにある『ラインの館（旧ドレウェル邸）』（1915）は取材時は保存修理のため、内部に入ることはできなかった（2019年4月リニューアルオープン）。

■歩行距離：約2.5キロ
●起点：JR三ノ宮駅からシティー・ループ10分北野異人館下車、または徒歩1キロ、15分。／山陽新幹線新神戸駅から徒歩700メートル、10分
●終点：山本通3丁目から市バス7JR三宮町1丁目下車、または徒歩1キロ、12分

この『風見鶏の館(旧トーマス住宅)は
神戸の異人館の類型にはまらない
独自の建物といわれている

『パラスティン邸』(1914)は玄関ポーチが少々古典的で、2階の閉じたベランダに円柱が並んでいるのがおもしろい。

『北野天満神社』は平安時代に平清盛の福原遷都の際に地名に因んで京都の北野天神を勧請したと伝わり、北野村の時代には村社だったので展望も兼ねて参拝したいが、その前に脇の坂を上りつめて『旧トーセン邸』(1919)を塀越しに見学する。外壁モルタル吹付け、2階はガラス戸付きだが1階が開放ベランダである。神社参拝後は展望台から神戸の街と港を見晴らす。『風見鶏の館(旧トーマス住宅)』(1909頃、G・デ・ラランデ)は前記・異人館の類型とはまったく別の、ドイツ建築の重厚感が際立つ建物だ。塔屋の尖端に付く魔除けの風見鶏はその昔、人気連続テレビドラマの題名になったために異人館の街・北野が一躍有名な観光地になったといういわくのもの。ちなみにデ・ラランデはドイツ帝室建築家の称号を持ち、在日外国人の住宅などを多く手掛けた人だ。『萌黄の館(旧シャープ住宅)』(1903頃、ハンセル)は木造下見板張り、ベランダ付き様式の典型的な例で、平面は中廊下型、在神戸アメリカ総領事H・シャープの自邸として建てられている。

次の物件を目指して歩くと、道路脇の塀に丸にHのロゴが連続して見つかる。その先には門柱と鉄門扉の一部もあって、これらはこの近くにあったハンター邸(後述する『旧ハンター住宅』)に由来する。アイルランド出身の実業家E・H・ハンターは幕末期に来日、貿易商から造船業に発展し日本女性を娶《めと》り、北野町の高台に住んだ。ハンターが馬車で通行するために私財を投じて整備した道が、今はハンター坂と呼ばれている。『旧マリニン・フタレフ邸』(1901)も南側へ回ってみると下見板張り、2階

神戸アメリカ総領事邸として建てられた
『萌黄の館(旧シャープ住宅)』

はガラス戸付き、1階は開放ベランダというパターンである。狭い路地の突き当たりの『丹生《たんじょう》邸』（1906）も2階にガラス戸付きベランダ、古典的な玄関ポーチという造りだ。『鄭《てい》邸』は外壁モルタル吹付けで上下窓の鎧戸付きだが、

『旧ハンター住宅』は英国人貿易商E.H.ハンターの住宅として北野町にあったが現在は神戸市立王子動物園内に移築されている

ひと時代新しいものを感じる。『神戸華僑総会（旧ゲンセン邸）』（1909）は設計者がハンセル（推定）とあり、やはり下見板張りでガラス戸付きベランダだが美しい建物だ。『旧グラシアニ邸』（1908）も同様で南面にベイウインドウとベランダが並ぶ。『旧ボリビア領事館』（1911）もまたガラス戸付きベランダで、外壁のモルタル吹付けは以前は下見板張りだったとある。

山本通に出ると『門邸（旧ディスレッセン邸）』（1895、ハンセル）は下見板張り、上下窓の鎧戸付き、ガラス戸付きベランダと類型的だが切妻のスティックワーク（木材によるゴシック系の飾り）が印象的だ。そして隣の『シュウエケ邸（旧ハンセル自邸）』（1896、ハンセル）ではさらに切妻やベイウインドウの飾りがよくできている。ここでハンセルは玄関の屋根の流れ造り（神社の屋根の形式）や大棟に載る鯱《しゃちほこ》といった和風も試している。A・N・ハンセルは北フランス生まれ、英国で建築を学び、1888年（明治21）に来日。1920年（大正9）に日本を去るまで関西中心に仕事をした。英国王立

『シュウエケ邸（旧ハンセル自邸）』は何棟もの異人館を設計したA.N.ハンセルの自邸として1896年に建てられた

建築家協会の正会員だが、同会員は日本で仕事をした外国人建築家の中ではJ・コンドルとハンセルのふたりだけとか。

下見板張り、開放とガラス戸付きの1・2階ベランダ、ベイウインドウとボウウインドウが並ぶ『キャサリン・アンダーセン邸』(1899)を見たのち山本通とトアロードの交差点でゴールとなるが、特別付録として3物件を紹介する。

ベイウインドウとボウウインドウ(弓型ベイウインドウ)が並んでいる『キャサリン・アンダーセン邸』

①『旧ハッサム住宅』(1902頃、ハンセル)は神戸の異人館代表ともいわれる整ったプロポーションの美しい住宅で、1・2階開放ベランダ、東西にベイウインドウ、平面は中廊下型。ベランダ中央突出部に溝付き円柱、ほかは角柱で、2階で柱頭飾りが付く。国重要文化財。神戸市『相楽園《そうらくえん》』に移築されている。②『旧小寺家厩舎』(1907頃、河合浩蔵)は小寺家の馬車と自動車の車庫で、2階に厩《きゅう》務《む》員《いん》室を備えた塔屋付きの棟が下のイラスト。その右に2階吹抜けで6頭収容の馬房と馬糧庫《ばりょうこ》のある棟(妻飾りが見どころ)がつながる。河合はJ・コンドルの教え子で妻木頼黄《よりなか》らとドイツ留学をしており、そのため作風はドイツ色が強く、この厩舎でもそれが遺憾なく発揮されている。国重要文化財。①と同じ『相楽園』内にある。③『旧ハンター住宅』(1889頃、設計者不詳)は前述のE・H・ハンターが住んで北野町の高台にあった建物。異人館の中でも相当に豪華な邸宅で国重要文化財。神戸市立王子動物園のカバ舎の隣に移築されている。阪急神戸線王子公園駅下車至近。

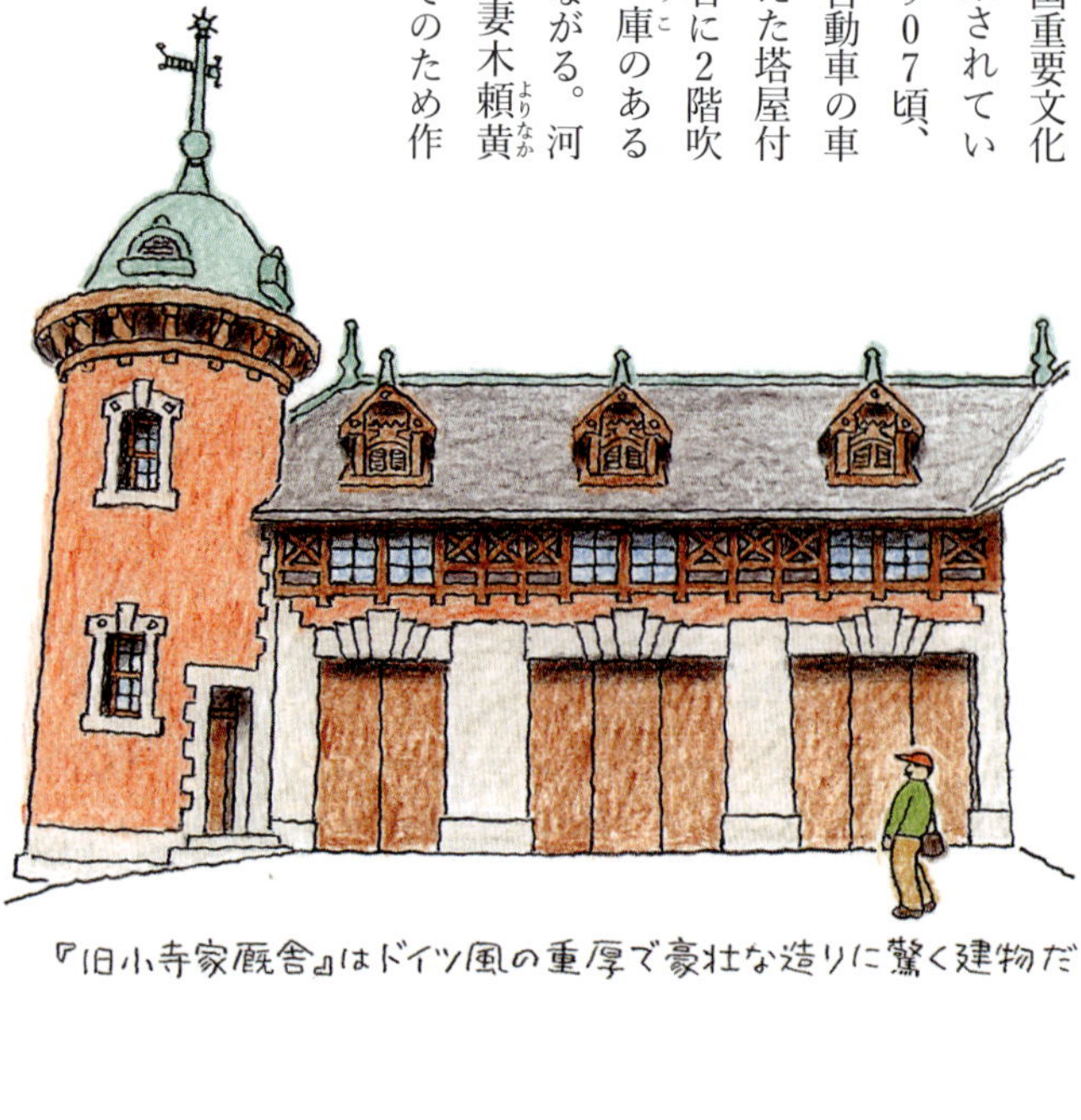

『旧小寺家厩舎』はドイツ風の重厚で豪壮な造りに驚く建物だ

かつての国際貿易港に残る歴史的建造物群

門司

福岡県

門司建築散歩のスタートは『門司港駅』で、まずこの駅舎からして、現役の鉄道駅舎で初の国指定重要文化財だ（2019年3月保存修理工事完了）。

関門鉄道トンネルは下り線開通が1942年（昭和17）、全線開通は1944年で、トンネルの都合で九州最初の駅が2つ小倉寄りの大里《だいり》になった。そこで大里が門司になり、門司は門司港となって本州〜九州直通の列車からは取り残されてしまった。立派な駅舎のわりに利用客が少ないのは、そのような事情による。

駅を出たら右隣の『旧三井物産門司支店』（1937、松田軍平）と駅正面の『旧日本郵船門司支店』（1927、八島知）のビルに注目する。ともに一見して昭和初期の設計とわかるし、近寄って見ればさらに時代色が見てとれる。前者のキュービズム風レリーフや、後者の正面入口やエレベーター回りだ。そしてともに、門司港が貿易港として繁栄した時代の記念碑のように思う。駅を出て右斜め前の『旧門司三井倶楽部』（1921、松田昌平）も同じだが、ハーフティンバー風の贅沢な造りの建物は緑の山を背景に広い庭をひかえてあるべきなのに、駅前に移築されて所在なさそうにしているのは気の毒だ。

けれども『旧大阪商船門司支店』（1917、河合幾次・内海鶴松）の華やかなオフィスビルに出合うと、楽しくなる。門司の歴史年表によると1889年（明治22）に早くも門司は特別貿易港

■**歩行距離**：約7.2キロ
●**起点**：JR鹿児島本線門司港駅
●**終点**：JR山陽本線門司駅

に指定されている。企業や銀行の支店が建ち、1898年（明治31）には『日本銀行支店』がおかれた。1914年（大正3）に入港汽船トン数で門司港は神戸港を抜き去り、全国1位になったのだから立派だ。このビルが建つ3年前のことである。この建物は遠目には様式主義に見えるが、近づくと装飾が単純化されていて、意外な新しさを感じた。建設時は建物の前がすぐ桟橋で、八角形の塔屋の灯りが灯台の代わりをしたという。

開閉橋を渡ると、『旧門司税関』（1921、妻木頼黄《よりなか》・咲寿栄一）が威厳を持って存在する。大蔵省営繕の設計で妻木頼黄指導とあるが、妻木が得意としたドイツ・バロックではないようだ。中へ入ると、外観とはまったく印象が違った。

東港町の『出光美術館』（2016改築、岡田新一設計事務所）は、『旧出光商会資材備蓄庫』を活用して北九州市都市景観賞を受賞している。出光コレクションを鑑賞する場所が、出光ゆかりの門司にできてよかったです。

1924年（大正13）、当時電話は郵便局の管轄だったので、電話交換機が並ぶ『旧門司郵便局電話課』（1924、山田守）の施設を逓信《ていしん》省営繕課の錚々《そうそう》たるデザイナーのひとり・山田守が門司に建て、幸い保存もよくここにあるので、感慨深く眺めた。思い切りのよい縦線の強調と、そこにはめ込まれた入口はいまも新しいが、大正末期の門司ではどう思われただろう。ドイツ表現主義の影響ありと思うが、これは専門家に聞いてみたい。

1891年（明治24）に私鉄・九州鉄道の門司〜玉名（当時は高瀬）間が開通して門司駅ができた。『九州鉄道本社』（九州鉄道記念館／1891、不詳）も同年、博多から鉄道の中心地・門司に移った。そしていま、その赤レンガビルの前にやってきた。これは門司に建てられた初めての本格オフィスビルで、東京・丸の内の『三菱一号館』（1894、J・コンドル）より3年早い。設計者とされるH・ルムシュッテルは鉄道建設技師とあり建築の専門家ではないようだが、明治初期にはそういうケースが多かった。胴蛇腹《どうじゃばら》の〈矢筈積《やはずづ》み〉レンガは有名なので、自然に目がいく。この建物は明治24年という時期にこの地に建てられたことに、意義があると思う。

国道3号沿いに坂を上り分岐を見送った先で、高台に立つ昭和モダ

旧門司郵便局電話課（NTT門司電気通信レトロ館）東側入口

2012.11 ヤスヒコ

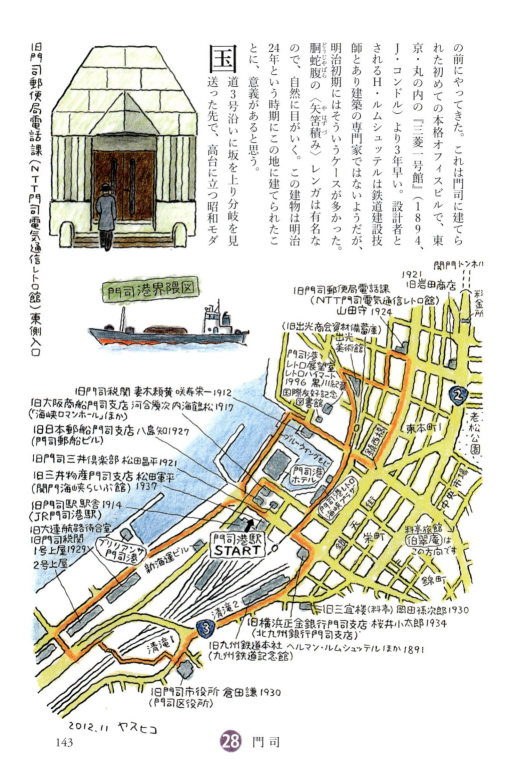

ンの『旧門司市役所』（現門司区役所／1930、倉田謙）がいやでも目に入る。まず軒飾りが目立ち、次に丸めた角の窓や半円に張り出した車寄せに目が移る。スクラッチタイルの外壁が改装されて現

状になったと聞いた。裏口は改造されているが内側にオリジナルが隠れていた。

鉄道線路を歩道橋で越えて海側へ。西海岸3号上屋、2号上屋と見て、1号上屋（1929）は取材時には改装中だったが、合同庁舎寄りの部分が『旧大連航路待合室』に違いなく、工事用フェンスの間から表現派風のファサードを覗いた（2013年多目的施設「旧大連航路上屋」としてオープン）。

駅に戻って門司港散策を終え、次の散策地・小森江へ向かうべく一駅だけ電車に乗る。『小森江駅』から海へ向かうと国道199号線に出る。上り方向を見ると赤レンガの建物が連なり、『ニッカウヰスキー門司工場』の看板が見える。それから下り方向へ行くと赤レンガの倉庫や工場が両側に次々と現れ、やがて赤レンガ3階建の大工場に出合って驚く。これらはすべて『関門製糖株式会社大里製糖所』なので立ち入り禁止だが、道路からもよく見える。さらに行くと埠頭が見え、先端の波が打ち寄せる場所に赤レンガの事務所らしい建物があり、建物といい場所といい実に好ましいのだが近寄れない。この建物は後で『旧門司税関大里仮置場詰所』（1910）とわかった。

関門製糖(株)大里精糖所の埠頭の
波が砕ける埠頭の先端にある赤れんが
の建物は門司の歴史の証人
1910年(明治43)築造

国道199号線沿いのこれら大量の赤レンガ工場倉庫群は、1904年（明治37）に建てられた神戸の『鈴木商店』（神戸八大貿易商の一つ、当時は砂糖取引商）の精糖工場群で、後からバイパス道路が開通したため道路沿いになったと

のこと。明治の赤レンガ工場倉庫群に圧倒された小森江に別れを告げて、再び電車で一つ小倉寄りの『門司駅』(旧大里駅)に向かったのだが、そこにはさらなる驚きが待っていた。

『門司駅』の北側に赤レンガの大型の建造物があることを、取材初日に小倉から門司港に向かう電車の窓から見て、あれは何だと思っていた。これまで見たレンガ建築は3階建が限度で、高さも教会の礼拝堂程度だ。ところが『門司駅』の北側へ行ってみたら、大型の建物は『旧帝国麦酒株式会社醸造棟』(1913)で、レンガ造7階建、延床面積3029・33平方メートルとある。前に立つと大カテドラルのようで、呆然と眺めた。近寄ると確かに醸造所らしくパイプ穴がいくつも空き、れんがは古び、ツタがからんで欧州のどこかを旅している気分になった。

そして隣の建物を見て、また一段と驚愕した。淡褐色の石造と思われるこの棟は小さいながらもチューダー・ゴシック様式のように見え端正で清々しく、またもや欧州旅行の気分となった。しかしここは関門海峡を望む九州北端の地で、入口には『門司麦酒煉瓦館』とある。中に入って尋ねると建物は『旧帝国麦酒株式会社事務所棟』1913年(大正2)の築で設計者は林栄次郎、鉱滓《こうさい》れんが造2階建塔屋付とある。『八幡製鉄所』から出た鉱滓で作る鉱滓レンガが一見して石造に見えたのだ。このレンガは触れてみても石のようで、九州では珍しくない建材とか。そして、様式建築のように見えるが近づくと装飾部分が大幅に単純化されている。見応えのある『門司駅』北側の建造物群はほかに『旧帝国麦酒』第一、第二倉庫、変電棟(これも興味深く見た)とあり、総称で『門司赤煉瓦プレイス』となっていた。

見てきたさまざまな建築の姿を反芻《はんすう》し、あれこれ考えながらゴールの門司駅へ向かった。

門司赤煉瓦プレイス(大里本町3)
にある門司麦酒煉瓦館は
旧帝国麦酒(株)事務所棟として
1913年(大正2)に林栄次郎設計
で建てられた鉱滓れんが造で
現存最古の鉱滓れんが建築です
帝国麦酒は同年「サクラビール」発売
石造ではないのか

29

異国情緒溢れる外国人居留地を歩く

長崎山手

長崎県

長崎の外国人居留地は1859（安政6）年に、五カ国修好通商条約による開港にあわせて設けられた。同時に開港した箱館、横浜と比べて居留地の規模は大きく、大浦町を中心に埋め立てが行われ、東山手、南山手、それに出島や新地も加わる広範囲な外国人居留地ができ上がり、埋立地には商館やホテル、山手には領事館や住宅が建った。居留地に立ち並んだそれらの木造西洋館群は今思えば日本の近代建築の始まりにあたるわけで、現在も幕末・明治の西洋館が多く残る旧居留地から、長崎の建築散歩を始めることにした。

長崎電気軌道の大浦海岸通停留所を南方向にスタートすると『旧長崎税関下り

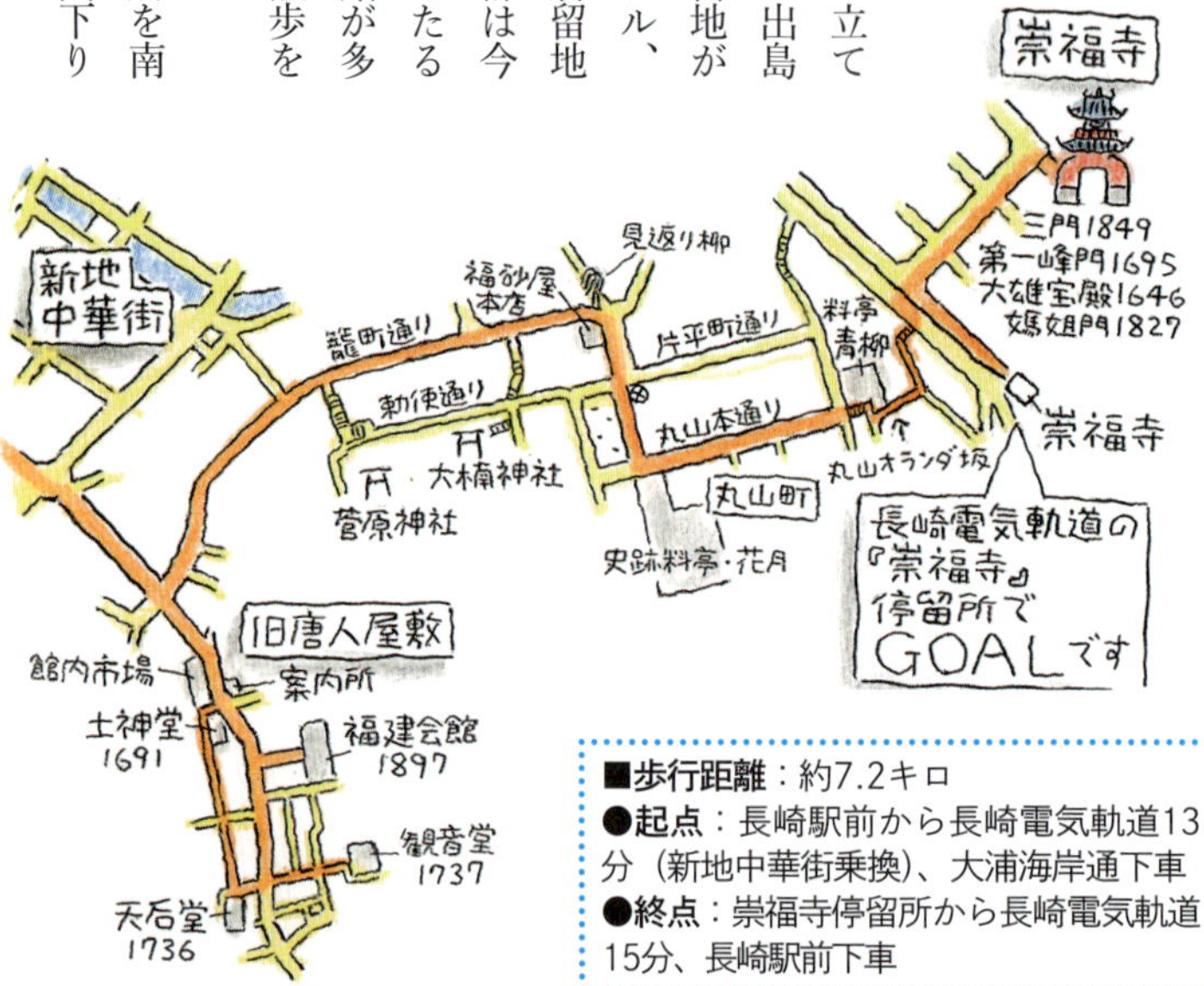

■**歩行距離**：約7.2キロ
●**起点**：長崎駅前から長崎電気軌道13分（新地中華街乗換）、大浦海岸通下車
●**終点**：崇福寺停留所から長崎電気軌道15分、長崎駅前下車

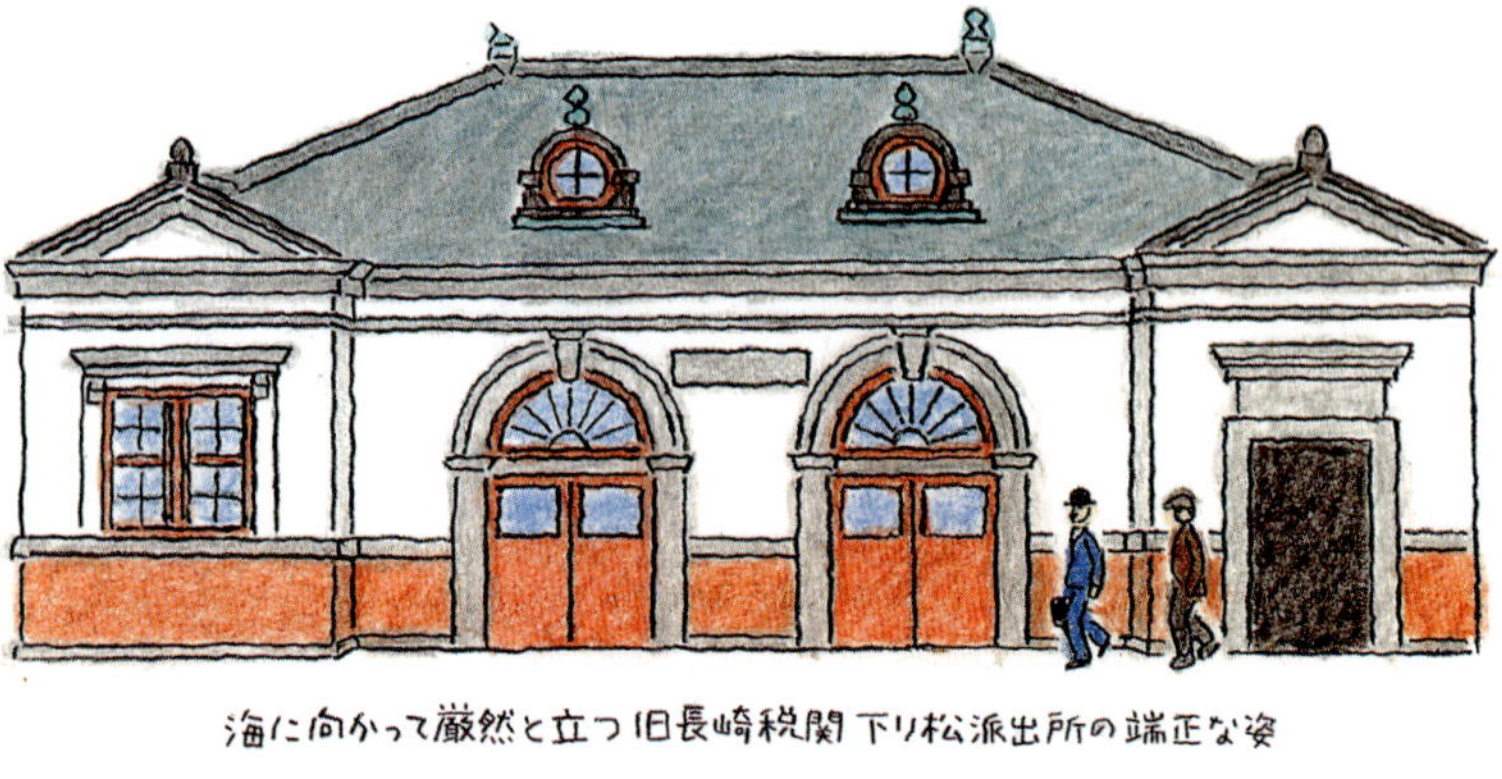

海に向かって厳然と立つ旧長崎税関下り松派出所の端正な姿

松派出所』（現長崎市べっ甲会館／1898）の、明治の役所らしく端正にして威厳に満ちた建物に出合う。またその先には『旧香港上海銀行長崎支店』（1904、下田菊太郎）の古典主義様式による格調ある建物があり、現在は記念館になっている。その角を曲がり右にクランクすると突き当たりの崖上に『旧W・ウォーカー住宅』（南山手地区町並み保存センター／明治中期）、その先右下に『南山手乙9番館』（須加五々道美術館／明治中期）が見える。いずれも明治中期の西洋館で、いわゆるコロニアル式住宅だ。この先も長崎の旧居留地散策では明治期に西欧人によって建てられたベランダのあるコロニアル式住宅が続々と現れるので、それを通して当時の西欧人が長崎で住むのにふさわしいと思っていた建物がわかる。けれどもそれは元来、インド、東南アジア

南面と西面が
1、2階ともに
全面ベランダだった
旧杠葉病院本館

あたりの高温多湿気候に対処するために西欧人が考えたもので、そのまま日本に持込んだわけだ。ところが日本の夏は確かに高温多湿だが四季があって冬は結構寒く、吹きさらしのベランダが不都合なのにハタと気付いた。その結果どうしたかというのは、このあとすぐにわかる。

居留地時代から変わっていないというドンドン坂を上りきるとマンサード屋根の『旧マリア園』（1898、センネッツ修道士／現在ホテル化計画あり）があり、左へ行くと崖上に『旧杠葉《ゆずりは》病院』（明治中期）別館と本館が見えてくる。ともに、西欧人が施主の住宅だったものだが、後者は1、2階のベランダがガラス窓で覆われており、これが先ほどの日本の冬を知った結果だ。

『グラバー園』に入ったらまず長崎のランドマーク『旧グラバー住宅』（1863）へと向かう。幕末維新時代の日本へ来て大成功した商人のグラバーは長崎の海と町が一望できる高台に屋敷を構え、大いに気分がよかったに違いない。この建物は住宅とあるけれど、ぼくは初めて訪ねた時、この家は玄関がないし（実はあるのだが）不思議な家だと思った。平面がクローバー形なのも珍しくてつかみどころのないこの建物は、何度か訪ねるうちにこれは住宅ではなく（人が住んではいても）、すばらしい場所で景色や環境を楽しみ遊ぶのを目的にした建物で、日本建築でいえば四阿《あずまや》とか庭にある茶亭のようなものと理解した。近くの『旧リンガー住宅』（明治初期）『旧オルト住宅』（1864―1865）はそれとは違い、立派で格式もしっかり

長崎のランドマークである旧グラバー住宅は連日見物客でにぎわう

した〝住宅〟である。

『旧三菱第2ドックハウス』（1896）の脇で園外に出て垂直エレベーターを下って左へ行き、『南山手乙27番館』（1864―1865）へ。幕末の慶応年間の築であるこの建物は木材と石の使い分けがおもしろい。6つのアーチが並ぶ石床のベランダも好ましく、南山手では『旧グラバー住宅』と並ぶ注目すべき建物だと思う。

明治以前の1864-65年頃に建設とある南山手乙27番館

居留地時代そのままとある祈念坂を下って長崎のもうひとつのランドマーク『大浦天主堂』（国宝／1864、フューレ神父、プチジャン神父、小山秀）へ。この礼拝堂は画像が残っているので明治初めの増改築以前の姿と現状を見比べると興味深いと思う。天主堂は正しくは『日本二十六聖殉教者天主堂』である。隣接する2棟はともにベランダがあり、この時代の居留地の西洋館はベランダが定番だったことを痛感する。それからまた旧居留地らしい石の階段道を下って、東山手地区へと向かう。

オランダ坂を上るとすぐに、洋式賃貸住宅団地といった風情の『東山手洋風住宅群』（1897頃）がある。さらに坂を上っていくと、V字形の側溝や右手の石段道も居留地時代の名残とあり、これらは長崎のノスタルジーなのだなあと思った。そして『活水《かっすい》女子大学』（1926）の角で左へ急坂を下ると『東山手12番館』（旧居留地私学歴史資料館／1868）に出合う。これまで旧居留地の西洋館を見てきた目には何か特別な重さや深さを感じるこの建物を、しばらく鑑賞しよう。幅が広く床材の厚みが見えるベランダは、床下が吹き通しだ。

オランダ坂を下りて海岸通りに出ると『旧長崎英国領事館』（1907、ウィリアム・コーワン／保存修理のため2025年まで閉館）の赤レンガの姿がある。レンガは壁も塀も当然イギリス積みで、閉じた門越しに本館を見たあと裏に回ると職員宿舎という別館があり、表と裏の相違がおもしろい。

『出島』は江戸時代の1636年（寛永13）に築かれた人工島で、初めポルトガル人に貸与、後に和蘭《オランダ》商館が入り、鎖国中に西欧への唯一の窓口となった。当時の建物は1棟も現存しないが、復元が進んでいるので散策コースに入れてみた。『旧唐人屋敷』は当時散在していた中国人を一カ所に集めるべく1689年（元禄2）に完成した場所とあり、現在は

小菅修船場跡にある建物は
船を曳き揚げるための
蒸気機関の建屋だ

『土神堂』『福建会館』『観音堂』『天后堂』といった史跡を中心に整備が進んでいるので、こちらも散策コースに入れた。そして昔、日本三大遊所のひとつといわれた丸山町を丸山本通り、丸山オランダ坂と通って『崇福寺《そうふくじ》』へと向かう。

『竜宮門』（正しくは三門）で知られる『崇福寺』は1629年（寛永6）、中国福建省出身の人々によって建てられたとある。ぼくが瞠目《どうもく》したのは『第一峰門』（国宝）の軒下の組物で、これを文字で表すのは難しい。解説書には〝四手先三葉栱《よてさきさんようきょう》〟とある。本殿である『大雄宝殿』（国宝／1646）、『護法堂』、そして『媽祖《まそ》門』（1827）がまた見るべきものだ。媽祖は海上守護神とあり、長崎港の船から見えるように旗を立てたという竿石《さおいし》が境内にある。また同じく境内にあった、お札を焼却する「金爐」にもいたく感心した。

崇福寺停留所をゴールに散策は終わりだが、特別付録としてふたつの物件を紹介する。まずひとつは市内小菅町にある『小菅修船場跡』で、1868年（明治元）に完成した日本最初の洋式ドックだ。船を曳き揚げる台がソロバンのようなのでソロバンドックと通称されたが、その動力になる蒸気機関の建屋が〝こんにゃくレンガ〟と呼ばれる扁平《へんぺい》なレンガで造られているので、これを確認する。

次は『国際海底電線小ヶ倉《こがくら》陸揚庫』（1871）で、1871年（明治4）からの12年間に長崎〜上海間に2本の海底ケーブルを国際通信用としてグレートノーザンテレグラフ社（デンマーク）が敷設し、そのケーブル端がこの近くに陸揚げされたのだ（移築なので現在地ではない）。建物は明治4年に完成し、何故か壁がレンガ積みと石積みが半分ずつである。そのレンガもまた〝こんにゃくレンガ〟なので、明治4年に海底電線敷設という驚くべき事柄とともに興味津々、確かめた。以上ふたつの物件へのアクセスは、長崎駅前から野母半島方面行きバスを使用する。

国際海底電線小ヶ倉陸揚庫は1871年に建設された

30

特有の石造建築と島津家の文化遺産を巡る

旧鹿児島県立博物館考古資料館

鹿児島

鹿児島県

あっと驚いて立ち止まりあらためてじっと見つめ、それから近寄って子細に点検してなるほどと感心する、鹿児島にはそういった建造物が数多くあり、建築ファンにとって鹿児島は絶好の散策地であると思う。

散策のスタートは市街の中心、天文館通電停で、出発するとすぐに『鹿児島県立博物館』（1927、岩下松雄）に出合う。曲面を玄関にした昭和初期モダンらしい建物は、当初、『鹿児島県立図書館』として建てられたとある。当時、県の建築課勤務だった設計者は、この後も鹿児島の学校や気象台を当時のモダン感覚で設計している。

『鹿児島県立博物館』の先に閉鎖中の古くて地味な建物があるが、これはぼくが初めて鹿児島を訪ねた時に強く印象づけられて以来、ずっと気になっている建物だ。石造の洋風2階建てで相当な年代ものに違いなく、全体にトロピカルな異国情緒が漂い不思議な魅力を感じる建物である。築年を調べたら1883（明治16）年とあり、これはなんとあの『鹿鳴《ろくめい》館《かん》』と同じだ。名称は『旧鹿児島県立博物館考古資料館』（設計者不詳）とあり、来歴を見ると第24回九州沖縄連合共進会というもののパビリオンに始まって『鹿児島県立興業館』など地元の発展に貢献した建物らしく、戦災で内部を焼失して石造の外観が残ったとある。この石造という点に注目すべきで、鹿児島では明治・大正のレンガ時代にレンガではなく県産の溶結凝灰岩という石を建材に多用しており、この後の散策でも〝石造の鹿児島〟が次第にわかってくる。疑問に感じていたトロピカルな印象については『かごしま検定』（鹿児島商工会議所編）という本に「建築に際して仏教関係者が資金協力を行ったことから、インド風の様式が採られて……」とあるので、なるほどそうだったのかと思った。

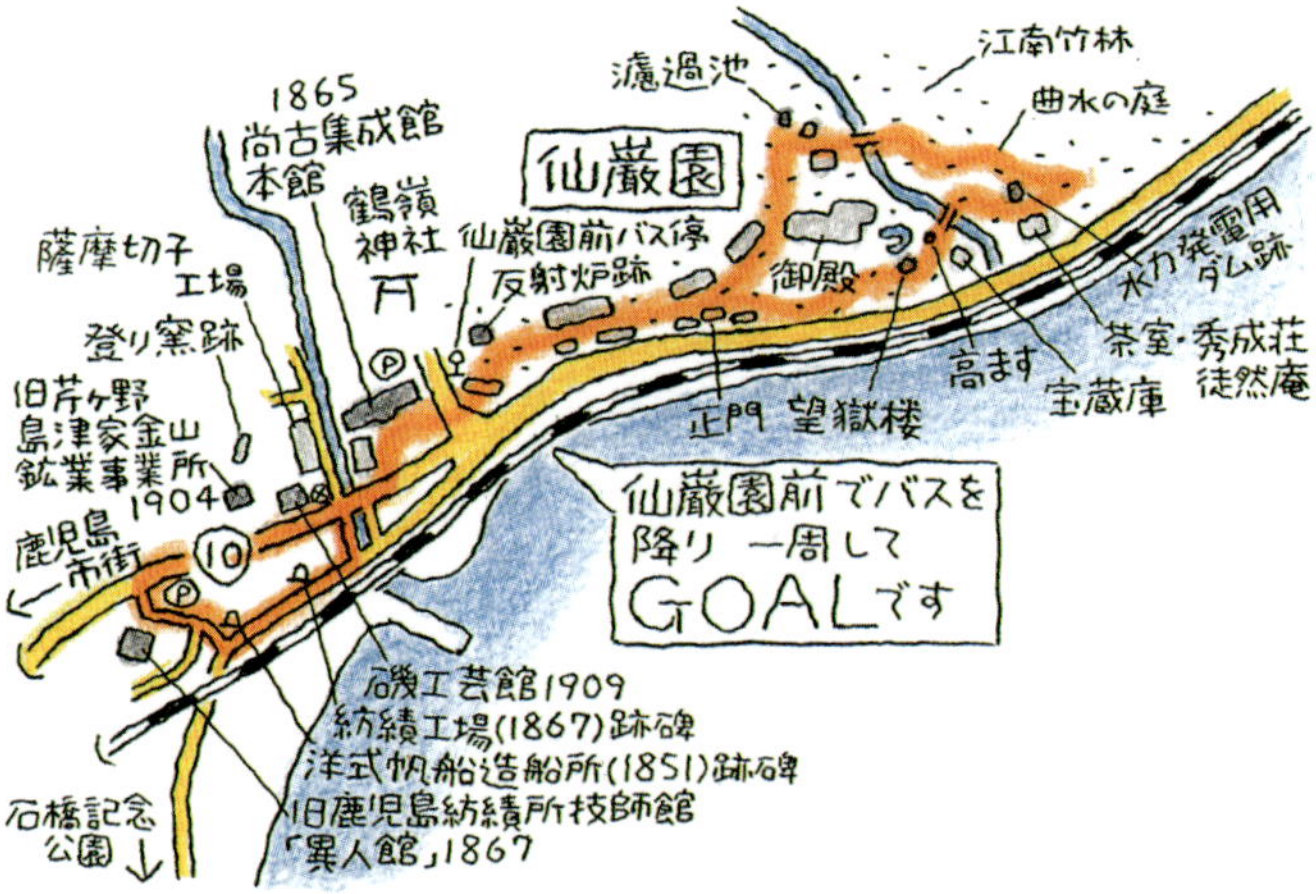

『中央公園』にある『鹿児島県教育会館』（１９３１、三上昇・畑村源次郎）の左右対称のシンプルな建物を見て、それから頭の大きさ（５・７頭身）が話題の西郷隆盛銅像（１９３７、安藤照）の前で『鹿児島市中央公民館』（１９２７、片岡安）に対面する。昭和初めの公共建築らしい堂々とした構えで、細部も見どころが多い。

朝日通りの交差点では『南日本銀行本店』（１９３７、三上昇）に出合う。古典主義様式の上に当時のモダン感覚をのせ、南北両角でそれが3段に立ち上がるという建物は、建設当初は随分目立ったことだろう。『鹿児島銀行本店別館』（１９１８、設計者不詳）は、小さいながらも付け柱のオーダーが立派で重厚な構えだ（２０１６年解体）。

一見石造に見えないが石造の豊産業の社屋

『泉町麹や』は石造倉庫（大正年間）を活用しており、出入口のアーチに〝石造の鹿児島〟を感じる。この辺りは港に接する石造倉庫街だったので、その名残を現代ビジネスにおもしろく活用する例がいくつも見つかる。朝日通り角の『豊産業社屋』（大正年間、設計者不詳）も一見そう見えないが石造建築で、細部も見どころが多い。2階がレストラン・バーになっている。

みなと大通りの目止まり位置に、ぼくが懐かしいと感じた『鹿児島市役所本館』（1937、大蔵省営繕管財局工務部）がある。昭和初期の官庁舎の典型で、塔屋が高く両ウイングが広がって権威を示している。その先の旧県庁跡地に大型の現代建築『かごしま県民交流センター』（2003、日建設計）があり、前庭に『県政記念館』（旧鹿児島県庁舎本館玄関部分／1925、曾禰中條建築事務所）が保存されている。これまでの建築散歩でも度々作品を見てきた曾禰中條建築事務所の端正で格調ある仕事に、しばらく足が止まる。

　城山入口交差点の北側は西郷隆盛の私学校があった所で、石垣に西南戦争当時の弾痕が多数残り、戦いの激しさを示している。それを見ながら行くと市営周遊バスの薩摩義士碑前バス停があり、ここで仙巌園《せんがんえん》前行バスにのる（少し手前に同名の停留所があるが、それは城山経由だ）。

■**歩行距離**：約5.5キロ
●**起点**：鹿児島中央駅から市電8分、天文館通下車／仙巌園へは薩摩義士碑前から鹿児島交通バス10分
●**終点**：仙巌園から鹿児島バス26分、鹿児島中央駅下車

仙巌園前でバスを降り、『仙巌園』に入場する（有料）。反射炉跡を見て奥へ進むと藩主の別邸、すなわち『御殿』がある（見学は御殿共通券が必要）。さらに行くと、橋の手前に『高枡《ます》』という水の分岐と水量を調節する石造の水道施設がある。つまり給水塔も石造なのだ。『曲水の庭』の近くに『水力発電用ダム跡』があり、これもすべて石造だ。庭を巡り『江南竹林』から橋を渡ると分岐の角に『濾過池《ろかいけ》』（1907）がある。説明にはわき水を集めて濾過して配水したとあるが、濾過水槽は地中にあり、石造の小建築はその覆い屋だ。そして2つ並んだ出入口にそれぞれペディメントと付け柱のオーダーが備わり、小さいながらも古典主義様式を採っているのに驚く。ローマ神殿風の祠《ほこら》とも思えるこの小さい石造物件を見落とさないようにしよう。石の棟札に明治40年の起工日と竣工日が彫ってある。

仙巌園内にある濾過《ろか》池
これは地上部分の覆い屋（石造）である

『仙巌園』を退出して『尚古集成館本館』（1865、設計者不詳）へ。幕末期に藩主・島津斉彬《なりあきら》はこの地（磯）に西洋工業技術を導入した工場群『集成館』を建設した。つまり自らの屋敷内で産業革命を実行したのだ。1852年に発足した工場群は薩英戦争で焼失し、その後再建された工場のひとつである石造の機械工場が現『尚古集成館本館』で、建物は当時のままだ。けれども、確かに洋式工場建築なのだが子細に見ると不思議な点があり、小屋組のキングポストト

旧鹿児島紡績所技師館「異人館」
竣工当時の様子を想像して描いてみた

ラスも何かヘンなので、これも一種の擬洋風になるのかもしれない。しかし幕末という時代に、これだけのことをよくやったものだとつくづく感心する。

『磯工芸館』(旧島津家吉野殖林所／1909、限元長栄)、『旧磯珈琲館』(旧芹ヶ野島津家金山鉱業事業所、現スターバックスコーヒー／

旧鹿児島刑務所の正門

1904)を見て過ぎ、『旧鹿児島紡績所技師館「異人館」』(1867、設計者不詳)へ。この建物は集成事業のひとつである紡績工場の建設と操業の指導者として英国から招いた7名の技師の宿舎で木造2階建て、四方に開けたベランダを持つ典型的なコロニアル様式だ。

設計者はT・J・ウォートルスという説と、そうではないという説があるのでここでは不詳としておく。ウォートルスはこの時代の日本の必要に何でも応じるといった渡りの建設技師で、薩摩では奄美大島で精糖工場やそれに関わるさまざまな施設を建設、その後、大阪の『造幣寮』で大仕事をこなし、東京では『大蔵省金銀分析所』、『竹橋陣営』、『銀座煉瓦街』と多くの業績を残したが、後にその仕事の質が問われて評価を下げた。その『造幣寮』で『中・上等洋人館』の模型を見たら『旧鹿児島紡績所技師館「異人館」』にそっくりだったので、その時はウォートルスだと思っていた。

これで建築散歩もゴールとなるが、市営周遊バスで市街に戻る途中の『石橋記念公園』に立寄って、甲突川から移設された石橋を見学。また西洋の古城の門と間違えてしまいそうな石造の『旧鹿児島刑務所正門』(1908、山下啓次郎・太田毅)を『鹿児島アリーナ』でしっかり見れば、〝石造の鹿児島〟散策はさらに充実したものになる。

「GOOD NEIGHBORS」は石造倉庫(大正年間)を巧みに生かしている

あとがき

　1枚の手描き地図がある。どこかの町の一角を描いたらしく、詳細な住宅地図のようにも見える。

　この地図を描いたのは実はぼくである。描いた場所は東京の旧日本橋区米澤町。現在の中央区東日本橋2丁目、すなわち生家があった所だ。１９３５年にこの町で生まれ、幼稚園に通い、小学校（当時は国民学校）４年生の春に秩父山中の寺に学童疎開をするまで暮し、疎開先から戻った時は既に空襲で焼野原になっていた。戦後の１９５０年、高校1年生の時に戦災に遭う前の生れ故郷を思い出してローカルな地図を描いておこうと思い立ち、おもしろいから手伝うといってくれた母の協力で作った。整理して清書したのは１９５４年、１９９６年にさらに清書したのがこれだ。

　この地を離れてから6年経っていたので思い出すといっても限度があり、実は母の記憶によるところが大きい。母はまず当時の近隣の住人の顔を、次には名を思い出し、それから住居や家業を記憶の底からたぐり寄せるという方法を思いつき、それで地図作りが一挙に進んだ。地図の中で人名（多くは呼び名、渾名）で特定されているお宅は母の協力の賜物だ。

　図の中の▲印がぼくの生家で、下のイラスト参照。一見土蔵造りに見える家だが実は木構造で表面だけ土蔵造りに見せかけたフェイクだから、焼夷弾攻撃でもろくも焼け落ちた。イラストの説明をすると土蔵造りに見える部分が店舗で看板には創業享保八年・御菓子司立花屋本店とあった。その後の褐色の外壁部分が住居で一時はここで大家族が暮し、他に店の者や菓子職人がいてまことに賑やかだった由。木造3階部分の青い屋根はスパニッシュ瓦で、この家が建てられた昭和初めにスパニッシュ建築が流行したらしく、流行《はやり》ものをすぐにとりいれる祖父の注文と後で聞いた。１９２７年に完成して１９４５年焼失とわずか18年の寿命の家だった。

　創業享保八年（１７２８）はホラではないらしく父は九代目当

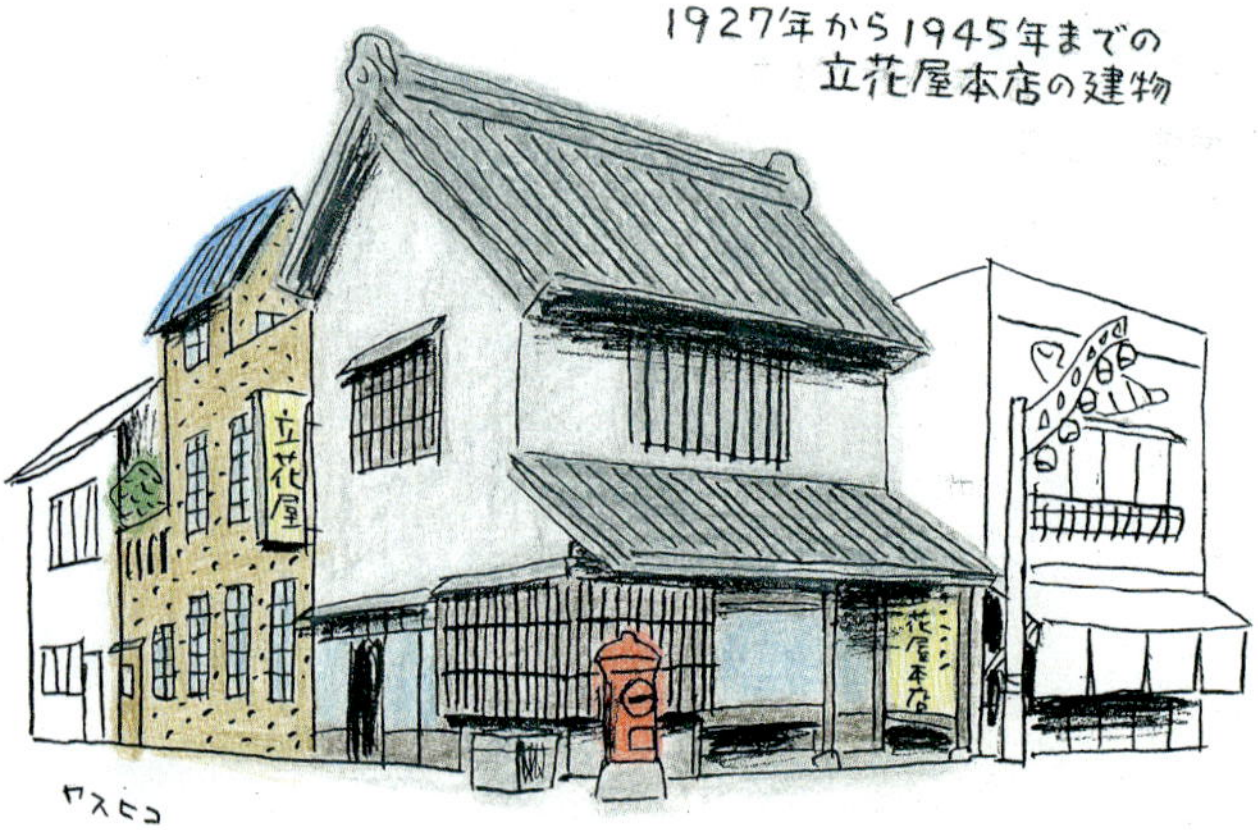

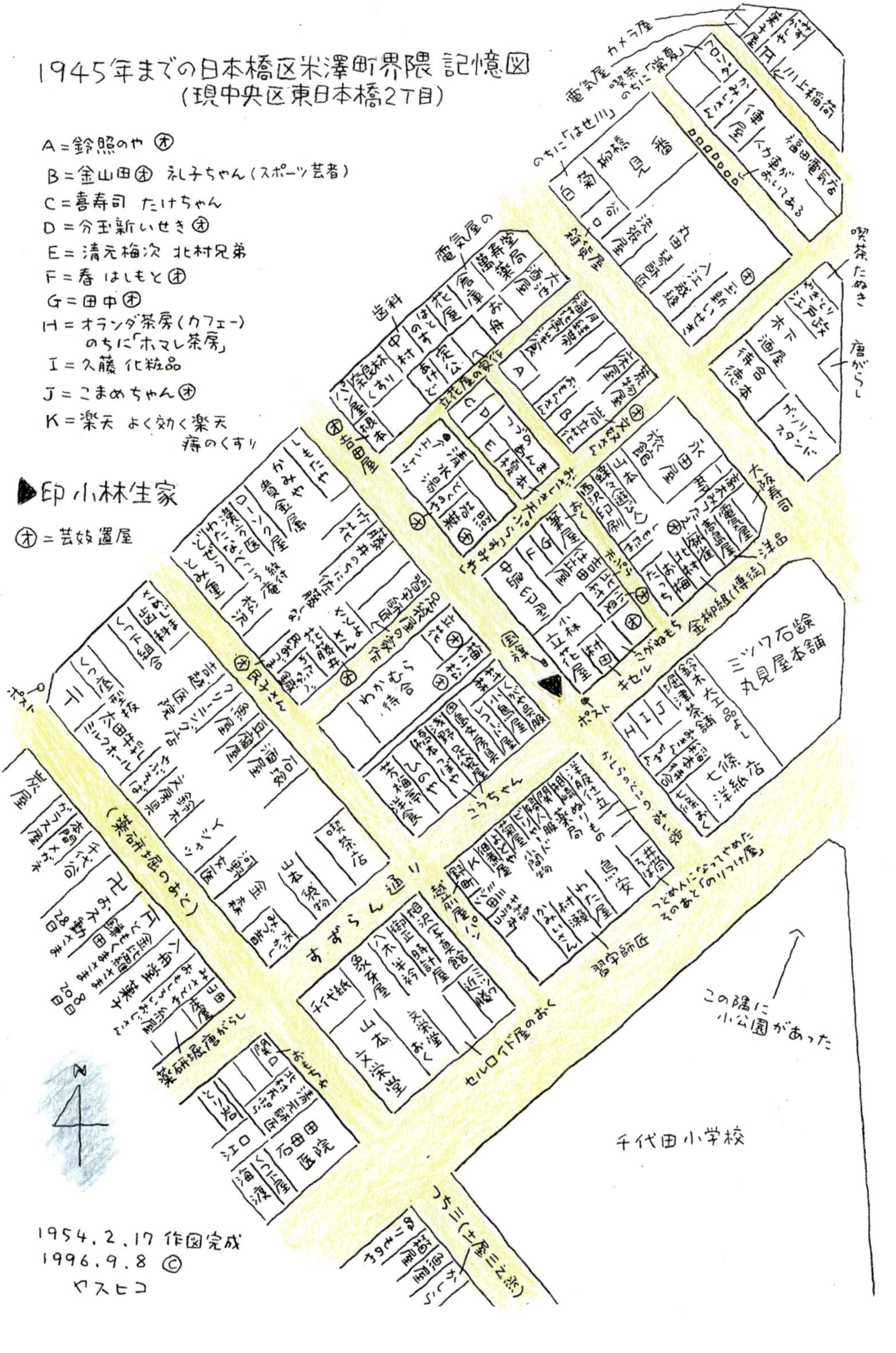

1945年までの日本橋区米澤町界隈 記憶図
(現中央区東日本橋2丁目)
A=鈴照のや ㋔
B=金山田㋔ 礼子ちゃん(スポーツ芸者)
C=喜寿司 たけちゃん
D=分玉新いせき㋔
E=清元梅次 北村兄弟
F=春 はしもと㋔
G=田中㋔
H=オランダ茶房(カフェー)
のちに「ホマレ茶房」
I=久藤 化粧品
J=こまめちゃん㋔
K=楽天 よく効く楽天
痔のくすり
▶印 小林生家
㋔=芸妓置屋
すずらん通り
千代田小学校
この隅に
小公園があった
ミツワ石鹸
丸見屋本舗
七條
洋紙店
金柳組(博徒)
セルロイド屋のおく
薬研堀唐がらし
(薬研堀のおく)
喫茶 たぬき
唐がらし
ガソリンスタンド
大阪寿司
洋品
カメラ屋
電気屋
川上稲荷
福田電気店
かしらのとこの若い衆
習字師匠
わかむら
待合
ポスト
1954.2.17 作図完成
1996.9.8 ©
ヤスヒコ

主だったが、戦災によって閉じた店が再興されることはなかった。

その立花屋本店が盛業中に一家4人で撮った記念写真（右）はたぶん兄（5歳）と弟（3歳）の七五三だろう。兄のスペイン風衣装はともかく弟のぼくが着せられているのはナチスドイツの空軍の制服だそうで、当時のトレンドを物語る。

この地図に描かれた町は商業地区であるとともに柳橋花柳界の一部でもあったので、図では㋔印で示した芸者置屋が多く、見番や遊芸の師匠、髪結い、呉服屋、小間物屋の類いが町の性格を示している。

この図を作ったのは私淑する木村荘八先生の「生家周辺図」シリーズが動機になっており、また先生の生家（「第八いろは」）が偶然に家の近くであったことにも後押しされた。

この界隈、いまも道路町割は変らないが商業地区花柳界といった性格は一変してオフィス街となっており、昔を偲ぶよすがは全くない。だからこの図も何の役にも立たないのだが、これより遥か後になってあちこち出かけては何かと地図にするのがおもしろくなった、その始まりは実に1950年のこの地図作りかと思ってご覧に入れたわけで、これをもってあとがきに代えさせていただきたい。

立花屋本店主人一家の記念写真（1938）。撮影は岡田紅陽。撮影場所は日本橋の岡田紅陽写真館。当家では改まった写真はすべて岡田紅陽師に依頼しており、見合、婚礼、祝儀不祝儀など写真はみな岡田写真館だった。

2019年10月　　小林泰彦

＊本書は2011年から2018年まで「パートナー」（三菱ＵＦＪニコス株式会社発行）に掲載された「にっぽん建築散策。」の中から30篇を選んで加筆し再構成したものです。
＊建築物や地図、交通機関の情報は、2019年9月現在のものです。

小林泰彦（こばやし・やすひこ）

画家、イラストレーター。一九三五年、東京生まれ。社会風俗、旅、登山やハイキングなどのイラストレーションを中心に制作活動をするほか、小説の挿絵、本の装丁、絵と文によるレポートや紀行の仕事も多い。『世界の街』（朝日ソノラマ）『ヘビーデューティーの本』（婦人画報社・ヤマケイ文庫）『絵本・小京都の旅』（晶文社）『ほんもの探し旅』（草思社・ヤマケイ文庫）『低山徘徊』『低山逍遥』『街歩き調査団・海外編』『山旅浪漫記』『日本百低山』（以上、山と溪谷社）『むかし道具の考現学』（風媒社）『イラスト・ルポの時代』（文藝春秋・ヤマケイ文庫）『にっぽん町工場遺産』（日経新聞出版社）『小林泰彦の謎と秘密の東京散歩』（ＪＴＢ出版）ほか著書多数。

にっぽん建築散歩

二〇一九年十一月三十日　初版第一刷発行

著者　小林泰彦
発行人　川崎深雪
発行所　株式会社　山と溪谷社
郵便番号　一〇一－〇〇五一
東京都千代田区神田神保町一丁目一〇五番地
https://www.yamakei.co.jp/

■乱丁・落丁のお問合せ先
山と溪谷社自動応答サービス　電話〇三－六八三七－五〇一八
受付時間／十時～十二時、十三時～十七時三十分（土日、祝日を除く）
■内容に関するお問合せ先
山と溪谷社　電話〇三－六七四四－一九〇〇（代表）
■書店・取次様からのお問合せ先
山と溪谷社受注センター　電話〇三－六七四四－一九一九
ファクス〇三－六七四四－一九二七

印刷・製本　株式会社暁印刷
定価はカバーに表示してあります

 ISBN978-4-635-24119-9